SCHAUM'S OUTLINE

of

ITALIAN GRAMMAR

SCHAUM'S OUTLINE OF

ITALIAN GRAMMAR

•

by

JOSEPH E. GERMANO, Ph.D.
Assistant Professor of Italian
State University College at Buffalo, New York

and

CONRAD J. SCHMITT
Foreign Language Consultant
and Editor

SCHAUM'S OUTLINE SERIES

McGRAW-HILL BOOK COMPANY

New York   St. Louis   San Francisco   Auckland   Bogotá   Guatemala   Hamburg   Johannesburg
Lisbon   London   Madrid   Mexico   Montreal   New Delhi   Panama   Paris
San Juan   São Paulo   Singapore   Sydney   Tokyo   Toronto

JOSEPH E. GERMANO is currently Assistant Professor of Italian and Spanish at the State University College at Buffalo, New York. He has taught elementary school French, and both Spanish and Italian at the secondary school and college levels. A native of Italy, Dr. Germano received his Ph.D. in Italian from Rutgers University, New Brunswick, New Jersey, where he is the Coordinator of the Italian Workshop Series. Dr. Germano is also a consultant on Italian to the Buffalo, New York, Board of Education, and the author of articles on Italian literature and culture.

CONRAD J. SCHMITT, who is presently a consultant in foreign languages, English as a second language, and bilingual education, was for many years the Editor-in-Chief of Foreign Languages for the McGraw-Hill Book Company. He has taught languages at all levels of instruction from elementary school through college, including a course in methods at the Graduate School of Education, Rutgers University, New Brunswick, New Jersey. Mr. Schmitt is the author of numerous Spanish language texts, including *Schaum's Outline of Spanish Grammar*, as well as texts in French and anthologies of readings on Spanish language and Hispanic culture.

Schaum's Outline of
ITALIAN GRAMMAR

1 2 3 4 5 6 7 8 9 10 11 12 13 14 15 16 17 18 19 20 SH SH 8 7 6 5 4 3 2

ISBN 0-07-023031-5

Editors, Paul Farrell and John A. Aliano
Production Manager, Nick Monti

Library of Congress Cataloging in Publication Data

Germano, Joseph E.
    Schaum's outline of Italian grammar.

    (Schaum's outline series)
    Includes index.
    1. Italian language—Grammar—1950–0000.
I. Schmitt, Conrad J. II. Title.
PC1112.G46   458.2'421   82-15237
ISBN 0-07-023031-5   AACR2

For Salvatore Paolella, with
friendship and gratitude.—J. G.

Preface

This review book has been designed to make the study of Italian grammar easier for the learner. The book is divided into eight chapters, each of which concentrates on a basic problem area in Italian: nouns and articles, adjectives and adverbs, verbs, negatives, interrogatives, pronouns, prepositions, and special uses of certain verbs.

Each grammatical or structural point is introduced by a simple, succint explanation in English, and this explanation is further clarified by a number of examples in Italian. It is recommended that you first read the explanation, then study the illustrative examples, and only then proceed to the series of exercises provided. The best way to learn a language is to practice it—both in oral and written forms—so you should complete each exercise, checking your answers with those at the end of the book, before moving on to a new topic.

One of the most difficult and tedious tasks in acquiring a second language is to learn the many forms that exist in the language, be they noun, adjective, or verb forms. In this book all forms have been logically grouped in order to make their acquisition as simple as possible and also to minimize what at first appear to be irregularities. For example, in most Italian texts the verbs *ridere* and *rimanere* would be treated separately. In the discussion of the preterite in this book, however, these verbs are presented together because of the similarity of their endings:

ridere: risi, ridesti, rise, ridemmo, rideste, risero

rimanere: rimasi, rimanesti, rimase, rimanemmo, rimaneste, rimasero

Such groupings of forms that at first may seem to have nothing in common should help you to simplify and streamline the task of acquiring large numbers of "irregular" forms, including verbs in all tenses.

The authors wish to thank in particular Teresa Chimienti and Nick Monti of the McGraw-Hill Book Company for their critical reading of the text, and welcome any remarks or inquiries from readers.

JOSEPH E. GERMANO
CONRAD J. SCHMITT

CONTENTS

CONTENTS

CONTENTS

CONTENTS

Chapter 1

Nouns and Articles

NOUNS

Nouns Ending in -*o* and -*a*

Singular forms

The Italian noun, unlike its English counterpart, has a gender. Those nouns that refer specifically to a man, such as *father*, *brother*, etc., are masculine. Those nouns that refer specifically to a woman, such as *mother*, *sister*, etc., are feminine. The same is true for animals.

For all other nouns it is necessary to learn the proper gender. The problem is not quite so complex as it may at first appear. Italian nouns can be classified into gender groups according to their endings. Almost all nouns that end in -**o** are masculine, and almost all nouns that end in -**a** are feminine.

Masculine	*Feminine*
il ragazzo *boy*	**la ragazza** *girl*
il fratello *brother*	**la sorella** *sister*
il nonno *grandfather*	**la nonna** *grandmother*
il maestro *teacher*	**la maestra** *teacher*
lo zio *uncle*	**la zia** *aunt*
il libro *book*	**la scuola** *school*
il quaderno *notebook*	**la penna** *pen*
il museo *museum*	**la chiesa** *church*
il negozio *store*	**la casa** *house*
l'attico *attic*	**l'aula** *classroom*
il supermercato *supermarket*	**la campagna** *countryside*
il bosco *woods*	**la spiaggia** *beach*
il centro *center*	**la bicicletta** *bicycle*

The definite article *the* must agree with the noun it modifies. The definite article **il** accompanies most masculine singular nouns.

> **il ragazzo**
> **il porto**
> **il vino**

Lo accompanies all masculine singular nouns beginning with **z**, **s** plus a consonant, **ps**, or **gn**.

> **lo zio**
> **lo studio**
> **lo psicologo**
> **lo gnomo**

L' accompanies all masculine singular nouns beginning with a vowel.

> **l'amico**
> **l'albero**
> **l'inverno**
> **l'italiano**

The definite article **la** accompanies all feminine singular nouns that begin with a consonant.

> **la casa**
> **la strada**
> **la zia**
> **la scuola**

L' accompanies all feminine singular nouns that begin with a vowel.

> **l'amica**
> **l'aranciata**
> **l'estate**
> **l'entrata**

1. Complete the following nouns with the appropriate ending.

1. Il negozi_____ è moderno.
2. La scuol_____ è nuova.
3. Il ragazz_____ è buono.
4. L'uom_____ è bravo.
5. La nonn_____ è vecchia.
6. Lo zain_____ è rosso.
7. La zi_____ è simpatica.
8. Il libr_____ è piccolo.
9. L'aul_____ è bella.
10. Il fratell_____ è alto.
11. La signor_____ è americana.
12. Lo studi_____ è magnifico.
13. Il muse_____ è bello.
14. La sorell_____ è carina.

2. Complete the following with the correct form of the definite article **il, la, l'**, or **lo**.

1. _____ ragazza compra _____ cappello.
2. _____ zio porta _____ regalo.
3. _____ maestro insegna _____ lettura.
4. _____ signora guida _____ macchina.
5. _____ stadio è pieno di gente.
6. _____ nonno fuma _____ pipa.
7. _____ ragazzo porta _____ cravatta.
8. _____ uomo compra _____ automobile.
9. _____ proprietario chiude _____ negozio.
10. _____ signorina visita _____ museo.
11. _____ fratello compra _____ frutta.
12. _____ amica vede _____ attico.
13. _____ zia scrive _____ lettera.
14. _____ studentessa usa _____ dizionario.
15. Chi ha fatto _____ sbaglio?
16. Dov'è _____ pneumatico?
17. Carlo è _____ amico di Maria.
18. _____ penna e _____ inchiostro sono sul banco.
19. Quanto costa _____ biglietto?
20. Dov'è _____ stanza da bagno?

Plural forms

In order to form the plural of nouns ending in -**o** or -**a**, the -**o** is changed to -**i**, and the -**a** is changed to -**e**. The definite article **il** changes to **i**, and **la** changes to **le**.

> **il ragazzo ⟶ i ragazzi**   **la ragazza ⟶ le ragazze**
> **il maestro ⟶ i maestri**   **la maestra ⟶ le maestre**

il nonno ⟶ i nonni   la nonna ⟶ le nonne
il museo ⟶ i musei   la zia ⟶ le zie
il libro ⟶ i libri   la casa ⟶ le case

The plural of **lo** and **l'** (with masculine nouns) is **gli**. **Gli** may be contracted to **gl'** with masculine plural nouns beginning with the vowel **i**.

lo zio ⟶ gli zii
lo studente ⟶ gli studenti
il pneumatico ⟶ i pneumatici
l'amico ⟶ gli amici
l'inverno ⟶ gl'inverni (gli inverni)

The plural of **l'** (with feminine nouns) is **le**. **Le** may be contracted to **l'** with feminine plural nouns beginning with the vowel **e**.

l'aranciata ⟶ le aranciate
l'amica ⟶ le amiche
l'entrata ⟶ le entrate (l'entrate)

3. Rewrite the following sentences in the plural according to the model.

Il ragazzo è bello. ⟶ I ragazzi sono belli.
La maestra è italiana. ⟶ Le maestre sono italiane.

1. La signora è alta.
2. Il libro è piccolo.
3. La nonna è vecchia.
4. La scuola è nuova.
5. Il nonno è bravo.
6. La ragazza è alta.
7. La professoressa è americana.
8. Il quaderno è giallo.
9. Il maestro è buono.
10. La cravatta è rossa.

4. Complete the following with the correct form of the definite article.

1. _____ ragazzi sono italiani.
2. _____ studentesse studiano molto.
3. _____ amici di Carlo sono simpatici.
4. _____ dizionari sono importanti.
5. _____ case sono rosse.
6. _____ zie e _____ zii viaggiano molto.
7. _____ sbagli sono di Pietro.
8. _____ cugini di Rosa sono in casa.
9. _____ inverni sono molto duri.
10. _____ entrate sono aperte.
11. _____ tazze sono piene di caffé.
12. _____ bambini sono carini.
13. _____ pneumatici sono di gomma.
14. _____ strade sono larghe.
15. _____ aranciate sono deliziose.

Nouns Ending in -e

Nouns ending in -e can be either masculine or feminine. Many of these nouns refer to people, and the gender of the noun is usually determined by the sex of the person referred to.

il parente	*relative*	la parente	*relative*
il cantante	*singer*	la cantante	*singer*
il nipote	*nephew*	la nipote	*niece*
il minorenne	*minor*	la minorenne	*minor*
il paziente	*patient*	la paziente	*patient*
il consorte	*spouse*	la consorte	*spouse*

It is difficult to guess the gender of nouns ending in -e which do not refer to human beings. This is due to the fact that there is a vast number of both masculine and feminine nouns ending in -e. Below is a list of some common masculine nouns that end in -e.

il giornale	*newspaper*	il fiume	*river*
il canale	*canal*	il fiore	*flower*
il pane	*bread*	il ponte	*bridge*
il baule	*trunk*	il mare	*sea*
il nome	*name*	il piede	*foot*

Below is a list of some common feminine nouns ending in -e.

la frase	*sentence*	la sete	*thirst*
la classe	*class*	la nave	*ship*
la notte	*night*	la capitale	*capital*
la chiave	*key*	la carne	*meat*
la fine	*end*	la gente	*people*
la canzone	*song*	la nazione	*nation*

Most nouns ending in -e in the singular, be they masculine or feminine, form their plural by changing -e to -i.

i padri	*fathers*	le madri	*mothers*
i presidenti	*presidents*	le classi	*classes*
gli studenti	*students*	le chiavi	*keys*
i nomi	*names*	le navi	*ships*

5. Complete the following sentences with the appropriate definite article.

1. _____ cantante è simpatica.
2. _____ dottore è famoso.
3. _____ padre è buono.
4. _____ presidente è vecchio.
5. _____ portone è vecchio.
6. _____ studente è bravo.
7. _____ nipote è brava.
8. _____ nome è lungo.
9. _____ carne è costosa.
10. _____ nave è grandissima.

6. Complete the following with the correct definite article.

1. _____ pane è buono.
2. È _____ fine della pellicola?
3. _____ ponte attraversa _____ fiume.
4. _____ gente canta _____ canzone.
5. Come si chiama _____ canale?
6. _____ signore legge _____ giornale.
7. _____ capitale d'Italia è Roma.
8. _____ mare è bello di notte.

7. Rewrite the following sentences in the plural according to the model.

> **La classe è buona. ⟶ Le classi sono buone.**

1. La classe è buona.
2. La madre è generosa.
3. Il dottore è famoso.
4. Il padre è generoso.
5. La canzone è melodiosa.
6. La nave è bella.
7. Lo studente è alto.
8. Il cantante è bravo.
9. La chiave è piccola.
10. La notte è misteriosa.

Masculine Nouns Ending in -*a*

There are some masculine nouns which end in -a. Many of these nouns are derived from Greek roots. Below is a list of those most commonly used.

il clima	*climate*	**il tema**	*theme*
il programma	*program*	**il pilota**	*pilot*
il dramma	*drama*	**il poema**	*poem*
il poeta	*poet*	**il sistema**	*system*
il pianeta	*planet*	**il papa**	*pope*

The plural of such nouns ends in -**i**.

> **i programmi   i drammi**

Note that many nouns ending in -**ista** refer to professions. These nouns are masculine when specifically referring to a man and feminine when specifically referring to a woman. The masculine plural ends in -**isti** and the feminine plural ends in -**iste**. Observe the following.

Masculine	*Feminine*
il dentista ⟶ i dentisti	**la dentista ⟶ le dentiste**
il violinista ⟶ i violinisti	**la violinista ⟶ le violiniste**
il giornalista ⟶ i giornalisti	**la giornalista ⟶ le giornaliste**
il farmacista ⟶ i farmacisti	**la farmacista ⟶ le farmaciste**
il pianista ⟶ i pianisti	**la pianista ⟶ le pianiste**
l'artista ⟶ gli artisti	**l'artista ⟶ le artiste**

8. Complete the following sentences with an appropriate word from the lists above. Supply also the definite article.

1. _____ di questa regione è tropicale.
2. _____ televisivo è interessante.
3. _____ suona il violino, ed è brava.
4. _____ scolastico è complicato.
5. _____ è messo in scena al teatro Roma.
6. _____ compone poesie.
7. _____ scrive per i giornali, ed è ottimo.
8. _____ mi estrae un dente, ed è cauta.
9. _____ italiano suona un concerto di Mozart per piano.
10. _____ vende molte medicine.

9. Give the plural of the following words.

1. il poema
2. il dramma
3. la dentista
4. il farmacista
5. il pianeta
6. il pilota
7. la giornalista
8. la pianista

Feminine Nouns Ending in -o

Several common nouns ending in -o are feminine. Below is a list of these nouns. Note that only the noun **mano** (*hand*) changes spelling in the plural; the others listed here do not.

> **la mano ⟶ le mani**
> **la foto ⟶ le foto**
> **la dinamo ⟶ le dinamo**
> **la radio ⟶ le radio**
> **l'auto ⟶ le auto**

10. Rewrite the following sentences in the plural.

1. La radio è istruttiva.
2. La dinamo è utile.
3. La foto è bella.

4. Il bambino alza la mano.
5. L'auto è rossa.

Plural of Feminine Nouns Ending in -ca and -ga

Feminine nouns ending in -ca and -ga form their plural in -che and -ghe, thus preserving the hard sound of the singular.

> **l'amica ⟶ le amiche**   (*friend*)
> **la mosca ⟶ le mosche**   (*fly*)
> **la formica ⟶ le formiche**   (*ant*)
> **la pesca ⟶ le pesche**   (*peach*)
> **l'oca ⟶ le oche**   (*duck*)
> **la diga ⟶ le dighe**   (*dam*)
> **la ruga ⟶ le rughe**   (*wrinkle*)
> **la naufraga ⟶ le naufraghe**   (*a shipwrecked person*)

11. Pluralize the following sentences according to the model.

> **L'amica è brava. ⟶ Le amiche sono brave.**
> **La diga è grandissima. ⟶ Le dighe sono grandissime.**

1. La collega è americana.
2. La mucca è lattifera.
3. La pesca è buona.
4. La formica è piccola.

5. La strega è cattiva.
6. La vacca è grossa.
7. La sega è vecchia.
8. La barca è rossa.

Also note that some nouns ending in -ca and -ga are masculine. Masculine nouns ending in -ca and -ga form their plural in -chi and -ghi. For example:

> **il monarca ⟶ i monarchi**   (*monarch*)
> **il patriarca ⟶ i patriarchi**   (*patriarch*)
> **il duca ⟶ i duchi**   (*duke*)
> **il collega ⟶ i colleghi**   (*colleague*)

Plural of Masculine Nouns Ending in -co and -go

Most masculine nouns, but not all, ending in -co and -go form their plural in -chi and -ghi, thus preserving the hard sound of the singular.

il cuoco ⟶ i cuochi (*cook*)
il parco ⟶ i parchi (*park*)
il manico ⟶ i manichi (*handle*)
l'albicocco ⟶ gli albicocchi (*apricot tree*)
il palco ⟶ i palchi (*stage*)
il sacco ⟶ i sacchi (*sack*)
lo stomaco ⟶ gli stomachi (*stomach*)
l'arco ⟶ gli archi (*arch*)
il luogo ⟶ i luoghi (*place*)
l'obbligo ⟶ gli obblighi (*duty*)
il prologo ⟶ i prologhi (*prologue*)
il dialogo ⟶ i dialoghi (*dialog*)

12. Pluralize the following sentences according to the model.

Il dialogo è breve. ⟶ I dialoghi sono brevi.
Il sacco è vecchio. ⟶ I sacchi sono vecchi.

1. Il sacco è pesante.
2. Il dialogo è difficile.
3. Il chirurgo è giovane.
4. Il monologo è tedioso.
5. Il fuoco è pericoloso.
6. Il luogo è vicino.
7. Il mendico è povero.
8. L'obbligo è personale.

You will also note that many masculine nouns ending in -**co** and -**go** form their plural in -**ci** and -**gi**.

l'amico ⟶ gli amici (*friend*)
il greco ⟶ i greci (*Greek*)
il medico ⟶ i medici (*doctor*)
il nemico ⟶ i nemici (*enemy*)

l'astrologo ⟶ gli astrologi (*astrologer*)
l'asparago ⟶ gli asparagi (*asparagus*)
il filologo ⟶ i filologi (*philologist*)
il teologo ⟶ i teologi (*theologist*)

13. Pluralize the following sentences according to the model.

Il nemico è pericoloso. ⟶ I nemici sono pericolosi.
Il filologo è famoso. ⟶ I filologi sono famosi.

1. Il monaco è religioso.
2. Il teologo è studioso.
3. Il parroco è devoto.
4. L'asparago è gustoso.
5. Il portico è alto.

Plural of Masculine Nouns Ending in -*io*

Masculine nouns ending in -**io** usually form their plural in -i.

lo specchio ⟶ gli specchi (*mirror*)
l'ufficio ⟶ gli uffici (*office*)
il repertorio ⟶ i repertori (*repertory*)
l'armadio ⟶ gli armadi (*closet*)
lo studio ⟶ gli studi (*study*)
l'indizio ⟶ gl'indizi (*clue*)

14. Pluralize the following sentences.

1. L'ufficio è spazioso.
2. Il dizionario è importante.
3. Lo studio è di Mario.
4. Lo stadio è immenso.

5. L'esempio è buono.   8. L'armadio è pieno.
6. Il supplizio è crudele.   9. L'uscio è aperto.
7. L'emporio è ben fornito.   10. L'esercizio è difficile.

Also note that when the -i of -io is stressed, the plural of -io is -ii.

     lo zio ——→ gli zii

Masculine Nouns with Feminine Plurals

Certain masculine nouns ending in -o in the singular become feminine in the plural by changing -o to -a.

     il centinaio ——→ le centinaia (hundred)
     il paio ——→ le paia (pair)
     l'uovo ——→ le uova (egg)
     il miglio ——→ le miglia (mile)

15. Pluralize the following sentences.

1. Il lenzuolo è bianco.   5. Il ginocchio è duro.
2. L'uovo è sodo.   6. Il migliaio è piú di cento.
3. Il braccio è lungo.   7. Il ciglio è nero.
4. Il dito è piccolino.

Plural of Feminine Nouns Ending in -cia and -gia

Feminine nouns ending in -cia and -gia usually form their plural in -ce and -ge. (Exception: camicia ——→ camicie.)

     la doccia ——→ le docce (shower)
     la goccia ——→ le gocce (drop)
     la frangia ——→ le frange (fringe)
     la foggia ——→ le fogge (shape)
     la pioggia ——→ le piogge (rain)

16. Pluralize the following sentences.

1. La coscia di pollo è deliziosa.   4. La pioggia è piacevole.
2. La roccia è pericolosa.   5. La fascia è bianca.
3. La doccia calda è buona.   6. La frangia è delicata.

Also note that when the -i- of -cia and -gia is stressed, the plural is -cie and -gie.

     la scia ——→ le scie (trail)
     la farmacia ——→ le farmacie (drugstore)
     la bugia ——→ le bugie (lie)
     l'energia ——→ le energie (energy)

Plural of Nouns Ending with a Stressed Vowel

Masculine and feminine nouns ending with a stressed vowel do not change in the plural.

     la città ——→ le città (city)
     la verità ——→ le verità (truth)

   la quantità ——→ le quantità (*quantity*)
   l'università ——→ le università (*university*)
   la virtú ——→ le virtú (*virtue*)
   la tribú ——→ le tribú (*tribe*)

  Nouns ending in **i** function the same as nouns ending with a stressed vowel. They do not change in the plural.

   la crisi ——→ le crisi
   la tesi ——→ le tesi
   il brindisi ——→ i brindisi

17. Pluralize the following nouns.

  1. La tribú è superstiziosa.
  2. L'università è necessaria.
  3. Il canapé è comodo.
  4. Il caffé del Sud America è aromatico.
  5. La città è affollata.
  6. La crisi è severa.

Plural of Monosyllabic Nouns

  Masculine and feminine one-syllable nouns do not change their spelling in the plural.

   il re ——→ i re (*king*)
   il té ——→ i té (*tea*)
   il dí ——→ i dí (*day—same as* giorno)
   la gru ——→ le gru (*crane*)

18. Pluralize the following sentences.

  1. Il té è delizioso.   3. La gru è alta.
  2. Il dí è lungo.   4. Il re è vecchio.

Irregular Plural Nouns

  The following nouns are completely irregular in the plural. Note also that **gli** accompanies **dèi** in the plural, contrary to all rules.

   l'ala ——→ le ali (*wing*)
   il bue ——→ i buoi (*ox*)
   il dio ——→ gli dèi (*god*)
   la moglie ——→ le mogli (*wife*)
   l'uomo ——→ gli uomini (*man*)

19. Complete each sentence with an appropriate noun.

  1. Gli uccelli hanno le _____.
  2. Non c'è solamente un bue, ci sono due _____.
  3. I membri della tribú credono in molti _____.
  4. I signori sono venuti con le loro _____.
  5. Non parla di un uomo; parla di due _____.

Masculine and Feminine Endings of the Same Noun

Certain masculine nouns become feminine by changing their final vowel to **-a**.

il sarto *(tailor)*		**la sarta** *(dressmaker)*	
il figlio *(son)*		**la figlia** *(daughter)*	
il signore *(gentleman)*		**la signora** *(lady)*	
il marchese *(marquis)*		**la marchesa** *(marchioness)*	
il padrone *(boss, owner)*		**la padrona** *(boss, owner)*	
l'infermiere *(nurse)*		**l'infermiera** *(nurse)*	

Most masculine nouns ending in **-tore** become feminine by changing **-tore** to **-trice**. (Exceptions: **tintore** ⟶ **tintora**; **avventore** ⟶ **avventora**; **impostore** ⟶ **impostora**.)

l'autore ⟶ **l'autrice** *(author)*
lo stiratore ⟶ **la stiratrice** *(presser)*
il lavoratore ⟶ **la lavoratrice** *(worker)*
il traditore ⟶ **la traditrice** *(traitor)*

Certain masculine nouns become feminine by changing their ending to **-essa**.

lo studente *(student)* ⟶ **la studentessa** *(student)*
l'oste *(host)* ⟶ **l'ostessa** *(hostess)*
il principe *(prince)* ⟶ **la principessa** *(princess)*
il poeta *(poet)* ⟶ **la poetessa** *(poetess)*
il sacerdote *(priest)* ⟶ **la sacerdotessa** *(high priestess)*
il mercante *(merchant)* ⟶ **la mercantessa** *(merchant)*

20. Rewrite the following sentences making the subject feminine.

1. Lo studente lavora molto.
2. Il lavoratore riceve il denaro.
3. Il principe abita nel castello.
4. L'oste parla con gli invitati.
5. L'attore canta bene.
6. Il marchese è ricco.

Foreign Nouns

In Italian, foreign nouns are usually considered masculine and are always written in their singular form. The plural of foreign nouns is formed by pluralizing the definite article.

il film ⟶ **i film**
l'alcool ⟶ **gli alcool** *(alcohol)*
lo sport ⟶ **gli sport**
il tram ⟶ **i tram** *(streetcar)*
il weekend ⟶ **i weekend**
il gas ⟶ **i gas**
il bazar ⟶ **i bazar**

Compound Nouns

Many compound nouns are formed by taking a verb root along with a noun to form one word. Such nouns are usually masculine. These nouns do not change in the plural.

il paracadute ⟶ **i paracadute** *(parachute)*
il portavoce ⟶ **i portavoce** *(megaphone)*
il cantastorie ⟶ **i cantastorie** *(minstrel)*
l'apriscatole ⟶ **gli apriscatole** *(can opener)*
l'affittacamere ⟶ **gli affittacamere** *(landlord)*

21. Complete the following with the appropriate definite article.

1. Adesso aspetto _____ portalettere.
2. _____ guardaroba è pieno di vestiti.
3. Devo trovare _____ apriscatole.
4. _____ giradischi di Olga è nuovo.
5. _____ parabrezza dell'automobile è rotto.
6. Il padre di Carlo è _____ guardasigilli dello Stato.
7. _____ lustrascarpe è in vacanza.
8. Andiamo a parlare con _____ affittacamere.

Many compound nouns are formed by uniting two separate nouns. The gender of the compound is determined by the gender of the second noun, and the plural of the compound is formed by changing only the second noun to its plural form.

il capoluogo ⟶ i capoluoghi   (*capital of province*)
il cavolfiore ⟶ i cavolfiori   (*cauliflower*)
il francobollo ⟶ i francobolli   (*stamp*)
l'arcobaleno ⟶ gli arcobaleni   (*rainbow*)
il capogiro ⟶ i capogiri   (*dizziness*)
la banconota ⟶ le banconote   (*currency*)
la ferrovia ⟶ le ferrovie   (*railroad*)
la madreperla ⟶ le madreperle   (*mother-of-pearl*)

22. Pluralize the following nouns.

1. Il capogiro non è piacevole.
2. L'arcobaleno è bellissimo.
3. Il pescecane (*shark*) è pericoloso.
4. Il pomodoro (*tomato*) è rosso.
5. La madreperla è preziosa.
6. Il cavolfiore è saporito.
7. Il boccaporto (*hatch*) è aperto.

Note, however, that some compound nouns form their plural by changing only the first word to the plural.

il capofila ⟶ i capifila   (*head of a line*)
il caposquadra ⟶ i capisquadra   (*team captain*)
il capostazione ⟶ i capistazione   (*station master*)

Some compound nouns are formed by uniting an adjective and a noun. In the plural, only the noun is pluralized.

il mezzogiorno ⟶ i mezzogiorni   (*noon*)
l'altoparlante ⟶ gli altoparlanti   (*loudspeaker*)

Some compound nouns are formed by uniting a noun and an adjective. In the plural, both the noun and the adjective are pluralized.

la piazzaforte ⟶ le piazzeforti   (*fortress, stronghold*)
la cassaforte ⟶ le casseforti   (*safe*)

Diminutives, Augmentatives, and Pejoratives

Several endings or suffixes, such as **-uccio**, **-ello**, **-ino**, and **-etto**, can be added to Italian nouns to form what is called the diminutive. The diminutive may refer to actual physical size: **cavallo** (*horse*) ⟶ **cavallino** (*little horse*). The diminutive may also be used to convey a feeling of affection or endearment on the part of the speaker: **cavallo** (*horse*) ⟶ **cavalluccio** (*cute little horse*).

> **vecchio**   (*old man*) ⟶ **vecchietto**   (*dear old man*)
> **bimbo**   (*child*) ⟶ **bimbetto**   (*dear little child*)
> **libro**   (*book*) ⟶ **libretto (libriccino)**   (*little book, booklet*)
> **nonna**   (*grandmother*) ⟶ **nonnetta**   (*dear old granny*)
> **parola**   (*word*) ⟶ **parolina**   (*little word*)
> **uccello**   (*bird*) ⟶ **uccellino**   (*little bird*)
> **cane** (*dog*) ⟶ **cagnolino**   (*little puppy*)
> **gatto**   (*cat*) ⟶ **gattino**   (*little cat, kitten*)
> **scarpa**   (*shoe*) ⟶ **scarpina**   (*little shoe*)
> **racconto**   (*tale*) ⟶ **raccontino**   (*little tale*)
> **donna**   (*woman*) ⟶ **donnuccia**   (*dear little woman*)
> **casa**   (*house*) ⟶ **casuccia**   (*little house, "sweet home"*)
> **asino** (*donkey*) ⟶ **asinello**   (*little donkey*)

23.   Supply the diminutive of the indicated nouns, or complete the sentences according to cues.

> 1. Piero ha un _____.   *cane*
> 2. La mia vicina è una _____.   *vecchia*
> 3. Silvia è una _____ simpatica.   *bimba*
> 4. I bambini giocano con un _____.   *gatto*
> 5. La nonna racconta un bel _____.   *racconto*
> 6. Non è un libro grande; è un _____.
> 7. Non è una scarpa regolare; è una _____.
> 8. È una cara piccola donna; è una _____.

The augmentative form of the noun is made with the suffix **-one**. The augmentative usually refers only to size or degree, and is always masculine.

> **l'uomo**   (*man*) ⟶ **l'omone**   (*large man*)
> **il libro**   (*book*) ⟶ **il librone**   (*oversize book*)
> **il vecchio**   (*old man*) ⟶ **il vecchione**   (*very old man*)
> **il gatto**   (*cat*) ⟶ **il gattone**   (*tomcat*)
>
> **la porta**   (*door*) ⟶ **il portone**   (*portal*)
> **la strada**   (*street*) ⟶ **lo stradone**   (*large street*)
> **la scarpa**   (*shoe*) ⟶ **lo scarpone**   (*heavy boot*)

24.   Complete the following sentences with the augmentative form according to the cues.

> 1. Lo zio di Pietro è molto vecchio. È un _____.
> 2. I libri sono molto grandi. Sono dei _____.
> 3. È una porta alta e larga. È un _____.
> 4. È una scarpa molto grande e pesante. È uno _____.
> 5. Non è un gattino, è molto piú grande. È un _____.
> 6. È un uomo alto e grosso. È un _____.

The pejorative form has several endings; some of them are: **-accio**, **-astro**, **-ucolo**, **-iciattolo**. They are used to convey a derogatory meaning. It is advisable not to use these forms until one is completely fluent in the language.

monello   (*brat*) ⟶ **monellaccio**   (*lousy brat, etc.*)
uomo   (*man*) ⟶ **omiciattolo**   (*poor excuse of a man, etc.*)
sogno   (*dream*) ⟶ **sognaccio**   (*bad dream, etc.*)
vecchio   (*old man*) ⟶ **vecchiaccio**   (*mean old man, etc.*)
ragazzo   (*boy*) ⟶ **ragazzaccio**   (*mean boy, etc.*)
poeta   (*poet*) ⟶ **poetucolo, poetastro**   (*lousy poet, etc.*)
verme   (*worm*) ⟶ **vermiciattolo**   (*filthy worm, etc.*)
stanza   (*room*) ⟶ **stanzaccia**   (*lousy room, etc.*)
maestro   (*instructor*) ⟶ **maestrucolo**   (*poor instructor, etc.*)
libro   (*book*) ⟶ **libraccio**   (*lousy book, etc.*)
giornale   (*newspaper*) ⟶ **giornalaccio**   (*a rag, etc.*)

THE DEFINITE ARTICLE

With General and Abstract Nouns

Unlike English, the Italian definite article must be used with all general or abstract nouns. Compare the Italian and English in the following examples.

I cani sono animali domestici.
Dogs are domestic animals.
L'oro è un metallo prezioso.
Gold is a precious metal.
Il riso fa bene a tutti.
Laughter is good for everyone.
L'odio è una cosa terribile.
Hate is a terrible thing.

25.   Complete the following with the appropriate definite article.

1. _____ scienza è utile.
2. _____ amore è una cosa divina.
3. _____ smeraldi sono pietre preziose.
4. _____ gatti sono animali domestici.
5. _____ carbone è un minerale.

With Titles

The definite article must be used with titles when talking about someone. The article is omitted, however, in direct address. Note that the definite article is not used before **don** and **donna**.

Il dottor Ranelli è giovane.
La signora Boni abita a Roma.
L'avvocato Ferro è nello studio.
Don Giuseppe fa il prete in un paesino.
Donna Giuliana è molto vecchia.
"Buon giorno, signora Bellini."
"Come sta, dottoressa Marini?"
"Buona sera, signor Motta."

26. Complete the following with the appropriate definite article when it is necessary.

1. _____ dottoressa Merli è in ospedale.
2. _____ avvocato Sereni non c'è.
3. _____ don Carlo passeggia con gli amici.
4. Buona sera, _____ professoressa Belli.
5. Sa Lei chi è _____ signorina Colli?
6. _____ donna Teresa è in America.
7. Conosce Lei _____ professor Valle?
8. Buon giorno, _____ signora Rossi.

With Languages

The definite article is used with languages unless the language immediately follows the verb **parlare** or the prepositions **di** or **in**.

> **Parlo italiano.**
> **Ho un libro di francese.**
> **La lettera è in spagnolo.**
> **Parliamo molto bene l'inglese.**
> **Gli studenti imparano l'italiano.**
> **I signori conoscono il tedesco.**

27. Complete the following with the appropriate definite article when necessary.

1. La signorina Martini impara _____ inglese.
2. Gli alunni studiano _____ tedesco.
3. Il professor Belli insegna _____ italiano.
4. Roberto legge un libro di _____ francese.
5. La lettera di oggi è in _____ latino.
6. Mia madre mi scrive in _____ italiano.
7. Stefano e Olga parlano _____ inglese.
8. _____ italiano è una lingua romanza.

With Continents, Countries, Islands, Regions, and Cities

The definite article is usually used with the name of continents, countries, islands, and regions.

> **L'Asia è un continente grande.**
> **L'Italia, la Francia e la Spagna sono belle.**
> **La Sicilia è un'isola italiana.**
> **La Lombardia è una regione settentrionale.**

The definite article is omitted when the name of the continent, country, island, or region is preceded by the prepositions **in** or **di**.

> **Mio zio è andato in Europa.**
> **Gli studenti vanno in Inghilterra.**
> **Mia sorella è in Sardegna.**
> **Pietro va in Toscana.**
> **La capitale d'Italia è Roma.**
> **I vini di Francia sono deliziosi.**
> **Le spiagge di Spagna sono bellissime.**

The definite article is used, however, with the prepositions **in** and **di** when the name of the country or region is masculine.

> **Vado nel Messico.**
> **I miei nonni sono nel Lazio.**
> **La capitale del Canadà è Ottawa.**

The definite article is also used with the prepositions **di** and **in** when the name of the continent, country, island, or region is modified.

> **Siena è nell'Italia centrale.**
> **Il cielo della bella Italia è sempre azzurro.**

The definite article is not used with the name of a city unless it is modified.

> **Firenze è in Toscana.**
> **La bella Firenze è in Toscana.**

The definite article is omitted with the names of certain islands.

> **Capri, Ischia e Procida sono isole italiane.**
> **Formosa è un'isola orientale.**
> **Cuba è nel Caribe.**

When **di** means *than* in the comparative expression **piú ... di** (see page 33), the article is used.

> **La Francia è piú grande dell'Irlanda.**

28. Complete the following with the appropriate definite article when necessary.

1. _____ Africa non è un paese; è un continente.
2. _____ Africa e _____ Asia sono due continenti grandi.
3. Io viaggio molto in _____ Asia.
4. _____ Roma è una città importante.
5. Io conosco bene _____ bella Firenze.
6. _____ Torino è in _____ Piemonte.
7. _____ Cuba è un'isola del Caribe.
8. _____ Sardegna è un'isola italiana.

29. Select the appropriate response to complete each of the following.

1. Io vado _____ Italia.
   (a) in (b) nell'
2. La capitale _____ Francia è Parigi.
   (a) della (b) di
3. Mio nonno è _____ Messico.
   (a) in (b) nel
4. L'Italia è _____ Europa.
   (a) nell' (b) in
5. L'Italia è _____ Europa meridionale.
   (a) nell' (b) in
6. Le foreste _____ Canadà sono grandi.
   (a) del (b) di
7. La capitale _____ bella Spagna è Madrid.
   (a) di (b) della
8. La seta _____ Cina è famosa.
   (a) della (b) di

With Family Names Preceded by Possessive Adjectives

The definite article is omitted with singular family names preceded by possessive adjectives, except with **loro**. In the plural, the definite article must be included.

> Mia sorella è piccola. ⟶ Le mie sorelle sono piccole.
> Mio nonno è vecchio. ⟶ I miei nonni sono vecchi.
> Questo è tuo cugino. ⟶ Questi sono i tuoi cugini.
> Dov'è vostro fratello? ⟶ Dove sono i vostri fratelli?
> La loro cugina è giornalista. ⟶ Le loro cugine sono giornaliste.

30. Complete the following with the appropriate definite article when necessary.

1. Antonio è _____ mio fratello.
2. _____ miei nonni sono italiani.
3. _____ tua sorella ha sedici anni.
4. _____ nostra madre è americana.
5. _____ vostre cugine abitano a Chicago.
6. Luisa va al cinema con _____ mia sorella.
7. Roberto e Stefano giocano con _____ nostri fratelli.
8. _____ loro figlio è un bravo ragazzo.
9. _____ mio padre lavora in una fabbrica.
10. _____ suo zio non vuole viaggiare.
11. _____ loro fratelli giocano insieme.
12. _____ loro nonne ci visitano spesso.

Note that the definite article is included when a singular family name is given in its diminutive form. For example:

> Silvia è la mia sorellina.
> La nostra mammina è generosa.
> Il tuo fratellino è simpatico.
> Il nostro babbo è generoso.

With Days of the Week

The singular form of the definite article is used with days of the week in order to convey a recurrent action. It is usually omitted in all other instances. Study the following examples.

> **Lunedí è il primo giorno della settimana.**
> *Monday is the first day of the week.*
> **Facciamo le spese sabato prossimo.**
> *We are going shopping next Saturday.*
> **Visitiamo i nonni domenica.**
> *We are visiting our grandparents next Sunday.*
> **Andiamo sempre alla spiaggia la domenica.**
> *We always go to the beach on Sundays.*
> **La domenica non c'è mai scuola.**
> *There's never any school on Sundays.*

31. Complete the following with the definite article when it is necessary.

1. _____ mercoledí è il terzo giorno della settimana.
2. _____ domenica andiamo sempre in campagna.
3. _____ giovedí prossimo vado al cinema.

4. Vanno sempre in chiesa _____ domenica.
5. Mio padre ritorna dall'Italia _____ venerdí.

With Prepositions: Contractions

Italian prepositions and definite articles are almost always contracted. These contractions are listed in the table that follows. The prepositions **a** (*at, to*), **di** (*of, belonging to*), **da** (*from, by, at*), **in** (*in, to*) and **su** (*on*) always contract when they precede the definite article. The prepositions **con** (*with*) and **per** (*for, through*) have few contractions: **con + il = col**; **con + i = coi**; **per + il = pel**; **per + i = pei**. The contractions **collo, colla, cogli,** and **colle** are used rarely.

	Masculine Singular			Masculine Plural			Feminine Singular		Feminine Singular
	il	lo	l'	i	gli	gl'	la	l'	le
a	al	allo	all'	ai	agli	agl'	alla	all'	alle
da	dall'	dallo		dai	dagli	dagl'	dalla	dall'	dalle
su	sul	sullo	sull'	sui	sugli	sugl'	sulla	sull'	sulle
di (——→de)	del	dello	dell'	dei	degli	degl'	della	dell'	delle
in (——→ne)	nell'	nello		nei	negli	negl'	nella	nell'	nelle
con	col	—	—	coi	—	—	—	—	—
per	pel	—	—	pei	—	—	—	—	—

Andiamo al palazzo <u>delle</u> poste.
L'automobile è <u>dal</u> meccanico.
Le penne sono <u>sulla</u> scrivania.
Il ragazzo è <u>sull'</u>albero.
Il libro è <u>nel</u> cassetto.
I giocatori sono <u>nello</u> stadio.
Ecco i libri <u>degli</u> studenti.

32. Complete the following by supplying the contracted form of the italicized preposition.

1. Ritorniamo _____ montagna. *da*
2. L'avvocato è _____ studio. *in*
3. Ecco i quaderni _____ studentesse. *di*
4. I vestiti sono _____ armadio. *in*
5. Gli uccellini sono _____ alberi. *su*
6. Camminano _____ sentieri di campagna. *per*
7. Vieni _____ tuoi amici. *con*
8. Luigi è _____ dentista. *da*
9. I turisti ritornano _____ monti. *da*
10. I treni vengono _____ città. *da*
11. I mesi _____ estate sono piacevoli. *di*
12. _____ negozi ci sono tante belle cose. *in*
13. Il dono è _____ ragazzo. *per*
14. I libri _____ studente sono _____ tavolo. *di, su*
15. La studentessa cancella gli sbagli _____ gesso. *con*
16. Sono andati _____ tabacchino per comprare _____ francobolli. *a, di*

THE INDEFINITE ARTICLE

The indefinite articles (*a, an*) in Italian are **un** for masculine nouns, **uno** for masculine nouns beginning with **z**, **s** plus a consonant, **ps**, or **gn**; **una** for feminine nouns, and **un'** for feminine nouns beginning with a vowel. There are no plural forms.

un ragazzo	una casa
un albero	una camicia
un amico	una zia
un libro	una cugina
un pneumatico	un'amica
uno studio	un'estate
uno studente	un'automobile
uno zio	
uno zaino	
uno psicologo	
uno gnomo	

33. Rewrite the following sentences, replacing the definite article with an indefinite article.

1. Pietro compra il dizionario.
2. Paola prende l'aranciata.
3. La signora Torelli compra la casa grande.
4. Il signor Marini è lo zio di Stefano.
5. Scriviamo la lettera.
6. Roberto è l'amico di Giovanni.
7. Il dottore ha lo studio grande.
8. Vincenzo guida l'ambulanza rossa.
9. Teresa porta l'abito bianco.
10. I ragazzi comprano il giocattolo.

34. Supply the appropriate indefinite articles.

1. Carlo vuole prendere _____ aranciata fresca.
2. Napoli è _____ città molto bella.
3. Quello è _____ monumento molto antico.
4. Abbiamo ricevuto _____ lettera da Carlo.
5. Essi vanno a _____ spiaggia vicino a Genova.
6. Lei lavora in _____ ufficio nel centro della città.
7. È _____ lezione difficile.
8. Vogliono comprare _____ disco.
9. Lo studente ha fatto _____ sbaglio.
10. La professoressa insegna in _____ università grande.
11. Egli parla con _____ amica italiana.
12. _____ accento non è molto.
13. Margherita ha _____ zio generoso.
14. C'è _____ mercato nel centro della città.
15. C'è _____ bicchiere di latte sulla tavola.

Special Uses of the Indefinite Article

Unlike English, the indefinite article is omitted after the verb **essere** (*to be*) when it precedes unmodified nouns describing a profession or occupation.

Il padre di Arturo è avvocato.
Arthur's father is a lawyer.
La madre di Anna è dottoressa.
Anna's mother is a doctor.

The indefinite article is used, however, when the noun that follows the verb **essere** is modified.

Dante è un autore famoso.
Dante is a famous author.
Dante è un autore che ha avuto molta fama.
Dante is an author who has had a great deal of fame.
Dante è un autore di grande rinomanza.
Dante is an author of great renown.

35. Complete the following with the appropriate indefinite article when it is necessary.

1. Lo zio di Carla è _____ chirurgo famoso.
2. Il cugino di Stefano è _____ meccanico.
3. Teresa è _____ studentessa.
4. La signora Merli è _____ giornalista.
5. Luigi è _____ studente che studia molto.
6. Mio fratello è _____ dottore.
7. La signorina Tinelli è _____ dottoressa.
8. Pietro vuole essere _____ professore.
9. Giovanna è _____ ragazzina di sette anni.
10. Machiavelli è _____ autore di molta rinomanza.

THE PARTITIVE

In Italian, the partitive (*some, any*) is expressed by **di** plus the definite article. (See the chart of contractions on p. 17.) The partitive articles are as follows.

	Singular	Plural
Feminine:	della	delle
Before a vowel:	dell'	delle
Masculine:	del	dei
Before a z or an s plus consonant or gn:	dello	degli
Before a vowel:	dell'	degli

Study the following.

Prendo della minestra.
I have some soup.
Vogliamo dell'acqua.
We want some water.
Lui compra del pane.
He buys some bread.
Ecco dello zucchero.
Here is some sugar.
Compriamo dell'inchiostro.
We buy some ink.
Vuoi delle caramelle?
Do you want some candies?

Abbiamo dei libri.
We have some books.
Hanno degli zaini.
They have some knapsacks.

36. Complete the following sentences with the appropriate form of the partitive.

1. Lei prende _____ insalata.
2. Noi leggiamo _____ romanzi.
3. Tu compri _____ zucchero.
4. Lui riceve _____ riviste.
5. Io mangio _____ marmellata.

6. Visitiamo _____ amici.
7. Prendete _____ caffè.
8. Compro _____ camicie.
9. Bevete _____ acqua.
10. Mandiamo _____ pacchi.

The Partitive versus the Definite Article

The partitive indicates a part of something. The definite article is used with nouns when a general or abstract meaning is intended.

Gli piace il caffè
He likes coffee.
Prende del caffè.
He is drinking some coffee.

37. Follow the model.

Prendi del caffè?
Sí, mi piace il caffè e prendo del caffè.

1. Prendete del tè?
2. Mangiate della carne?
3. Vuoi dei vegetali?
4. Comprate dello zucchero?

5. Bevi del latte?
6. Prendete della minestra?
7. Bevete dell'acqua minerale?
8. Mangi del pane?

Exceptions to the Rule for Using the Partitive

When the sentence is negative

In negative sentences that contain the partitive, the definite article is omitted.

Affirmative	*Negative*
Prendo dello zucchero.	**Non prendo zucchero**
I take some sugar.	*I don't take any sugar.*
Ho un'automobile.	**Non ho automobile.**
I have a car.	*I don't have a car.*
Compriamo dei libri.	**Non compriamo libri.**
We buy some books.	*We don't buy any books.*
Mangiamo della carne.	**Non mangiamo carne.**
We eat some meat.	*We don't eat any meat.*

38. Rewrite the following sentences in the negative.

1. Lui compra delle penne.
2. Io prendo del tè.
3. Noi mangiamo della minestra.

4. Mangio del pane.
5. Beviamo dell'acqua minerale.
6. Mandiamo dei pacchi.

After expressions of quantity and expressions with **di**

The partitive becomes **di** after expressions of quantity such as the following.

> **un chilo**   *a kilo (one kilogram)*
> **una dozzina**   *a dozen*
> **un litro**   *a liter*
> **un po'**   *a little*
> **una tazza**   *a cup*
> **un bicchiere**   *a glass*

Voglio del latte.	*But:* **Voglio un bicchiere di latte.**
I want some milk.	*I want a glass of milk.*
Compriamo della carne.	*But:* **Compriamo un chilo di carne.**
We buy some meat.	*We buy a kilo of meat.*
Ecco delle uova!	*But:* **Ecco una dozzina di uova!**
Here are some eggs!	*Here are a dozen eggs!*

39. Complete the following sentences with the correct form of the partitive when necessary.

1. Ecco _____ vino!
2. Vuoi una tazza _____ caffè?
3. Carlo compra una dozzina _____ pere.
4. Noi mangiamo _____ vegetali.
5. Ordino un bicchiere _____ vino.
6. Voi bevete un litro _____ latte.
7. Per favore, desidero _____ latte.
8. Compro due chili _____ patate.
9. Bevo un po' _____ té.
10. Prendiamo _____ limonata.

REVIEW

40. Complete the following sentences with the appropriate definite article.

1. _____ calciatori sono nello stadio.
2. _____ amica di Rosa è in Italia.
3. _____ zii di Marco lavorano insieme.
4. _____ ragazze vanno alla spiaggia.
5. Mio nonno fuma _____ pipa.
6. _____ aquile sono uccelli grandi.
7. _____ proprietario chiude il negozio.
8. _____ sbagli sono molto comuni.
9. _____ studente fa bene agli esami.
10. _____ cravatta di Stefano è variopinta.
11. So dove sono _____ miei compagni.
12. _____ spiagge italiane sono bellissime.
13. _____ esame di laurea è duro.
14. _____ film di Fellini sono interessanti.
15. _____ cantante è simpatica.
16. _____ programma è complicato.
17. _____ violinista è bravo.
18. _____ pesca è divertente.

19. _____ estate è piacevole.
20. _____ inverno è troppo lungo.

41. Complete the following nouns with the appropriate endings.

1. La violin_____ suona molto bene.
2. La duch_____ è molto ricca.
3. I parc_____ sono pieni di gente.
4. Gli asparag_____ sono deliziosi.
5. Le formic_____ sono laboriose.
6. La citt_____ di Roma è ricca di tesori d'arte.
7. L'armad_____ è pieno di vestiti.
8. Il fagg_____ è un albero alto.
9. L'estat_____ è una bella stagione.
10. I miei zi_____ sono americani.

42. Give diminutives for each of the following words.

1. il cappello
2. la sorella
3. la vecchia
4. la donna

5. il libro
6. il fratello
7. il racconto
8. la casa

43. Rewrite the following sentences in the plural.

1. Il parco è grande.
2. L'estate è bella.
3. Il film è buono.
4. La formica è piccola.
5. Il guardasigilli è vecchio.
6. L'apriscatole è rotto.
7. La pianista è brava.
8. Lo sport è necessario.

9. La gru è un uccello grande.
10. L'università è utile.
11. La doccia è fredda.
12. La fascia è bianca.
13. La scia della nave è lunga.
14. Il teologo è studioso.
15. L'uovo è sodo.

44. Complete the following with the correct definite or indefinite article when necessary.

1. _____ scuola è una cosa importante.
2. Buon giorno, _____ signorina Zocchi.
3. Mio nonno è _____ chirurgo.
4. _____ cani sono animali domestici.
5. _____ don Pietro è _____ parroco.
6. _____ diamanti sono pietre preziose.
7. La madre di Teresa è _____ dottoressa famosa.
8. _____ Ariosto è _____ poeta molto conosciuto.
9. _____ scienze sono importanti.
10. Mario scrive in _____ tedesco.
11. Olga è _____ violinista.
12. Stefano è _____ giornalista serio.
13. _____ Sicilia è _____ isola grande.
14. Roma è _____ Italia centrale.
15. _____ Italia è in Europa.
16. _____ Capri è _____ isola piccola.

45. Complete the following with the correct form of an appropriate preposition.

    1. Il mercato è _____ centro _____ città.
    2. Il signore prende una tovaglia _____ credenza e la mette _____ tavola.
    3. Io vado _____ università _____ mio amico.
    4. Sono andato a piedi _____ scuola _____ museo.
    5. I libri sono _____ banco _____ studente.
    6. Tutti i membri _____ gruppo sono arrivati _____ atrio _____ albergo _____ loro bagagli.

46. Complete the following sentences with the appropriate form of the partitive, when necessary.

    1. Stasera mangiamo _____ minestrone.
    2. Noi non prendiamo _____ zucchero.
    3. Io leggo _____ libri nuovi.
    4. Prendi _____ té?
    5. I bambini vogliono _____ caramelle.
    6. Tu non scrivi _____ lettere.
    7. Voglio comprare una dozzina _____ mele.
    8. Il bambino beve un po' _____ latte.
    9. Gisella compra un chilo _____ asparagi.
    10. Elena mangia _____ cioccolatini.
    11. Io compro un litro _____ vino per la cena.
    12. Mio fratello non beve _____ caffé.

Chapter 2

Adjectives and Adverbs

ADJECTIVES ENDING IN -o

Many of the most common Italian adjectives end in **-o**. Each adjective must agree in gender and number with the noun it modifies. Adjectives that end in **-o** have four forms. Study the following:

l'appartamento moderno ⟶ gli appartamenti moderni
la casa moderna ⟶ le case moderne
il ponte moderno ⟶ i ponti moderni
la canzone moderna ⟶ le canzoni moderne

Note that descriptive adjectives usually follow the noun in Italian. Below is a list of some commonly used adjectives.

acerbo	*unripe, sour*	**leggero**	*light*
allegro	*cheerful, happy*	**moderno**	*modern*
alto	*tall*	**nero**	*black*
ampio	*wide*	**nuovo**	*new*
antico	*old, ancient*	**oscuro**	*dark*
avaro	*stingy*	**pieno**	*full*
basso	*short, low*	**povero**	*poor*
bravo	*good, able*	**primo**	*first*
buono	*good, kind*	**ricco**	*rich*
caldo	*warm, hot*	**rosso**	*red*
cattivo	*bad, wicked*	**stretto**	*narrow*
dannoso	*harmful*	**timido**	*timid, shy*
delizioso	*delicious*	**ultimo**	*last*
domestico	*domestic*	**vasto**	*vast*
duro	*hard*	**vecchio**	*old*
freddo	*cold*	**vero**	*true, real*
generoso	*generous*	**vuoto**	*empty*

1. Complete the following with the appropriate form of the indicated adjective.

   1. La casa non è _____, è _____. *vecchio, nuovo*
   2. Le mele di quell'albero non sono _____, sono _____. *maturo, acerbo*
   3. Gli zii di Carlo non sono _____, sono _____. *avaro, generoso*
   4. Le frittate di quel cuoco sono _____. *delizioso*
   5. La minestra è _____, non è _____. *caldo, freddo*
   6. Lunedì è il _____ giorno della settimana. *primo*
   7. Carlo e Pietro sono _____, ma Stefano è _____. *alto, basso*
   8. Le bambine non sono _____, sono _____. *cattivo, buono*
   9. Il cane è un animale _____, ma il leone è _____. *domestico, selvatico*
   10. La bandiera è _____ e _____. *bianco, giallo*
   11. Il baule non è _____, è _____ di libri. *vuoto, pieno*
   12. I grattacieli sono degli edifici _____. *moderno*

13. La radio di Paolo è sempre _____. *acceso*
14. Il cerchio è una forma geometrica _____, non _____. *rotondo, quadrato*
15. La tua soluzione del cruciverba è _____, non è _____. *sbagliato, corretto*
16. I fiori sono _____, non _____. *rosso, giallo*
17. Le strade di questa città sono _____, non _____. *ampio, stretto*
18. Il padre di Luigi è _____ e _____. *ricco, generoso*
19. Le canzoni antiche sono molto _____. *melodioso*
20. La camicia di Silvia non è _____, è _____. *nero, rosso*

ADJECTIVES ENDING IN -e

Many adjectives, like many nouns, end in the vowel **-e**. Such adjectives have only **two** forms, singular and plural. The singular ending **-e** becomes **-i** in the plural.

il signore elegante ⟶ i signori eleganti
la signora elegante ⟶ le signore eleganti

Below is a list of commonly used adjectives that end in **-e**.

abile *able*	**importante** *important*
acre *sour*	**intelligente** *intelligent*
breve *brief, short*	**interessante** *interesting*
celebre *famous*	**nobile** *noble*
difficile *difficult*	**triste** *sad*
eccellente *excellent*	**umile** *humble*
efficace *effective*	**universale** *universal*
facile *easy*	**utile** *useful*
felice *happy*	**valente** *skillful, clever*
forte *strong*	**veloce** *fast, speedy*
generale *general*	**verde** *green*
grande *big, large, great*	

2. Complete the following with the appropriate form of the indicated adjective.

1. Le studentesse sono _____. *intelligente*
2. Lo zio di Stefano è un uomo _____. *importante*
3. Per molte persone l'aria di montagna è _____. *salubre*
4. Gli amici di Pietro sono _____. *triste*
5. È una decisione _____. *nobile*
6. Le lettere sono _____. *interessante*
7. I giovani sono _____ e _____. *forte, agile*
8. Le tue domande sono _____. *inutile*
9. I pacchi sono _____. *grande*
10. Il signor Merli è un uomo molto _____. *umile*
11. Queste lezioni sono _____. *difficile*
12. Le foglie sono _____. *verde*

ADJECTIVES OF NATIONALITY

Many adjectives of nationality end in **-o**. These adjectives function as any regular adjective and have four forms. They always follow the nouns they modify.

il ragazzo americano ⟶ i ragazzi americani
la ragazza americana ⟶ le ragazze americane

Many other adjectives of nationality end in -e. These adjectives have only two forms: -e in the singular and -i in the plural.

la signora svedese ⟶ le signore svedesi
la macchina inglese ⟶ le macchine inglesi
il ragazzo francese ⟶ i ragazzi francesi
l'uomo portoghese ⟶ gli uomini portoghesi

3. Complete the following with the appropriate form of the indicated adjective.

1. Teresa è _____. *italiano*
2. I monumenti sono _____. *greco*
3. La signora è _____. *inglese*
4. I nostri amici sono _____. *messicano*
5. I formaggi sono _____. *svizzero*
6. Le signorine sono _____. *svedese*
7. I turisti sono _____. *francese*
8. La chitarra è _____. *spagnolo*
9. Le cugine di Pietro sono _____. *canadese*
10. I miei ospiti sono _____. *scandinavo*

4. Complete the following with the appropriate form of the indicated adjective.

1. I ragazzi sono _____. *tedesco*
2. Le biciclette sono _____. *americano*
3. Le acciughe sono _____. *portoghese*
4. Le radio sono _____. *giapponese*
5. Le stoffe sono _____. *scozzese*
6. Olga è _____. *greco*
7. I vini sono _____. *spagnolo*
8. Mia zia è _____. *irlandese*
9. Le canzoni sono _____. *italiano*
10. Le merci sono _____. *canadese*

5. Answer the following questions according to the model.

Sono dell'Olanda i calciatori? ⟶ Sí, i calciatori sono olandesi.

1. È della Svezia la ragazza?
2. È del Canadà il signore?
3. Sono della Francia i vini?
4. Sono del Portogallo le signore?
5. È dell'Inghilterra la cantante?
6. È del Messico il tuo amico?
7. Sono dell'Irlanda i turisti?
8. Sono della Spagna le chitarre?
9. È dell'Italia l'automobile?
10. Sono dell'America gli ospiti?

ADJECTIVES ENDING IN *-co, -ca, -go, -ga*

All adjectives ending in -ca and -ga form their plural in -che and -ghe, thus preserving the hard sound of the c and g of the singular.

stanca ⟶ stanche   lunga ⟶ lunghe
sporca ⟶ sporche   larga ⟶ larghe

poetica ⟶ poetiche   vaga ⟶ vaghe
atomica ⟶ atomiche   solinga ⟶ solinghe

6. Rewrite the following sentences in the plural.

1. La tariffa è turistica.
2. La bomba è atomica.
3. La bambina è stanca.

4. La strada è larga.
5. La storia è lunga.

Masculine adjectives ending in **-co** and **-go** usually form their plural in **-chi** and **-ghi**.

bianco ⟶ bianchi   lungo ⟶ lunghi
sporco ⟶ sporchi   largo ⟶ larghi
stanco ⟶ stanchi   vago ⟶ vaghi
antico ⟶ antichi   solingo ⟶ solinghi

However, almost all adjectives with more than two syllables ending·in **-co** (commonly **-ico**) with their stress on a syllable other than the next to the last (penultimate) form their plural in **-ci**.

unico ⟶ unici   magnifico ⟶ magnifici
simpatico ⟶ simpatici   drastico ⟶ drastici
poetico ⟶ poetici   drammatico ⟶ drammatici

7. Complete the following sentences with the correct form of the adjective **stanco**.

1. Il bambino è _____.
2. La ragazza è _____.

3. I signori sono _____.
4. Le bambine sono _____.

8. Complete the following sentences with the correct form of the adjective **simpatico**.

1. La signora è _____.
2. Le ragazze sono _____.

3. Il ragazzo è _____.
4. I signori sono _____.

9. Write the following sentences in the plural.

1. Il ragazzo è simpatico.
2. Il vino è bianco.
3. L'autobus è carico.
4. Il monumento è antico.
5. Il vestito è sporco.
6. La veduta è magnifica.

7. Il signore è stanco.
8. Il fiume è largo.
9. L'uomo è solingo.
10. La strada è larga.
11. La storia è lunga.
12. Il romanzo è lungo.

ADJECTIVES ENDING IN -cio, -cia, -gio, -gia

Note that all adjectives ending in **-cio**, **-gio**, **-cia**, and **-gia** form their plural in **-ci**, **-gi**, **-ce**, and **-ge**. The adjectives belonging to this category are very few, such as:

bigio ⟶ bigi (*grayish*)   bigia ⟶ bige
grigio ⟶ grigi (*gray*)   grigia ⟶ grige
marcio ⟶ marci (*rotten*)   marcia ⟶ marce

IRREGULAR ADJECTIVES OF COLOR

The following adjectives of color do not change form regardless of the noun they modify. They are **arancione, blu, lilla, marrone, rosa, viola**, and are referred to as invariable adjectives. Study the following.

il vestito blu ⟶ i vestiti blu
il gilé lilla ⟶ i gilé lilla
il fazzoletto rosa ⟶ i fazzoletti rosa
la gonna blu ⟶ le gonne blu
la giacca marrone ⟶ le giacche marrone
la copertina arancione ⟶ le copertine arancione
la cravatta viola ⟶ le cravatte viola

10. Pluralize the following sentences.

1. Il disegno è rosa.
2. La porta è marrone.
3. Il fiore è lilla.
4. Il quaderno è arancione.
5. La poltrona è viola.
6. La parete è blu.
7. Il cappello è marrone.
8. La cravatta è rosa.
9. La maglia è àrancione.
10. Il gilé è viola.

ADJECTIVES WITH SHORTENED FORMS

The adjectives **bello, grande, santo, buono**, and **nessuno** have shortened forms when they precede a noun.

Bello

Study the following forms of the adjective **bello** when it precedes a noun. Note the similarity between the endings of the adjective and the forms of the definite article.

lo zio	bello zio	la zia	bella zia
l'uomo	bell'uomo	l'estate	bell'estate (bella estate)
il ragazzo	bel ragazzo	la ragazza	bella ragazza
gli zii	begli zii	le zie	belle zie
gli uomini	begli uomini	le amiche	belle amiche
i ragazzi	bei ragazzi	le ragazze	belle ragazze

Conforming to the rule for definite articles, **bello** is used before masculine nouns beginning with **z, s** plus a consonant, and **ps. Bello** is shortened to **bell'** before masculine and feminine nouns beginning with a vowel and it is further shortened to **bel** before all other masculine nouns. **Bella** is used with all feminine nouns beginning with a consonant.

In the plural **belle** is used with all feminine plural nouns but can be shortened to **bell'** with a plural noun beginning with **e** . **Begli** is used before all masculine plural nouns beginning with **z, s** plus a consonant, **ps**, or a vowel. **Bei** is used with all other plural masculine nouns.

For nouns beginning with **e** in the plural, there are optional forms: **l'estati, bell'estati; le estati, belle estati**.

11. Complete the following with the correct form of the adjective **bello**.

1. È un _____ giorno.
2. Teresa canta una _____ canzone.

3. Ho veduto dei _____ uccelli nel giardino.
4. Carlo ha comprato un _____ specchio.
5. Noi abbiamo due _____ poltrone nel salotto.
6. I Loro figli sono due _____ ragazzi.
7. C'è un _____ vaso con due _____ fiori sul tavolo.

Grande

The adjective **grande** may be shortened to **gran** before masculine and feminine nouns that begin with a consonant other than **z**, **s** plus a consonant, and **ps**. With all nouns beginning with **z**, **s** plus a consonant, **ps**, or a vowel, **grande** is used.

un gran signore   una gran signora
un gran maestro   una gran maestra

un grande artista   una grande artista
un grande zio   una grande zia
un grande studente   una grande studentessa
un grande psicologo   una grande psicologa

Note that **grande** becomes **grand'** before a masculine noun beginning with **u**.

un grand'uomo

The plural form of **grande** is **grandi** for all nouns.

12.   Complete the following with the correct form of the adjective **grande**.

1. La signora Torre è una _____ donna.
2. Garibaldi fu un _____ uomo.
3. Milano è una _____ città.
4. La signora Fellini è una _____ artista.
5. Mio padre è un _____ psicologo.

Santo

Santo is shortened to **San** before a masculine noun beginning with any consonant other than **z** or **s** plus a consonant. **Sant'** is used before all masculine and feminine names beginning with a vowel.

Santo Stefano
Sant'Anselmo
San Giuseppe
Santa Maria
Sant'Anna

The plural forms are always **santi**, **sante**.

13.   Write the correct form of **Santo** with each of the following names.

1. _____ Maria
2. _____ Antonio
3. _____ Pietro
4. _____ Stefano
5. _____ Paolo
6. _____ Agata

Buono and Nessuno

Buono and **nessuno** have forms that are very similar to the forms of the indefinite article. Study the following and note the similarities.

uno zio	un buono zio	una zia	una buona zia
un ragazzo	un buon ragazzo	una ragazza	una buona ragazza
un amico	un buon amico	un'amica	una buon'amica

Note that **buono** and **nessuno** are shortened to **buon** and **nessun** before all masculine nouns except those beginning with **z**, **s** plus a consonant, or **ps**. **Buona** or **nessuna** is used with all feminine nouns beginning with a consonant and elided to **buon'** or **nessun'** before a feminine noun beginning with a vowel.

Nessuno has no plural forms. The plural of **buono, buona** is always **buoni, buone**.

14.   Complete the following with the correct form of the indicated adjective.

1. Il signor Martini è un _____ maestro.   *buono*
2. Questo rimedio non fa _____ male.   *nessuno*
3. Pietro non mandò _____ notizia.   *nessuno*
4. Maria è una _____ amica.   *buono*
5. Carlo e Stefano sono _____ amici.   *buono*
6. Lo studente non ha _____ libro.   *nessuno*
7. Giuseppe è un _____ studente.   *buono*
8. Questo _____ uomo è molto generoso.   *buono*
9. È una _____ idea.   *buono*
10. _____ anno nuovo!   *buono*

TITLES ENDING IN -*e*

Titles ending in -**e**, such as **dottore** and **signore**, drop the final -**e** before proper names. Study the following.

Buongiorno, dottore.   *But:*   **Buongiorno, dottor Marini.**
Il professore è americano.   *But:*   **Il professor Smith è americano.**

15.   Supply the correct form of the titles provided.

1. Il _____ Pirri è specializzato in chirurgia.   *dottore*
2. Buongiorno, _____ Monti.   *professore*
3. Buona sera, _____ Aliano.   *professore*
4. L'_____ è italiano.   *ingegnere*
5. Quel _____ è dentista.   *signore*
6. Come sta l'_____ Trevi?   *ingegnere*
7. Il _____ Marchi arriva alle cinque.   *signore*
8. _____, come sta mio figlio?   *dottore*

COMPARATIVE

Comparative of Equality with Adjectives

The comparative of adjectives may be of equality or inequality. The comparison of equality means that two items being compared have equal characteristics (as ... as). In Italian the words **cosí ... come** or **tanto ... quanto** are used. These correlatives are interchangeable.

Roberto è cosí alto come Luisa.
Roberto è tanto alto quanto Luisa.
Robert is as tall as Louise.

Luisa è cosí alta come Roberto.
Luisa è tanto alta quanto Roberto.
Louise is as tall as Robert.

Questi libri sono cosí interessanti come gli altri.
Questi libri sono tanto interessanti quanto gli altri.
These books are as interesting as the others.

Note that the disjunctive personal pronouns are used following a term of comparison. (The disjunctive personal pronouns appear on page 190.)

Luisa è ${\text{cosí} \atop \text{tanto}}$ **alta** ${\text{come} \atop \text{quanto}}$ **lui.**

Louise is as tall as he.

Teresa è ${\text{cosí} \atop \text{tanto}}$ **intelligente** ${\text{come} \atop \text{quanto}}$ **me.**

Theresa is as intelligent as I.

16. Complete the following with the appropriate words to express the comparison of equality.

1. Maria è cosí brava _____ Stefano.
2. Questi ragazzi son tanto alti _____ quelli.
3. Noi siamo cosí intelligenti _____ loro.
4. Io sono cosí biondo _____ mio cugino.
5. Questa pintura è tanto bella _____ l'altra.

17. Complete the following with the appropriate words to express the comparison of equality.

1. Questa forchetta è _____ sporca come l'altra.
2. Carlo è _____ ricco quanto suo fratello.
3. Queste spiagge sono _____ belle come le altre.
4. Questi libri sono _____ interessanti quanto gli altri.
5. Queste lezioni sono _____ difficili quanto tutte le altre.

Comparative of Equality with Nouns

The comparative of equality can also be expressed with nouns (*as many ... as, as much ... as*). In Italian the words **tanto ... quanto** are used with nouns. Note that **tanto** must agree with the noun it modifies.

Noi abbiamo tanto denaro quanto voi.
Maria ha tanta energia quanto sua sorella.
Questa biblioteca ha tanti libri quanto l'altra.
Questo museo ha tante statue quanto l'altro.

18. Complete the following with the appropriate words to express the comparison of equality.

1. Egli mangia _____ verdure _____ noi.
2. Io leggo _____ libri _____ mio fratello.

3. Teresa riceve _____ lettere _____ loro.
4. Questa signora guadagna _____ soldi _____ quella.
5. Ci sono _____ forchette _____ coltelli sulla tavola.
6. Genova non ha _____ abitanti _____ Napoli.

Note that **così ... come** and **tanto ... quanto** can be used alone without modifying any other word. **Così** and **quanto** are often omitted from the comparisons. Observe the following.

> **Tu ti vesti vesti così come me.**
> **Tu ti vesti come me.**
> *You dress as I do.*

> **Antonio lavora tanto quanto lui.**
> **Antonio lavora quanto lui.**
> *Anthony works as much as he does.*

19. Complete the following with the appropriate word.

1. Carlo studia _____ quanto me.
2. Io mi vesto _____ come lui.
3. Voi correte _____ me.
4. Esse lavorano _____ noi.

Comparative of Inequality

The comparatives of inequality are: **piú ... di, meno ... di** (*more ... than, less ... than*). Note that **di** contracts with the definite articles it precedes.

> **Stefano ha piú libri di Luigi.**
> *Stephen has more books than Louis.*
> **La ragazza ha piú amici del ragazzo.**
> *The girl has more friends than the boy.*
> **Pietro ha meno cugini della sua amica.**
> *Peter has fewer cousins than his friend.*

The comparatives **piú ... che** and **meno ... che** are used when two elements of the same kind are compared, such as two adjectives, two nouns, etc.

> **Questa città è piú sporca che bella.**
> *This city is more dirty than (it is) beautiful.*
> **A Roma ci sono meno chiese che fontane.**
> *In Rome there are fewer churches than (there are) fountains.*
> **È piú facile giocare che studiare.**
> *It is easier to play than to study.*

Piú di ... and **meno di ...** are used when the comparison is followed by a number.

> **Abbiamo piú di dieci dollari.**
> *We have more than ten dollars.*
> **Il libro costa meno di sette dollari.**
> *The book costs less than seven dollars.*
> **Non ho piú di cinque dollari.**
> *I don't have more than five dollars.*
> **Non costano meno di venti dollari.**
> *They don't cost less than twenty dollars.*

20. Complete the following sentences with the appropriate words for the comparative. The comparatives *more ... than* and *less ... than* are indicated with the signs + and − on the right side.

1. Carlo e Pietro fanno _____ rumore _____ loro cugini. +
2. Pietro mangia _____ _____ te. −
3. Noi studiamo _____ _____ loro. +
4. Voi comprate _____ libri _____ signora. −
5. Le bambine vogliono _____ regali _____ noi. +
6. A Nuova York ci sono _____ negozi _____ grattacieli. +
7. È _____ difficile camminare _____ saltare. −
8. Silvia è _____ intelligente _____ buona. +
9. Noi abbiamo _____ amici _____ Luisa. −
10. Luigi è _____ alto _____ Pietro. +
11. Luigi ha _____ _____ cinque dollari. +
12. Tu hai _____ _____ diciannove anni. −
13. Questa penna è _____ bella _____ buona. +
14. Questi giocattoli sono _____ utili _____ belli. −
15. Io ho _____ _____ quindici anni. +

RELATIVE SUPERLATIVE OF ADJECTIVES

The superlative (*most, -est, least*) is formed by using the appropriate definite article, the word **piú** (or **meno**) and the preposition **di** contracted with the definite article.

> **Teresa è la (ragazza) piú brava della classe.**
> *Theresa is the smartest (girl) in the class.*
> **Roberto è il (ragazzo) meno atletico del gruppo.**
> *Roberto is the least athletic (boy) of the group.*
> **Nuova York è la città piú grande degli Stati Uniti.**
> *New York is the largest city in the United States.*
> **Stefano e Antonio sono i piú alti della famiglia.**
> *Stephen and Anthony are the tallest in the family.*
> **Maria e Rosa sono le piú brave del rione.**
> *Mary and Rose are the smartest in the neighborhood.*

21. Complete the following with the appropriate words for the superlative.

1. Loro sono _____ studentesse _____ brave _____ classe.
2. Carlo e Pietro sono _____ ragazzi _____ bassi _____ gruppo.
3. Questa scuola è _____ _____ moderna _____ città.
4. Il padre di Olga è _____ dottore _____ famoso _____ Roma.
5. La Sicilia è _____ _____ grande isola _____ Mediterraneo.
6. Pelé è _____ calciatore _____ famoso _____ mondo.
7. Questi ragazzi sono _____ _____ atletici _____ scuola.
8. Maria è _____ atletica _____ tutte.
9. Quelle studentesse sono _____ _____ intelligenti.
10. Il signor Martini è _____ ingegnere _____ capace _____ fabbrica.

ABSOLUTE SUPERLATIVE OF ADJECTIVES AND ADVERBS

The absolute superlative is formed by adding the suffix **-issimo** to an adjective or an adverb after dropping the last vowel of both the adjective and the adverb. It gives the meaning of *most*, *very*, and *extremely*.

bello (*handsome*) ⟶ **bellissimo** (*most handsome*)
intelligente (*intelligent*) ⟶ **intelligentissimo** (*extremely intelligent*)
capace (*able*) ⟶ **capacissimo** (*very able*)
ricco (*rich*) ⟶ **ricchissimo** (*very rich*)
bene (*well*) ⟶ **benissimo** (*very well*)
male (*badly*) ⟶ **malissimo** (*very badly*)

Note that the absolute superlative behaves like a regular (or positive) adjective and must agree in gender and number with the noun it modifies.

una signora intelligentissima ⟶ **delle signore intelligentissime**
un giovane ricchissimo ⟶ **dei giovani ricchissimi**
una lezione utilissima ⟶ **delle lezioni utilissime**
un ragazzo poverissimo ⟶ **dei ragazzi poverissimi**

In order to preserve the hard sound of the positive adjective, an **h** must be added to the adjective ending in **-co, -go, -ca,** and **-ga** before **-issimo.**

un uomo stanco ⟶ **un uomo stanchissimo**
una donna ricca ⟶ **una donna ricchissima**
un fiume largo ⟶ **un fiume larghissimo**
una strada larga ⟶ **una strada larghissima**

The absolute superlative may also be formed by placing the adverbs **assai** and **molto** before the adjective or the adverb.

buono ⟶ **molto buono**
bene ⟶ **molto bene**
capace ⟶ **assai capace**
facilmente ⟶ **molto facilmente**
male ⟶ **molto male**
bella ⟶ **molto bella**

22. Follow the model.

È un giovane molto povero. ⟶ **È un giovane poverissimo.**

1. Il signor Rossi è molto sensibile.
2. Teresa sta molto bene.
3. La stanza è molto grande.
4. La rivista è molto utile.
5. Gli stadi sono molto grandi.
6. È un lavoro molto difficile.

23. Follow the model.

È una signora ricchissima. ⟶ **È una signora molto ricca.**

1. Il teatro è affollatissimo.
2. L'esame è facilissimo.
3. Roberto sta malissimo.
4. L'appartamento è modernissimo.

IRREGULAR COMPARATIVES AND SUPERLATIVES

The adjectives **buono**, **cattivo**, **grande**, and **piccolo** have irregular forms for the comparative and superlative.

Positive	Comparative	Relative superlative	Absolute superlative
buono	migliore	il migliore	ottimo
cattivo	peggiore	il peggiore	pessimo
grande	maggiore	il maggiore	massimo
piccolo	minore	il minore	minimo

The comparative forms are expressed without an article. The appropriate definite article is used with the relative superlative. Study the following.

> **Questo studente è migliore (peggiore) dell'altro.**
> *This student is better (worse) than the other.*
> **Questo studente è il migliore (il peggiore) di tutti.**
> *This student is the best (the worst) of all.*
> **Questa casa è migliore dell'altra.**
> *This house is better than the other one.*
> **Queste strade sono le peggiori di tutte.**
> *These streets are the worst of all.*

When they refer to people, the words **maggiore** and **minore** express the meaning of age rather than size.

> **Luigi è il fratello minore.**
> *Luigi is the younger brother.*
> **Roberto è maggiore di suo fratello.**
> *Robert is older than his brother.*
> **Luisa è minore di sua sorella.**
> *Louise is younger than her sister.*
> **Olga è la maggiore della famiglia.**
> *Olga is the oldest in the family.*

In order to convey the meaning of size, **grande** and **piccolo** are used.

> **Questo pacco è piú grande di quello.**
> *This package is bigger than that one.*
> **Carlo è il piú piccolo del gruppo.**
> *Charles is the smallest (one) in the group.*

24. Complete the following with the appropriate form of the comparative or superlative according to the indicated expressions.

1. Maria è _____ sua sorella. *Ha piú anni.*
2. Questo museo è _____ _____ della città. *È molto grande.*
3. Roberto è _____ _____ suo amico. *È piú alto.*
4. Carlo è _____ _____. *È molto piccolo.*
5. Mio nonno è _____ _____ mia nonna. *Ha piú anni.*
6. Luisa è _____ _____ sua cugina. *Ha meno anni.*
7. Olga è _____ _____ della classe. *È la piú buona.*
8. Stefano è _____ _____ suo fratello. *È piú basso.*

IRREGULAR COMPARATIVES AND SUPERLATIVES OF ADVERBS

The adverbs **bene, male, molto,** and **poco** have irregular forms in the comparative and relative superlative. All of these adverbs have regular absolute superlative forms: **bene** ⟶ **molto bene, benissimo**; **male** ⟶ **molto male, malissimo**; **molto** ⟶ **moltissimo**; **poco** ⟶ **pochissimo**.

Positive		Comparative		Relative Superlative	
bene	*well*	**meglio**	*better*	**il meglio**	*the best*
male	*badly*	**peggio**	*worse*	**il peggio**	*the worst*
molto	*a lot*	**piú (di piú)**	*more*	**il piú**	*the most*
poco	*a little*	**meno (di meno)**	*less*	**il meno**	*the least*

Study the following examples.

Come stai? Sto meglio.
How are you? I am better.
Come sta Luisa? Sta peggio.
How is Louise? She is worse.
È meglio tornare a casa adesso.
It's better to go back home now.
È peggio di prima.
It's worse than before.
Se Carlo studia, fa meglio a scuola.
If Charles studies, he does better in school.
Piú studiamo, meno impariamo.
The more we study, the less we learn.
Meno mangiamo, piú ingrassiamo.
The less we eat, the more we gain weight.
Lo vedo il meno possibile.
I see him as little as possible.
Studio il piú possibile.
I study as much as possible.

25. Complete the following sentences in the comparative or superlative using the indicated expressions as a guide.

1. Luigi sta _____ di prima.   *non bene come prima*
2. Luisa studia _____ _____ possibile.   *moltissimo*
3. Non sto male, sto _____ di ieri.
4. È tardi, è _____ tornare a casa.
5. Piú lavoro, _____ mangio.   *mangio poco*
6. Alberto sta _____.   *molto male*
7. I ragazzi stanno _____.   *molto bene*

FORMATION OF NOUNS FROM ADJECTIVES

Most adjectives can become nouns when they are accompanied by the definite article.

I giovani viaggiano dappertutto.
Young people travel all over.
I vecchi hanno molto da raccontare.
Old people have a lot to tell.

I cattivi non piacciono a nessuno.
Nobody likes bad people.

26.   Change the following adjectives into nouns according to the model.

   i ragazzi ribelli ——→ i ribelli

   1. il signore ricco
   2. le ragazze giovani
   3. i tipi cattivi
   4. le signorine americane
   5. i monumenti antichi

   6. il ragazzo povero
   7. gli studenti intelligenti
   8. la signora italiana
   9. il fratello minore
   10. le riviste importanti

POSSESSIVE ADJECTIVES

Possessive adjectives indicate ownership or possession. All possessive adjectives must agree in gender and number with the noun they modify with the exception of **loro** (*their*). The possessive adjectives are preceded by the appropriate definite article. Study the following:

   il mio vestito ——→ i miei vestiti
   la mia cravatta ——→ le mie cravatte
   il tuo amico ——→ i tuoi amici
   la tua amica ——→ le tue amiche
   il suo cappotto ——→ i suoi cappotti
   la sua maglia ——→ le sue maglie
   il nostro vicino ——→ i nostri vicini
   la nostra casa ——→ le nostre case
   il vostro giardino ——→ i vostri giardini
   la vostra bicicletta ——→ le vostre biciclette
   il loro libro ——→ i loro libri
   la loro rivista ——→ le loro riviste

27.   Complete the following sentences by supplying the appropriate possessive pronouns according to the italicized subject pronouns.

   1. _____ vestiti sono nuovi. *noi*
   2. _____ camicia è verde. *io*
   3. _____ amici sono bravi. *tu*
   4. _____ amiche sono brave. *tu*
   5. _____ vicini sono italiani. *egli*
   6. _____ bicicletta è rossa. *voi*
   7. _____ riviste sono interessanti. *loro*
   8. _____ cravatte sono belle. *io*
   9. _____ libri sono grossi. *noi*
   10. _____ cappotti sono pesanti. *lei*

With Family Names

Possessive adjectives followed by singular family names do not use the definite article with the exception of **loro (la loro madre)** (*their mother*). Study the following:

   Mia sorella è a scuola.   **Le mie sorelle sono a scuola.**
   My sister is at school.   *My sisters are at school.*

Tuo cugino è americano.   **I tuoi cugini sono americani.**
Your cousin is American.   *Your cousins are American.*
Il loro fratello è in Italia. **I loro fratelli sono in Italia.**
Their brother is in Italy.   *Their brothers are in Italy.*

28. Complete the following sentences by supplying the appropriate possessive adjectives according to the indicated subject pronouns.

    1. _____ madre è dottoressa. *io*
    2. _____ sorelle studiano molto. *noi*
    3. _____ cugina viaggia spesso. *voi*
    4. _____ fratelli lavorano al centro. *tu*
    5. _____ padre è maestro. *lei*
    6. _____ nonni sono in Italia. *loro*
    7. _____ zia parla molte lingue. *loro*
    8. _____ zio ha sessantadue anni. *egli*
    9. _____ nonna è molto saggia. *io*
    10. _____ fratelli frequentano l'università. *noi*

Note that the formal possessive adjectives **Suo** (*your*) and **Loro** (*your*) begin with capital letters. This practice, however, is frequently not observed.

il Suo libro   *your book* ⟶ **i Suoi libri**   *your books*
la Sua penna   *your pen* ⟶ **le Sue penne**   *your pens*
il Loro cane   *your dog* ⟶ **i Loro cani**   *your dogs*
la Loro vacanza   *your vacation* ⟶ **le Loro vacanze**   *your vacations*

Study the following sentences:

Signora, il Suo cappello è elegantissimo.
Madame, your hat is very elegant.
Dottor Martini, i Suoi pazienti sono qui.
Dr. Martini, your patients are here.
Signor Valetti e Signorina Torre, i Loro libri sono arrivati.
Mr. Valetti and Miss Torre, your books have arrived.
Signori, le Loro prenotazioni sono confermate.
Gentlemen, your reservations are confirmed.

29. Complete the following sentences with the appropriate possessive adjectives. In some sentences, a subject pronoun indicates the possessive adjective to be used.

    1. Mi vuoi prestare _____ motocicletta?
    2. Luigi desidera visitare _____ nonni.
    3. _____ sorella studia lingue straniere. *io*
    4. Andiamo al teatro con _____ amici.
    5. _____ zii arrivano domani. *tu*
    6. Signor Spinelli, _____ biglietto è pronto.
    7. Gli studenti preparano _____ lezioni.
    8. Signori, dove sono _____ valige?
    9. _____ madre lavora in un ospedale. *noi*
    10. Luisa va in Italia con _____ fratelli.
    11. Signorina Marini, può chiamare _____ padre?
    12. _____ amiche vanno alla spiaggia tutti i giorni. *noi*
    13. I bambini giocano con _____ giocattoli.

14. Le studentesse leggono _____ riviste.
15. Don Giuseppe, _____ caffè espresso è sul tavolino.
16. _____ zia Angelina è molto brava. *io*
17. Roberto accompagna _____ cugine a casa.

30. Rewrite the following sentences substituting the words in italics with the appropriate possessive adjectives. Include the definite article when needed.

1. Gli amici *di Paolo* telefonano spesso.
2. La sorella *di Luisa e di Carlo* studia molto.
3. Lo zio *di Stefano* è molto ricco.
4. La madre *di Antonio* è giovane.
5. Le amiche *di Olga* sono greche.

DEMONSTRATIVE ADJECTIVES

The demonstrative adjective **questo** (*this*) has four forms and agrees in gender and number with the noun it modifies. Note that, before nouns beginning with a vowel, **quest'** (**quest'amico**) may be used. The use of the latter is optional. The definite article is not used with demonstrative adjectives.

questo cavallo	questi cavalli
questa macchina	queste macchine

The forms of the demonstrative adjective **quello** (*that*) are very similar to the forms of the definite article. Study the following.

lo	quello studente	la	quella studentessa
	quello zio		quella zia
	quello psicologo		quella psicologa
l'	quell'amico	l'	quell'amica
	quell'inverno		quell'estate
il	quel ragazzo	la	quella ragazza
	quel libro		quella rivista
gli	quegli studenti	le	quelle studentesse
	quegli zii		quelle zie
	quegli psicologi		quelle psicologhe
	quegli amici		quelle amiche
	quegli (quegl') inverni		quelle (quell') estati
i	quei ragazzi	le	quelle ragazze
	quei libri		quelle riviste

31. Rewrite the following sentences in the singular.

1. Quegli studenti sono studiosi.
2. Queste cravatte sono blu.
3. Quelle spiagge sono bellissime.
4. Quei signori sono americani.
5. Questi amici sono generosi.
6. Quelle amiche sono italiane.
7. Questi zii sono vecchi.
8. Quegli alberi sono alti.
9. Queste macchine sono veloci.
10. Quei libri sono vecchi.
11. Questi giornali sono interessanti.
12. Quegli zaini sono pieni.
13. Queste estati sono meravigliose.
14. Quegli psicologi sono giovani.

32. Complete the following with the appropriate demonstrative adjective.

1. (*These*) _____ paesaggi sono pittoreschi.
2. (*Those*) _____ fotografie sono lucide.
3. (*That*) _____ inverno è duro.
4. (*This*) _____ amica è inglese.
5. (*That*) _____ albero è alto.
6. (*These*) _____ studentesse sono brave.
7. (*Those*) _____ gnocchi sono deliziosi.
8. (*This*) _____ signora è dell'Irlanda.
9. (*That*) _____ psichiatra è giovane.
10. (*That*) _____ dottoressa è brava.
11. (*That*) _____ zio è scherzoso.
12. (*Those*) _____ zucchine sono buone.
13. (*This*) _____ tavolo è marrone.
14. (*That*) _____ ragazzo gioca sempre.
15. (*That*) _____ biblioteca è grande.

EXPRESSIONS *Che!* AND *Quanto!*

The exclamation **What a . . . !** in Italian is expressed by the word **Che!** Study the following:

Che folla!   *What a crowd!*
Che bella giornata!   *What a beautiful day!*
Che belle giornate!   *What beautiful days!*
Che bel paesaggio!   *What a beautiful landscape!*
Che bei paesaggi!   *What beautiful landscapes!*

The exclamation **Quanto!** (**Quanti! Quanta! Quante!**) expresses a number or a quantity of people or things. It literally means *So much!* or *So many!* **Quanto!** agrees in gender and number with the noun it modifies. Study the following.

Quanto rumore!   *So much noise!*
Quanti bravi giocatori!   *So many excellent players!*
Quanta gente!   *So many people!*
Quante belle barche!   *So many beautiful boats!*

33. Rewrite the following in Italian.

1. What a game!
2. What pretty flowers!
3. So many books!
4. So much happiness!
5. What a fantastic idea!
6. So many friends!
7. What a beautiful day!
8. What beautiful cities!

FORMATION OF ADVERBS

In Italian adverbs are formed by adding the suffix -**mente** to the singular feminine form of the adjective.

meravigliosa (*marvelous*) ⟶ meravigliosamente (*marvelously*)
disastrosa (*disastrous*) ⟶ disastrosamente (*disastrously*)
ottima (*excellent*) ⟶ ottimamente (*excellently*)

bonaria (*good-natured*) ——→ bonariamente (*good-naturedly*)
valorosa (*courageous*) ——→ valorosamente (*courageously*)

Many adjectives ending in -**e** simply add -**mente** without any change. Adjectives ending in -**le** and -**re** drop the final -**e** before -**mente** is added.

enorme (*enormous*) ——→ enormemente (*enormously*)
corrente (*current*) ——→ correntemente (*currently*)
legale (*legal*) ——→ legalmente (*legally*)
orribile (*horrible*) ——→ orribilmente (*horribly*)
regolare (*regular*) ——→ regolarmente (*regularly*)
basilare (*basic*) ——→ basilarmente (*basically*)

34. Change the following into adverbs.

1. difficile	11. leale
2. grazioso	12. aristocratico
3. forte	13. liberale
4. terribile	14. paziente
5. interno	15. magistrale
6. mirabile	16. facile
7. caro	17. raro
8. militare	18. breve
9. urgente	19. parziale
10. veloce	20. lento

NUMBERS

Cardinal Numbers

The Italian cardinal numbers are as follows.

1	uno	*11*	undici
2	due	*12*	dodici
3	tre	*13*	tredici
4	quattro	*14*	quattordici
5	cinque	*15*	quindici
6	sei	*16*	sedici
7	sette	*17*	diciassette
8	otto	*18*	diciotto
9	nove	*19*	diciannove
10	dieci	*20*	venti

After **venti**, **trenta**, **quaranta**, etc., the numbers **uno** through **nove** are added and attached. Note that the final vowel of **venti**, **trenta**, **quaranta**, etc., is dropped when the numbers **uno** and **otto** are added. Also, when the number **tre** is added to **venti**, etc., the final -**e** of **tre** is accented: **ventitré**, etc. The final vowel of **ventuno**, **trentuno**, etc., is dropped before nouns: **ventun libri**, **trentun cavalli**, **sessantun ragazze**, etc. Observe the following numbers.

21	ventuno	*28*	ventotto
22	ventidue	*29*	ventinove
23	ventitré	*30*	trenta
24	ventiquattro	*31*	trentuno
25	venticinque	*33*	trentatré
26	ventisei	*38*	trentotto
27	ventisette	*40*	quaranta

41	quarantuno	73	settantatré
43	quarantatré	75	settantacinque
48	quarantotto	78	settantotto
50	cinquanta	80	ottanta
51	cinquantuno	81	ottantuno
53	cinquantatré	83	ottantatré
58	cinquantotto	86	ottantasei
60	sessanta	88	ottantotto
61	sessantuno	90	novanta
63	sessantatré	91	novantuno
68	sessantotto	92	novantadue
69	sessantanove	93	novantatré
70	settanta	98	novantotto
71	settantuno	99	novantanove

The word **cento** is invariable. Note that the word *one*, which in English appears before *hundred* (*one hundred*), is not included in Italian. The numbers *one*, *two*, *etc.*, are usually added but not attached; however, some people do attach them. These combined forms are given below in parentheses. The compounds of **cento** are attached: **duecento**, **trecento**, **etc.**

100	cento
101	cento uno (centouno, centuno)
102	cento due (centodue)
103	cento tre (centotré)
104	cento quattro (centoquattro)
105	cento cinque (centocinque)
106	cento sei (centosei)
107	cento sette (centosette)
108	cento otto (centotto)
109	cento nove (centonove)
110	cento dieci (centodieci)
111	cento undici (centoundici)
112	cento dodici (centododici)
113	cento tredici (centotredici)
114	cento quattordici (centoquattordici)
115	cento quindici (centoquindici)
116	cento sedici (centosedici)
117	cento diciassette (centodiciassette)
118	cento diciotto (centodiciotto)
119	cento diciannove (centodiciannove)
120	cento venti (centoventi)
121	cento ventuno (centoventuno)
130	cento trenta (centotrenta)
131	cento trentuno (centotrentuno)
140	cento quaranta (centoquaranta)
143	cento quarantatré (centoquarantatré)
150	cento cinquanta (centocinquanta)
158	cento cinquantotto (centocinquantotto)
160	cento sessanta (centosessanta)
165	cento sessantacinque (centosessantacinque)
170	cento settanta (centosettanta)
180	cento ottanta (centottanta)
190	cento novanta (centonovanta)
191	cento novantuno (centonovantuno)

193	cento novantatré (centonovantatré)
198	cento novantotto (centonovantotto)
200	duecento
300	trecento
400	quattrocento
450	quattrocento cinquanta (quattrocentocinquanta)
500	cinquecento
600	seicento
700	settecento
800	ottocento
900	novecento
999	novecento novantanove (novecentonovantanove)

The word **mille** (*one thousand*) does not use the word *one* in Italian. **Un** (*one*) is always used with **milione** and **miliardo** (*billion*). **Mille, milione,** and **miliardo** have plurals. Note that the English *eleven hundred, twelve hundred, etc.,* are divided into thousands and hundreds.

1000	mille
1001	mille uno
1010	mille dieci
1100	mille cento
1200	mille duecento
1300	mille trecento
1400	mille quattrocento
1500	mille cinquecento
1600	mille seicento
1700	mille settecento
1800	mille ottocento
1980	mille novecento ottanta (mille novecentottanta)
2000	due mila (duemila)
3000	tre mila (tremila)
4000	quattro mila (quattromila)
20.000	venti mila (ventimila)
100.000	cento mila (centomila)
1.000.000	un milione
2.000.000	due milioni
10.000.000	dieci milioni
1.000.000.000	un miliardo
2.000.000.000	due miliardi
9.000.000.000	nove miliardi
1.000.000.000.000	un trilione
2.000.000.000.000	due trilioni

Note that **un milione, due milioni, un miliardo, due miliardi, etc.,** take the preposition **di** before a noun:

un milione di dollari	**due milioni di persone**
a million dollars	*two million people*
un miliardo di dollari	**cinque miliardi di lire**
a billion dollars	*five billion lire*

Note that in Italian, a period is used when English uses a comma, and a comma is used when English uses a decimal point. Observe the following:

Italian	English
1.236.000	*1,236,000*
1.236,60	*1,236.60*
8,50	*8.50*

35. Write the following numbers in Italian.

1. 5		12. 78
2. 13		13. 79
3. 17		14. 82
4. 21		15. 88
5. 28		16. 90
6. 33		17. 91
7. 40		18. 100
8. 48		19. 300
9. 51		20. 1,000
10. 53		21. 8,533
11. 67		22. 3,000,000

36. Translate the following words.

1. one hundred men
2. four thousand books
3. one million people
4. six billion dollars
5. nine hundred letters

Special use of **Duecento, Trecento, etc.**

When referring to centuries, the ordinal numbers are used: **dodicesimo**, **tredicesimo**, **etc**. (*twelfth*, *thirteenth*, *etc*.). However, it is very common to use the cardinal numbers within the context of art, history, or literature. Note that **Duecento, Trecento, etc.** are capitalized when used in this context. They are also preceded by the appropriate masculine singular definite article. Observe:

il secolo tredicesimo (il tredicesimo secolo)	**il Duecento**	*the 13th century*
il secolo quattordicesimo (il quattordicesimo secolo)	**il Trecento**	*the 14th century*
il secolo quindicesimo (il quindicesimo secolo)	**il Quattrocento**	*the 15th century*
il secolo sedicesimo (il sedicesimo secolo)	**il Cinquecento**	*the 16th century*
il secolo diciassettesimo (il diciassettesimo secolo)	**il Seicento**	*the 17th century*
il secolo diciottesimo (il diciottesimo secolo)	**il Settecento**	*the 18th century*
il secolo diciannovesimo (il diciannovesimo secolo)	**l'Ottocento**	*the 19th century*
il secolo ventesimo (il ventesimo secolo)	**il Novecento**	*the 20th century*

37. Using cardinal numbers, give the Italian equivalents of the following centuries.

1. 20th century
2. 13th century
3. 16th century

4. 19th century
5. 15th century

Ordinal Numbers

The Italian ordinal numbers function as adjectives and must therefore agree in gender and number with the nouns they modify. They are:

1st	**primo, prima, primi, prime**
2nd	**secondo (-a, -i, -e)**
3rd	**terzo (-a, -i, -e)**
4th	**quarto (-a, -i, -e)**
5th	**quinto (-a, -i, -e)**
6th	**sesto (-a, -i, -e)**
7th	**settimo (-a, -i, -e)**
8th	**ottavo (-a, -i, -e)**
9th	**nono (-a, -i, -e)**
10th	**decimo (-a, -i, -e)**
11th	**undicesimo (-a, -i, -e)** *also:* **undecimo**
12th	**dodicesimo (-a, -i, -e)** *also:* **duodecimo**
13th	**tredicesimo (-a, -i, -e)** *also:* **decimoterzo**
14th	**quattordicesimo (-a, -i, -e)** *also:* **decimoquarto**
15th	**quindicesimo (-a, -i, -e)** *also:* **decimoquinto**
16th	**sedicesimo (-a, -i, -e)** *also:* **decimosesto**
17th	**diciassettesimo (-a, -i, -e)** *also:* **decimosettimo**
18th	**diciottesimo (-a, -i, -e)** *also:* **decimottavo**
19th	**diciannovesimo (-a, -i, -e)** *also:* **decimonono**
20th	**ventesimo (-a, -i, -e)** *also:* **vigesimo**
21st	**ventunesimo (-a, -i, -e)** *also:* **ventesimoprimo**

As you have noticed above, beginning with **undicesimo** (*eleventh*), the suffix **-esimo** is added to the cardinal numbers (**undici, dodici, etc.**) by dropping the final vowel of the cardinal number with the exception of the numbers ending in **-tré** (**ventitré, etc.**). The cardinal numbers ending in **-tré** drop their accent: **-tre**; and remain intact when **-esimo** is added. Observe the following:

23rd	**ventitreesimo (ventesimoterzo)**
25th	**venticinquesimo (ventesimoquinto)**
30th	**trentesimo (trigesimo)**
40th	**quarantesimo (quadragesimo)**
50th	**cinquantesimo (quinquagesimo)**
60th	**sessantesimo (sessagesimo)**
70th	**settantesimo (settuagesimo)**
80th	**ottantesimo (ottuagesimo)**
90th	**novantesimo (nonagesimo)**
100th	**centesimo**
200th	**duecentesimo**
300th	**trecentesimo**
1,000th	**millesimo**
2,000th	**duemillesimo**
3,000th	**tremillesimo**
1,000,000th	**milionesimo**

Ordinal numbers with titles

With the numerical succession of kings, emperors, and popes, the ordinal numbers are used, and they are capitalized:

Umberto I:	**Umberto Primo**
Carlo V:	**Carlo Quinto**
Luigi XIV:	**Luigi Quattordicesimo**
Leone X:	**Leone Decimo**
Pio XII:	**Pio Dodicesimo**
Giovanni Paolo II:	**Giovanni-Paolo Secondo**

38. Complete the following sentences with the appropriate ordinal numbers according to the cues in English.

1. Marzo è il _____ mese dell'anno. *third*
2. Giugno è il _____ mese dell'anno. *sixth*
3. Leone _____ è un papa del Rinascimento. *X*
4. Pio _____ è un papa del Novecento. *XII*
5. Martedí è il _____ giorno della settimana. *second*
6. È la _____ volta che ti chiamo. *hundredth*
7. Oggi è il _____ anniversario del nostro matrimonio. *twenty-fifth*
8. Francesco _____ è un re francese. *I*

Note that when the cardinal and ordinal numbers are used together, the ordinals precede the cardinals.

Questi sono i primi cinque ragazzi.
These are the first five boys.
Sono passati i primi due giorni.
The first two days are over.

Fractions

Usually, fractions consist of both cardinal and ordinal numerals.

2/3	**due terzi**	(*two-thirds*)
1/4	**un quarto**	(*one-fourth*)
1/8	**un ottavo**	(*one-eighth*)
2/5	**due quinti**	(*two-fifths*)
1/10	**un decimo**	(*one-tenth*)
10/100	**dieci centesimi**	(*ten-hundredths*)
1/1000	**un millesimo**	(*one-thousandth*)

Some special forms are:

1/2	**mezzo; mezza; una metà; la metà**	(*half; one half*)
8 1/2	**otto e mezzo**	(*eight and one-half*)
9 1/3	**nove e un terzo**	(*nine and one-third*)

Ne ho comprato la metà.
I bought half of it.
Abbiamo consumato una mezza-bottiglia di vino.
We drank a half bottle of wine.
Non ricorda nemmeno un decimo della lezione.
He doesn't even remember a tenth of the lesson.

39. Write the following fractions in Italian.

1. 1/8
2. 2/10
3. 5/100
4. 3/1000
5. 9 1/2
6. 10 3/4

7. 1/3
8. 2/5
9. 1/10
10. 2/6
11. 4 1/4

REVIEW

40. Complete the following with the correct form of the indicated adjective.

1. Gli appartamenti sono _____ e _____. *moderno, grande*
2. La motocicletta è _____ e _____. *piccolo, veloce*
3. Il cibo è _____ e _____. *caldo, delizioso*
4. I signori sono _____ e _____. *ricco, generoso*
5. Le gonne _____ sono nell'armadio. *blu*
6. Luisa è una ragazza _____. *timido*
7. Dante è un _____ poeta. *grande*
8. Gli studenti sono _____ e _____. *intelligente, studioso*
9. _____ signorine _____ sono turiste. *quello, svedese*
10. I _____ cugini hanno la radio _____ *mio, acceso*
11. _____ zia Maria è _____ *mio, italiano*
12. _____ vini _____ sono _____. *quello, bianco, dolce*
13. _____ pera è _____, però non è _____, è _____. *questo, bello, maturo, acerbo*
14. _____ studenti sono i _____ della classe. *quello, migliore*
15. Le sorelle _____ di Luigi sono _____. *minore, simpatico*
16. I _____ vestiti non sono _____, sono _____. *tuo, sporco, pulito*
17. In Italia, la festa di _____ Giuseppe è molto _____. *Santo, importante*
18. _____ calciatore non ha _____ talento. *quello, nessuno*
19. Teresa è più _____ che _____. *intelligente, studioso*
20. Le lezioni sono _____, non sono _____. *difficile, facile*

41. Answer the following questions according to the indicated response.

1. Qual'è il fiume più lungo d'Italia? *Il Po*
2. Qual'è l'isola più grande del Mediterraneo? *La Sicilia*
3. Chi è più brava, Olga o Luisa? *Olga*
4. Chi sono i più alti, questi o quelli? *Quelli*
5. Dove sono i cugini di Mario? *in Italia*
6. Chi è così intelligente come Stefano? *Antonio*
7. Qual'è la capitale d'Italia? *Roma*
8. Chi è il calciatore più famoso del mondo? *Pelé*
9. Chi è tanto brava quanto Silvia? *Maria*
10. Dove sono i giocatori? *nello stadio*

42. Complete the following sentences with the correct Italian form of the number supplied.

1. Mio zio ha _____ libri. *two thousand*
2. Questa è la _____ volta che ti telefono. *tenth*
3. Stefano ha _____ anni. *twenty-three*
4. Durante le vacanze riceverò _____ del mio salario. *two-thirds*
5. Il secolo _____ è anche detto il _____. *sixteenth*
6. Luigi _____ fu un re francese. *fourteenth*
7. Lunedì è il _____ giorno della settimana. *first*
8. Quell'edificio costa piú di _____ di dollari. *two million*
9. Mia cugina è nata nel _____. *1978*
10. Ecco i _____ clienti. *first two*

Chapter 3

Verbs

A verb is a word that indicates an action or a state. Italian verbs function in quite a different way from English verbs. In English, a subject pronoun such as *I*, *you*, *he*, or *she* is used. In Italian, the subject pronouns (see page 173) are usually omitted since the ending of the verb changes in order to indicate the doer of the action. In order to form tenses, English uses auxiliary verbs such as *have*, *had*, *will*, or *would*. In Italian, a suffix or ending is usually added to the verb in order to indicate the appropriate tense.

Each verb, however, does not function as an entity unto itself. Many verbs that are formed in the same way can be grouped together into classes or conjugations. In Italian there are three regular conjugations of verbs. The infinitives of first-conjugation verbs end in **-are**, second-conjugation verbs in **-ere**, and third-conjugation verbs in **-ire**. As you will observe in subsequent parts of this chapter, even many so-called irregular verbs have characteristics in common and can be grouped together to facilitate learning.

FORMAL VERSUS FAMILIAR FORMS

In Italian, there are four ways to express the pronoun *you*. When addressing a friend, relative, child, or close associate, the pronoun **tu** is used most of the time. **Tu** is called the familiar singular form. The familiar plural of **tu** is **voi**. **Voi** is used when addressing two or more friends, relatives, children, or close associates. (**Voi**, however, can also be used when addressing just one person, such as an older friend, relative, or associate.)

When addressing a stranger, an acquaintance you do not know very well, or an older person, the pronoun **Lei** is used. **Lei** is called the formal singular and is capitalized. The plural of **Lei** is **Loro**, and it, too, is capitalized.

PRESENT TENSE

Regular First-Conjugation Verbs

The first-conjugation verbs end in **-are**. Many of the most frequently used verbs in Italian belong to this conjugation, and a short list of some of them appears below.

abitare *to live*	**guidare** *to drive, to guide*
amare *to love*	**imparare** *to learn*
arrivare *to arrive*	**insegnare** *to teach*
ascoltare *to listen*	**invitare** *to invite*
ballare *to dance*	**lavare** *to wash*
cambiare *to change*	**lavorare** *to work*
camminare *to walk*	**mandare** *to send*
cantare *to sing*	**parlare** *to speak*
chiamare *to call*	**pensare** *to think*
comprare *to buy*	**raccontare** *to tell, to relate*
contare *to count*	**salutare** *to greet*
desiderare *to desire*	**sposare** *to marry*
formare *to form*	**studiare** *to study*
guardare *to look*	**telefonare** *to telephone*

The present tense of **-are** verbs is formed by dropping the infinitive ending **-are** and adding to the root the personal endings **-o, -i, -a, -iamo, -ate, -ano**. Observe the following.

Infinitive:	**chiamare**	**mandare**	**parlare**
Root:	**chiam-**	**mand-**	**parl-**
io	chiamo	mando	parlo
tu	chiami	mandi	parli
egli (lui), lei (ella, essa), Lei	chiama	manda	parla
noi	chiamiamo	mandiamo	parliamo
voi	chiamate	mandate	parlate
loro (essi, esse), Loro	chiamano	mandano	parlano

Egli chiama i ragazzi.
Esse mandano i pacchi.
Io parlo agli amici.
Noi firmiamo il documento.
Tu nuoti molto bene.
Voi cantate ad alta voce.
Telefona molto Lei?
Lavorano molto Loro?

Since each verb form changes to indicate the person referred to, the subject pronouns are usually omitted. The subject pronouns must be included for emphasis or contrast, however.

Compro i biglietti.
I buy the tickets.   or   *I am buying the tickets.*
Io compro i biglietti.
I buy the tickets.   or   *I am the one who buys the tickets.*
Tu compri i biglietti e io compro i panini.
You buy the tickets and I buy the bread rolls.

1.   Complete the following with the appropriate present-tense verb endings.

1. Roberto impar_____ la lezione.
2. Rosanna lavor_____ in un negozio.
3. I ragazzi parl_____ italiano.
4. Le signorine cant_____ delle belle canzoni.
5. Quei signori nuot_____ molto bene.
6. Noi cammin_____ lentamente.
7. Tu alz_____ il ricevitore.
8. Antonio guard_____ l'orologio.
9. Voi invit_____ gli amici.
10. Ella firm_____ la lettera.
11. Le signore cant_____ bene.
12. Io guid_____ la macchina.
13. Lavor_____ fino a tardi Lei?
14. Insegn_____ Loro?
15. Tu prepar_____ la lettura.
16. Noi lav_____ i piatti.
17. Stefano am_____ Luisa.
18. Maria e Anna guard_____ la televisione.
19. I cuochi cucin_____ bene.
20. Io ball_____ con Olga.

2. Complete the following with the appropriate present-tense forms of the indicated verbs.

1. Noi _____ in un ristorante. *pranzare*
2. Il cameriere _____ il caffè. *portare*
3. Tu _____ l'automobile. *lavare*
4. Loro _____ in ritardo. *arrivare*
5. Voi _____ i vostri vicini. *invitare*
6. Dove _____ lui? *lavorare*
7. Quando _____ Loro? *telefonare*
8. Che cosa _____ Lei? *cantare*
9. Io _____ nella mia piscina. *nuotare*
10. Egli _____ molto denaro. *guadagnare*

3. Rewrite the following in the singular.

1. I ragazzi guardano la partita.
2. Voi imparate le lezioni.
3. Loro arrivano presto.
4. Noi ceniamo tardi.
5. Le studentesse tornano a casa.

4. Rewrite the following in the plural.

1. Io chiamo il mio amico.
2. Lei compra il biglietto.
3. Tu nuoti molto bene.
4. Il cameriere porta la bevanda.
5. La signora compra il giornale.

Verbs in -ciare, -giare, -chiare, and -ghiare

Like all other regular -**are** verbs, the verbs in -**ciare**, -**giare**, -**chiare**, and -**ghiare** drop the -**are** ending before they are conjugated. However, they also drop the -**i**- in the **tu** form before the regular ending (-**i**) is added. Observe the following.

Infinitive:	**cominciare**	**viaggiare**	**invecchiare**	**avvinghiare**
Root for the **tu** *and* **noi** *forms:*	**cominc-**	**viagg-**	**invecch-**	**avvingh-**
io	comincio	viaggio	invecchio	avvinghio
tu	cominci	viaggi	invecchi	avvinghi
egli (lui), lei (ella, essa), Lei	comincia	viaggia	invecchia	avvinghia
noi	cominciamo	viaggiamo	invecchiamo	avvinghiamo
voi	cominciate	viaggiate	invecchiate	avvinghiate
loro (essi, esse), Loro	cominciano	viaggiano	invecchiano	avvinghiano

Below are some verbs ending in -**ciare**, -**giare**, -**chiare**, and -**ghiare**.

cominciare	*to start*	**parcheggiare**	*to park*
marciare	*to march*	**viaggiare**	*to travel*
racconciare	*to fix, to mend*	**arrischiare**	*to risk*
assaggiare	*to taste*	**invecchiare**	*to grow old*
noleggiare	*to rent (a car, etc.)*	**avvinghiare**	*to grip, to clutch*

5. Complete each sentence with the correct present-tense form of the indicated verb.

1. Tu _____ la macchina. *noleggiare*
2. Noi _____ i pantaloni. *racconciare*
3. Voi _____ forte. *avvinghiare*
4. Io _____ tutto per te. *arrischiare*
5. Lui _____ la motocicletta. *parcheggiare*

6. Loro _____ per molte ore. *marciare*
7. Tu _____ molto. *invecchiare*
8. Noi _____ la minestra. *assaggiare*

Verbs in -care and -gare

All verbs with infinitives ending in -**care** and -**gare** add an -**h**- to the root in the **tu** and **noi** forms of the verb. This is done in order to preserve the hard sound of the infinitive. Observe the following.

Infinitive:	cercare	pagare
io	cerco	pago
tu	cerchi	paghi
egli (lui), lei (ella, essa), Lei	cerca	paga
noi	cerchiamo	paghiamo
voi	cercate	pagate
loro (essi, esse), Loro	cercano	pagano

Below is a partial list of verbs ending in -**care** and -**gare**.

allargare	*to widen*	**impaccare**	*to pack*
allungare	*to lengthen*	**indagare**	*to investigate*
attaccare	*to attack*	**sbarcare**	*to disembark*
divagare	*to amuse*	**toccare**	*to touch*
frugare	*to rummage*	**troncare**	*to break, to cut off*

6. Supply the **tu** and **noi** present-tense forms of the indicated verbs.

1. Tu _____ le cause dell'incidente. *indagare*
2. Noi _____ i bambini. *divagare*
3. Tu _____ quella teoria. *attaccare*
4. Noi _____ i libri nella valigia. *impaccare*
5. Tu _____ i pantaloni. *allargare*
6. Noi _____ la conferenza. *allungare*
7. Tu _____ la conversazione. *troncare*
8. Noi _____ domani. *sbarcare*

7. Complete each sentence with the correct present-tense form of the indicated verb.

1. Loro _____ la strada. *allargare*
2. Io _____ la situazione. *indagare*
3. Mio fratello _____ le valige. *impaccare*
4. Loro _____ stasera. *sbarcare*

Regular Second-Conjugation Verbs

The infinitives of second-conjugation verbs end in -**ere**. The present tense of regular -**ere** verbs is formed by dropping the infinitive ending and adding to the root the personal endings -**o**, -**i**, -**e**, -**iamo**, -**ete**, and -**ono**. Observe the following:

Infinitive:	correre	leggere
Root:	corr-	legg-
io	corro	leggo
tu	corri	leggi
egli (lui), lei (ella, essa), Lei	corre	legge

noi   corriamo   leggiamo
voi   correte   leggete
loro (essi, esse), Loro corrono   leggono

Below is a list of commonly used second-conjugation verbs:

apprendere	*to learn*	**nascere**	*to be born*
battere	*to beat, to hit*	**offendere**	*to offend*
cadere	*to fall*	**perdere**	*to lose*
chiedere	*to ask*	**piangere**	*to cry*
conoscere	*to know*	**prendere**	*to take*
correre	*to run*	**promettere**	*to promise*
credere	*to believe*	**radere**	*to shave*
descrivere	*to describe*	**ricevere**	*to receive*
eleggere	*to elect*	**ripetere**	*to repeat*
friggere	*to fry*	**rispondere**	*to answer*
giacere	*to lie down*	**scrivere**	*to write*
involgere	*to wrap*	**uccidere**	*to kill*
leggere	*to read*	**vendere**	*to sell*
mettere	*to put, to place*	**vivere**	*to live*

Observe the following sentences.

Gli studenti apprendono la lezione.
Il bambino piange sempre.
Noi leggiamo il giornale.
Io scrivo una lettera.
Tu giaci sul divano.
Voi vivete nella città.

8. Complete the following verbs with the appropriate present-tense endings.

    1. Gino descriv_____ le sue vacanze.
    2. Tu mett_____ i libri nel cassetto.
    3. Il barbiere rad_____ i clienti.
    4. I ragazzi vend_____ giornali.
    5. Voi ripet_____ la domanda.
    6. Gli elettori elegg_____ i candidati politici.
    7. Noi non offend_____ nessuno.
    8. Giorgio promett_____ un regalo al fratellino.
    9. Quel cane mord_____ la gente.
  10. Loro perd_____ sempre le chiavi.

9. Complete the following with the appropriate present-tense forms of the indicated verbs.

    1. I giornalai _____ molti giornali. *vendere*
    2. Le bambine _____ spesso. *piangere*
    3. Il padre _____ molte cose ai figli. *promettere*
    4. I ragazzi _____ per la strada. *correre*
    5. Noi _____ molte lettere. *ricevere*
    6. Tu _____ la partita di calcio. *perdere*
    7. Le studentesse _____ la lezione. *apprendere*
    8. Io _____ il mio viaggio. *descrivere*
    9. Voi _____ quell'articolo. *leggere*
  10. Le pere mature _____ dall'albero. *cadere*

Verbs ending in -cere

Note the spelling of verbs ending in **-cere**.

Infinitive:	**piacere**	**tacere**
Root:	**piac-**	**tac-**
Root for **io, noi,** *and* **loro**:	**piacci-**	**tacci-**
io	piaccio	taccio
tu	piaci	taci
egli (lui), lei (ella, essa), Lei	piace	tace
noi	piacciamo (piaciamo)	tacciamo (taciamo)
voi	piacete	tacete
loro (essi, esse), Loro	piacciono	tacciono

Below is a partial list of verbs ending in **-cere**.

compiacere   *to gratify, to please*
dispiacere   *to displease*
giacere   *to lie down*
soggiacere   *to be subject, to keep quiet*

10. Complete the following sentences with the appropriate present-tense form of the indicated verb.

1. Questo discorso non _____ a Giulio.   *piacere*
2. Quel signore _____ sul divano.   *giacere*
3. Tutti gli studenti _____ in classe.   *tacere*
4. Tu non _____ mai.   *tacere*
5. Voi _____ sul tappeto.   *giacere*
6. Io _____ il nome.   *tacere*

11. Rewrite the following sentences in the singular.

1. I ragazzi piacciono alle ragazze.
2. Giacete sul sofà.
3. Noi tacciamo tutto questo.
4. Voi piacete a noi.

Regular Third-Conjugation Verbs

The infinitives of regular third-conjugation verbs end in **-ire**.
The present tense of regular **-ire** verbs is formed by dropping the infinitive ending and adding to the root the personal endings **-o, -i, -e, -iamo, -ite,** and **-ono**. Observe the following.

Infinitive:	**coprire**	**sentire**
Root:	**copr-**	**sent-**
io	copro	sento
tu	copri	senti
egli (lui), lei (ella, essa), Lei	copre	sente
noi	copriamo	sentiamo
voi	coprite	sentite
loro (essi, esse), Loro	coprono	sentono

Below is a list of some of the most commonly used third-conjugation verbs.

acconsentire	*to acquiesce, to agree*	**partire**	*to leave*
aprire	*to open*	**scoprire**	*to discover, to uncover*
bollire	*to boil*	**seguire**	*to follow*
coprire	*to cover*	**sentire**	*to hear*
dormire	*to sleep*	**servire**	*to serve*
fuggire	*to flee*	**soffrire**	*to suffer*
offrire	*to offer*	**vestire**	*to dress, to wear*

Please note that the personal endings of the second- (**-ere**) and third-conjugation (**-ire**) verbs are the same with the exception of the **voi** form.

correre: **Correte per la strada.**
aprire: **Aprite la porta.**

12. Complete the following with the appropriate present-tense endings.

1. I miei zii sempre acconsent_____ facilmente.
2. Il malato soffr_____ molto.
3. Noi apr_____ la scatola.
4. I signori vest_____ elegantemente.
5. Luisa offr_____ il caffé alle amiche.
6. Gli studenti segu_____ l'esempio del maestro.
7. Voi sent_____ il campanello.
8. Noi scopr_____ la verità.
9. Boll_____ le patate Loro?
10. Il cameriere serv_____ il té.

13. Follow the model.

Seguire la moda?   Noi?
Sí, noi seguiamo la moda.

1. Aprire la finestra? Io?
2. Sfuggire il pericolo? Voi?
3. Scoprire la verità? Loro?
4. Vestire bene?   Mario?
5. Bollire i vegetali? Il cuoco?

6. Soffrire molto? I malati?
7. Riaprire il negozio? Noi?
8. Servire le bevande? Io?
9. Coprire la pentola? Lei?
10. Aprire la porta? Teresa?

Third-conjugation verbs with -isc

Many -ire or third-conjugation verbs add -isc- to the root in all forms of the present tense with the exception of **noi** and **voi**. Study the following forms of the verb **capire** as a model.

Infinitive:	**capire**
Root for **noi** *and* **voi**	**cap-**
Irregular Root:	**capisc-**
io	capisco
tu	capisci
egli (lui), lei (ella, essa), Lei	capisce
noi	capiamo
voi	capite
loro (essi, esse), Loro	capiscono

The following is a partial list of -isc- verbs.

apparire *to appear, to seem*	**finire** *to end, to finish*
capire *to understand*	**impedire** *to prevent*
comparire *to appear, to cut a good figure*	**preferire** *to prefer*
costruire *to build, to construct*	**pulire** *to clean*
differire *to differ, to be different*	**riferire** *to relate, to refer*
dimagrire *to lose weight*	**ubbidire** *to obey*

14. Complete the following with the appropriate present-tense forms of the indicated verbs.

1. Gli studenti _____ il maestro. *capire*
2. La compagnia _____ un grattacielo. *costruire*
3. Noi _____ gli esami. *finire*
4. Tu _____ durante l'estate. *dimagrire*
5. Io _____ la primavera all'estate. *preferire*
6. Antonio _____ le parole. *capire*
7. Voi _____ il professore. *ubbidire*
8. Il fotografo _____ le fotografie. *ingrandire*
9. Io _____ la casa. *pulire*
10. Loro _____ rimanere qui. *preferire*
11. Noi _____ la lezione. *capire*
12. Tu _____ i tuoi amici. *capire*
13. Voi _____ in questioni politiche. *differire*
14. Il bambino _____ i genitori. *ubbidire*

15. Write the following sentences in the plural.

1. Tu preferisci questo disco.
2. Io riferisco il suo messaggio.
3. Lo studente capisce la lezione.
4. Tu capisci tutto.
5. Io costruisco una scatola di legno.
6. Il bambino ubbidisce sempre.

Note that **apparire**, **comparire**, and **scomparire** have two different sets of endings in the present tense (except **noi** and **voi**). Although they can be conjugated like other -isc- verbs, they also have alternate endings. Note that these three verbs drop the letters -**rire** and add -i- to the root in the **io** and **loro** forms. Observe the following:

apparire	**comparire**	**scomparire**
appaio (apparisco)	compaio (comparisco)	scompaio (scomparisco)
appari (apparisci)	compari (comparisci)	scompari (scomparisci)
appare (apparisce)	compare (comparisce)	scompare (scomparisce)
appariamo	compariamo	scompariamo
apparite	comparite	scomparite
appaiono (appariscono)	compaiono (compariscono)	scompaiono (scompariscono)

Irregular Verbs

Dare, stare, andare

The verbs **stare** and **dare** are irregular in the present tense. You will note, however, that the vowel endings of these verbs are the same as those of regular first-conjugation verbs. Study the following forms.

Infinitive:	**dare**	**stare**
io	do	sto
tu	dai	stai
egli, lei, Lei	dà[1]	sta
noi	diamo	stiamo
voi	date	state
loro, Loro	danno	stanno

Study also the verb **andare**. Note that all three verbs double the **n** in the third-person plural: **danno, stanno, vanno**.

andare

vado
vai
va
andiamo
andate
vanno

16. Rewrite the following in the singular (**io**).

1. Stiamo bene.
2. Stiamo qui.
3. Diamo gli esami.
4. Andiamo al cinema.
5. Stiamo per partire.
6. Diamo i regali.
7. Diamo il benvenuto.
8. Andiamo in salotto.

17. Complete the following with the appropriate present-tense forms of the indicated verbs.

1. Maria _____ al centro in autobus.　*andare*
2. Oggi io _____ a casa.　*stare*
3. I ragazzi _____ dagli zii.　*stare*
4. Luigi _____ il numero telefonico a Carlo.　*dare*
5. Noi _____ gli esami.　*dare*
6. Io _____ dai nonni.　*andare*

Bere

In Italian, several verbs have infinitives that have been shortened from their earlier versions. The verb **bere** is a good example. **Bere** is a shortened form of the old Italian infinitive *bevere*. In the formation of the present tense, the root comes from this old Italian infinitive. In all other aspects the verb is completely regular in the present tense, and the forms are the same as those of any other verb of the second conjugation. You will find this to be the case with other irregular verbs you will study.

bere

bevo
bevi
beve
beviamo
bevete
bevono

---

[1] Note the accent in **dà**, which is used to distinguish this form of the verb **dare** from the preposition **da**.

18. Complete the following with the appropriate present-tense form of the verb **bere**.

1. Durante l'estate io _____ troppo.
2. I bambini _____ il latte.
3. Pietro _____ un té freddo.
4. Noi _____ il vino durante la cena.
5. Cosa _____ Loro?
6. Voi _____ birra o vino?
7. Antonia, cosa _____ oggi?
8. Mia madre _____ soltanto acqua minerale.

Verbs with *-co*

Infinitives in *-durre*

Italian verbs with their infinitives ending in **-durre**, such as **condurre** and **produrre**, have their origins in the longer Latin infinitive forms *condūcĕre* and *prodūcĕre*. The root for the present tense of these verbs comes from the original Latin infinitive. Note that the endings are the same as the endings of any regular **-ere** verb. Study the following forms.

Infinitive:	**produrre**	**condurre**
Root:	**produc-**	**conduc-**
io	produco	conduco
tu	produci	conduci
egli, lei, Lei	produce	conduce
noi	produciamo	conduciamo
voi	producete	conducete
loro, Loro	producono	conducono

Below is a list of some verbs ending in **-durre**.

condurre *to lead, to drive*
introdurre *to introduce*
produrre *to produce*
ridurre *to reduce, to curtail*
tradurre *to translate*

19. Rewrite the following sentences in the singular.

1. Introducete gli amici.
2. Producono molto.
3. Traduciamo in inglese.
4. Conducete i treni.
5. Riducono le frasi
6. Produciamo poco.

20. Complete the following with the appropriate present-tense forms of the indicated verbs.

1. Gli agricoltori _____ molte cose. *produrre.*
2. Il professor Martini _____ molte poesie. *tradurre*
3. Il padre di Giorgio _____ l'autobus. *condurre*
4. Io _____ i miei cugini. *introdurre*
5. Noi _____ il prezzo. *ridurre*
6. Tu _____ un romanzo. *tradurre*

Dire and verbs ending in -dire

The root for the present tense of the verb **dire** comes from its original Latin infinitive *dīcĕre*. The same is true of other verbs made up of a prefix and **dire**. You will note from the following that the endings are the same as those of a regular **-ere** verb, but the **voi** form is **dite**.

Infinitive:	**dire**	**contraddire**
Root:	**dic-**	**contraddic-**
io	dico	contraddico
tu	dici	contraddici
egli, lei, Lei	dice	contraddice
noi	diciamo	contraddiciamo
voi	dite	contraddite
loro, Loro	dicono	contraddicono

Below is a partial list of verbs ending in **-dire**.

contraddire   *to contradict*
dire   *to say*
disdire   *to retract, to cancel*
indire   *to announce publicly, to declare*
interdire   *to prohibit*
maledire   *to curse*

21. Pluralize the following sentences.

1. Disdice la promessa.
2. Tu contraddici il tuo amico.
3. L'organizzazione indice il concorso.
4. Non maledico nessuno.
5. Dici tutto.
6. Che dici?

22. Complete the following with the appropriate forms of the present tense of the indicated verbs.

1. Loro _____ la nostra partecipazione. *interdire*
2. Tu _____ la mia risposta. *contraddire*
3. Maria _____ la verità. *dire*
4. Loro non _____ nessuno. *maledire*
5. Voi _____ la vostra promessa. *disdire*
6. Il comitato _____ una riunione. *indire*
7. Noi _____ poche cose. *dire*
8. Loro non _____ nessuno. *contraddire*

Verbs with -*go*

Porre or verbs ending in -porre

The verb **porre** comes from the original Latin *ponēre*, from which it gets its root for the formation of the present tense. You will note that there is a **g** in the **io** and **loro** forms. The same is true of other verbs made up of a prefix plus **-porre**. Study the following forms.

Infinitive:	porre	comporre
Root for io and loro:	pong-	compong-
io	pongo	compongo
tu	poni	componi
egli, lei, Lei	pone	compone
noi	poniamo	componiamo
voi	ponete	componete
loro, Loro	pongono	compongono

Below is a list of commonly used verbs ending in -**porre**.

comporre	*to compose*	**porre**	*to put, to place*
disporre	*to dispose, to provide*	**posporre**	*to postpone*
esporre	*to expose, to show*	**proporre**	*to propose*
imporre	*to impose*	**riporre**	*to put back*
opporre	*to oppose*	**supporre**	*to suppose*

23. Complete the following sentences with the appropriate present-tense forms of the indicated verbs.

   1. I signori _____ l'appuntamento. *posporre*
   2. Voi _____ i soldi in banca. *ponere*
   3. Lo scienziato _____ una nuova teoria. *esporre*
   4. Noi _____ senza sapere. *supporre*
   5. Tu _____ una poesia. *comporre*
   6. I soldati _____ il dittatore. *opporre*
   7. Io _____ una via d'uscita. *proporre*
   8. Il compositore _____ una canzone. *comporre*
   9. Loro _____ i piatti sulla tavola. *porre*
  10. Lui _____ i libri sul banco. *riporre*

24. Rewrite the following in the plural.

   1. Il soldato oppone resistenza al nemico.
   2. Tu imponi queste regole.
   3. Io propongo una soluzione.
   4. Tu componi il tema.

Rimanere, valere, salire

The verbs **rimanere**, **valere**, and **salire** also have a **g** in the **io** and **loro** forms of the present tense. All other forms are regular, and the personal endings are either those of -**ere** or -**ire** verbs, depending upon the conjugation to which the verb belongs.

rimanere	valere	salire
rimango	valgo	salgo
rimani	vali	sali
rimane	vale	sale
rimaniamo	valiamo	saliamo
rimanete	valete	salite
rimangono	valgono	salgono

25. Complete the following with the appropriate forms of the present tense of the indicated verbs.

1. Quest'anello _____ molto. *valere*
2. Io _____ lí solamente due giorni. *rimanere*
3. Quanto tempo _____ tu? *rimanere*
4. Io _____ le scale in fretta. *salire*
5. Voi _____ sul treno. *salire*
6. Questi diamanti _____ molto denaro. *valere*
7. Noi _____ e loro _____ a bordo. *rimanere, salire*
8. I signori _____ al terzo piano. *salire*
9. Noi _____ sul treno. *salire*

Trarre and verbs ending in -trarre

The verb **trarre** and all verbs formed by **-trarre** with a prefix have a double **g** in the **io** and **loro** forms. All other forms come from the original Latin infinitive *traere*. Study the following forms of **trarre** (*to pull, extract, draw*) and **attrarre** (*to attract, to draw*).

trarre	attrarre
traggo	attraggo
trai	attrai
trae	attrae
traiamo	attraiamo
traete	attraete
traggono	attraggono

26. Complete the following with the appropriate present-tense forms of the indicated verbs.

1. Il circo _____ molta gente. *attrarre*
2. I giocattoli _____ i bambini. *distrarre*
3. Tu _____ molta attenzione. *attrarre*
4. Noi _____ una conclusione dalla storia. *trarre*
5. I ragazzi _____ un raffreddore. *contrarre*
6. Io _____ ispirazione dalle tue parole. *trarre*

27. Rewrite the following in the plural.

1. Il gioco distrae il ragazzo.
2. Lo studente trae le conclusioni.
3. Io contraggo la febbre.
4. Tu attrai la mia simpatia.

Verbs ending in -gliere

All verbs ending in **-gliere** change to **-olgo** and **-olgono** in the **io** and **loro** forms respectively. Study the following.

cogliere

colgo
cogli
coglie
cogliamo
cogliete
colgono

Below is a list of commonly used verbs ending in -**gliere**.

accogliere *to welcome, to receive*
raccogliere *to collect, to gather, to pick up*
togliere *to remove, to take away, to deduct*

28. Complete the following with the appropriate forms of the present tense of the indicated verbs.

1. Maria _____ gli ospiti. *accogliere*
2. I bambini _____ i giocattoli. *raccogliere*
3. Noi _____ l'occasione. *cogliere*
4. Io _____ i fiori dal giardino. *raccogliere*
5. Voi _____ il tappeto. *togliere*
6. Tu _____ i tuoi parenti a braccia aperte. *accogliere*
7. Antonio _____ i regali. *raccogliere*

Tenere *and* venire

The verbs **tenere** and **venire** (and any verbs made up of a prefix plus -**tenere** or -**venire**) have a **g** in the **io** and **loro** forms. In addition, the vowel changes to -**ie**- in the **tu** and **egli/lei** forms. Study the following.

Infinitive:	**tenere**	**venire**
io	tengo	vengo
tu	tieni	vieni
egli, lei, Lei	tiene	viene
noi	teniamo	veniamo
voi	tenete	venite
loro, Loro	tengono	vengono

The following is a list of useful verbs with a prefix plus **tenere** or **venire**.

appartenere *to belong*
contenere *to contain*
intrattenere *to entertain*
mantenere *to maintain*
ottenere *to obtain*
ritenere *to retain*
sostenere *to sustain, to support*
trattenere *to withhold, to detain*

avvenire *to happen, to occur*
contravvenire *to contravene*
convenire *to convene*
divenire *to become*
intervenire *to intervene*
provenire *to come from, to proceed*
sovvenire *to help*
svenire *to faint*

29. Complete the following with the appropriate forms of the present tense of the indicated verbs.

1. Queste scatole _____ esplosivi. *contenere*
2. I miei amici _____ alle nove. *venire*
3. Luigi _____ un favore da suo zio. *ottenere*
4. Voi _____ una tesi falsa. *sostenere*
5. Noi _____ il comitato martedì. *riconvenire*
6. L'infermiere _____ il malato. *sovvenire*
7. Io _____ i miei ospiti. *intrattenere*
8. Molte cose _____ nelle città grandi. *avvenire*
9. La signora _____ la ricevuta. *ritenere*
10. Tu _____ con me. *venire*

11. Loro _____ al circolo italiano. *appartenere*
12. Noi _____ se fa troppo caldo.   *svenire*

30. Answer each question with a complete sentence.

    1. Luigi, vieni a scuola oggi?   3. Ragazzi, provenite da Nuova York?
    2. Signora, viene domani Sua figlia?   4. Olga, vengono con noi le tue amiche?

31. Rewrite each sentence in the singular.

    1. Mantenete bene i giardini?
    2. Queste riviste contengono poco.
    3. Ottengono i biglietti Loro?
    4. Intratteniamo gli amici.
    5. Le studentesse appartengono a quella classe.

Verbs with *-io*

Parere

The verb **parere**, interchangeable with the regular verb **sembrare**, takes an **i** with **io**, **loro**, and the alternate **noi** form. Study the following.

parere

paio
pari
pare
paiamo (pariamo)
parete
paiono

32. Complete the following with the appropriate form of the present tense of the verb **parere**.

    1. Oggi io _____ molto stanco.
    2. Quel signore _____ triste.
    3. Gli studenti _____ preparati per l'esame.
    4. Noi _____ riposati.
    5. Tu _____ arrabbiato oggi.
    6. Voi _____ stanchi.
    7. _____ stanco Marcello?
    8. _____ riposati i signori?

Morire

The verb **morire** also takes an **i** in the **io** and **loro** forms. In addition, the vowel **o** changes to **uo** in all forms except **noi** and **voi**. Study the following.

morire

muoio
muori
muore
moriamo
morite
muoiono

33. Complete the following with the appropriate form of the present tense of the verb **morire**.

1. Essi _____ dalle risa.
2. Io _____ dal caldo.
3. Voi _____ dalla noia.
4. Tu _____ dal sonno.
5. Noi _____ dalla vergogna.
6. Lui _____ dalla paura.

Verbs with a Vowel Change in the Root

Sedere

The verb **sedere** changes the vowel **e** to **ie** in all forms except **noi** and **voi**. Note also the less frequently used alternate forms for **io** and **loro** in parentheses.

> **sedere**
>
> siedo (seggo)
> siedi
> siede
> sediamo
> sedete
> siedono (seggono)

34. Complete the following with the correct form of the present tense of the verb **sedere**.

1. Io _____ qui e tu _____ lì.
2. Maria e Carlo _____ in prima fila.
3. Dove _____ voi?
4. Signora Monti, Lei _____ qui o lì?
5. Noi _____ sempre in fondo.
6. Carlo, perché _____ lontano da tutti?

Udire

The vowel **u** in **udire** changes to **o** in all forms except **noi** and **voi**.

> **udire**
>
> odo
> odi
> ode
> udiamo
> udite
> odono

35. Complete the following with the appropriate present-tense forms of **udire**.

1. Gli studenti _____ parlare la maestra.
2. Io _____ la radio.
3. Ragazzi, _____ il suono del campanello?
4. Signorina, _____ la mia voce?
5. Noi _____ il telegiornale.
6. Carlo, _____ quella bella canzone?

Uscire

The vowel **u** of the verb **uscire** (*to go out*) changes to **e** in all forms of the present tense except **noi** and **voi**. Note that the verb **riuscire** (*to succeed*) is conjugated like **uscire**. Observe the following.

	uscire	riuscire
Infinitive:	uscire	riuscire
Root (**noi, voi**):	usc-	riusc-
Irregular Root (**io, tu, egli, loro**):	esc-	riesc-
	esco	riesco
	esci	riesci
	esce	riesce
	usciamo	riusciamo
	uscite	riuscite
	escono	riescono

36. Complete the following with the appropriate present-tense forms of the indicated verbs.

1. Luisa e Pietro _____ insieme il sabato.   *uscire*
2. Olga _____ molto bene a scuola.   *riuscire*
3. I miei nonni _____ soltanto la domenica.   *uscire*
4. Voi _____ di casa alle otto di mattina.   *uscire*
5. Signori, _____ a trovare l'orario?   *riuscire*
6. Tu _____ sempre con gli stessi amici.   *uscire*
7. Io non _____ bene in matematica.   *riuscire*

Fare

Study the following forms of the irregular verb **fare**. You will note that the **io** and **noi** forms return to the original Latin infinitive *fācĕre*.

fare
faccio (fo)
fai
fa
facciamo
fate
fanno

37. Complete the following with the appropriate present-tense forms of the verb **fare**.

1. Il cuoco _____ la minestra.
2. Noi _____ i buoni.
3. Tu _____ il meccanico.
4. Cosa _____ Lei?
5. Dove _____ le vacanze voi?
6. I giovani _____ una gita in campagna.
7. Oggi io non _____ niente.
8. Cosa _____ tuo padre?

Sapere

Study the following forms of the irregular verb **sapere** (*to know, to know how to*).

sapere

so
sai
sa
sappiamo
sapete
sanno

38. Complete the following with the appropriate present-tense forms of **sapere**.

1. Quei giovani _____ sciare molto bene.
2. Antonio _____ suonare il violino.
3. Noi _____ dove abitate.
4. Io non _____ cosa fare.
5. La bambina _____ contare fino a cento.
6. Tu non _____ il nome del maestro.
7. _____ guidare Loro?
8. Voi _____ molte cose.

Volere

The present-tense forms of **volere** (*to want, to desire*) are all irregular except for the **voi** form (**volete**). Observe the following.

volere

voglio
vuoi
vuole
vogliamo
volete
vogliono

39. Complete the following with the appropriate present-tense forms of **volere**.

1. Quest'estate io _____ andare in Europa.
2. I ragazzi _____ giocare tutto il giorno.
3. (Tu) _____ andare al cinema stasera?
4. Signore, _____ comprare qualcosa?
5. Noi _____ visitare i nonni.
6. Adesso cosa _____ fare (voi)?
7. I signori _____ viaggiare in aereo.
8. Io _____ imparare a sciare.

Potere

All present-tense forms of **potere** (*to be able to, can*) are irregular except **voi** (**potete**). Observe the following.

potere

posso
puoi
può
possiamo
potete
possono

40. Complete the following with the appropriate present-tense forms of **potere**.

    1. Luisa _____ andare al teatro con noi.
    2. Noi _____ guardare la televisione fino a tardi.
    3. Pietro e Olga _____ suonare il pianoforte.
    4. Cosa _____ fare Lei?
    5. Adesso voi non _____ fare niente.
    6. Io _____ giocare fino alle quattro.
    7. Carlo, _____ prestarmi la bicicletta?
    8. Con tutta questa neve, il signor Martini non _____ andare in ufficio.

Dovere

Dovere (*to have to, must*) is irregular in all forms except the **voi** form (**dovete**). Note that **io** and **loro** have two forms each (**io devo** or **debbo**; **loro devono** or **debbono**). Observe the following.

    dovere

    devo (debbo)
    devi
    deve
    dobbiamo
    dovete
    devono (debbono)

41. Complete the following with the appropriate present-tense forms of **dovere**.

    1. Noi _____ studiare di piú.
    2. Io _____ finire questo lavoro.
    3. Loro _____ arrivare alle tre.
    4. Tu _____ dormire di meno.
    5. Voi _____ parlare ad alta voce.
    6. Luigi _____ tornare a casa.
    7. Io non _____ scrivere molte lettere.
    8. Noi _____ cercare gli amici.

Avere

In the present tense, **avere** (*to have, to hold*) is irregular in all forms except **voi** (**avete**). Note that most forms of **avere** begin with **h-** (never pronounced) in order to distinguish the verb forms from other words with similar spellings but different meanings. Observe the following.

    avere
    ho
    hai
    ha
    abbiamo
    avete
    hanno

42. Complete the following with the appropriate present-tense forms of **avere**.

    1. Luigi _____ la penna in mano.
    2. Io _____ due fratelli e tre sorelle.

3. Le studentesse _____ molti compiti da fare.
4. Tu _____ una bella voce.
5. Voi _____ degli ottimi amici.
6. Il padre di Roberto _____ un negozio al centro della città.
7. Oggi noi _____ ospiti in casa.
8. Stefano _____ una motocicletta giapponese.

Essere

In the present tense, **essere** (*to be*) is irregular in all of its forms. (Note that the **io** and **loro** forms have the same spelling, **sono**. This is seldom confusing since the correct meaning is evident from the context.) Observe the following:

essere

sono
sei
è
siamo
siete
sono

43. Complete the following with the appropriate present-tense forms of **essere**.

1. Questi signori _____ americani.
2. La madre di Olga _____ greca.
3. Dove _____ i bambini?
4. Noi _____ pronti a giocare.
5. Ragazzi, _____ a scuola alle due?
6. La domenica io _____ sempre a casa.
7. _____ in Italia i tuoi genitori?
8. Marcello non _____ qui, _____ da suo zio.

44. Answer the following questions with a complete sentence.

1. Carlo, sei italiano?
2. Signora, è a casa Sua figlia?
3. Ragazzi, siete pronti adesso?
4. Sono nello stadio i giocatori?
5. Luisa, sei l'amica di Giovanni?
6. Siamo bravi o cattivi?
7. Antonio, dove sono i tuoi genitori?
8. Silvia, sono io il tuo compagno di scuola?

Special Use of the Present Tense and the Preposition *da*

The present tense, together with the preposition **da**, may be used to describe an action which began in the past and is still going on in the present. Note that in English, as shown below, a past tense, the present perfect, is used to convey the same concept. Observe the following:

Da quanto tempo Lei studia l'italiano?
How long have you been studying Italian?
Studio l'italiano da due anni. (*or:* Sono due anni che studio l'italiano.)
I have been studying Italian for two years.

45. Complete the following with the appropriate present-tense forms of the indicated verbs.

1. Noi _____ negli Stati Uniti da tre anni. *vivere*
2. Da quanti anni Lei _____ qui? *lavorare*
3. Tu _____ Stefano da sei anni. *conoscere*
4. Mio zio _____ il dottore da quindici anni. *fare*
5. Da quanto tempo (voi) _____ l'inglese? *studiare*
6. È da molto tempo che io non _____ notizie dai miei parenti in Italia. *ricevere*
7. Maria _____ in Italia da sei mesi. *essere*
8. Noi _____ questa scuola da tre anni. *frequentare*
9. Sono quattro mesi che io non _____ mia madre. *vedere*
10. È da sei mesi che Antonio _____ per il mondo. *viaggiare*

46. Answer the following questions in complete sentences.

1. Da quanto tempo frequenti questa scuola?
2. Da quanto tempo studi l'italiano?
3. Da quanto tempo vivi in questa città?
4. Da quanto tempo conosci il tuo migliore amico?
5. Da quanto tempo non visiti i tuoi nonni?
6. Da quanto tempo non vai al teatro?

REVIEW

47. Complete the following with the appropriate present-tense forms of the indicated verbs.

1. Noi _____ fino a tardi. *ballare*
2. Mio fratello _____ in un ospedale. *lavorare*
3. Cosa _____ i signori? *preferire*
4. Carlo, dove _____ a pallone? *giocare*
5. Alcune persone _____ presto. *invecchiare*
6. Voi _____ il caffé agli amici. *offrire*
7. Che rivista _____ Lei? *leggere*
8. Tu _____ in Italia in aereo. *andare*
9. I nostri amici _____ canadesi. *essere*
10. Il mio maestro _____ molti esami. *dare*
11. Gli Stati Uniti _____ molte automobili. *produrre*
12. Io _____ il libro sul tavolo. *porre*
13. Loro _____ al circolo italiano. *appartenere*
14. Voi _____ che io _____ sempre. *dire, contraddire*
15. Questi giornali _____ ai lettori. *piacere*
16. Il teatro _____ molta gente. *attrarre*
17. Noi _____ gli ospiti. *accogliere*
18. Oggi io non _____ niente. *fare*
19. Tu _____ studiare di piú. *dovere*
20. I cuochi _____ molto bene. *cucinare*
21. Io non _____ la lezione. *sapere*
22. Le signore _____ partire domani. *volere*
23. Quest'orologio _____ molto denaro. *valere*
24. Noi _____ studiare in biblioteca. *potere*
25. Voi _____ troppo vino. *bere*
26. Quei giovani _____ energici. *parere*
27. Tu _____ lí e io _____ qui. *sedere*

28. Noi _____ due sorelle in Italia. *avere*
29. Voi _____ qui da due anni. *essere*
30. Io non _____ il tedesco. *capire*
31. Tu _____ la settima lezione. *finire*
32. I sarti _____ dei bei vestiti. *fare*
33. Molti soldati _____ nelle guerre. *morire*
34. Io _____ sull'albero. *salire*
35. _____ la radio Loro? *udire*
36. _____ spesso Lei? *uscire*
37. Quando _____ i tuoi parenti? *venire*
38. Loro non _____ in Italia da cinque anni. *andare*
39. Cosa _____ voi durante le vacanze? *fare*
40. Questo esercizio _____ troppo lungo. *essere*

IMPERFECT TENSE

Regular -*are* Verbs

The imperfect tense of -**are** verbs is formed by dropping the infinitive ending -**are** and adding the following endings to the root: -**avo**, -**avi**, -**ava**, -**avamo**, -**avate**, and -**avano**. Observe the following:

Infinitive:	**guardare**	**parlare**	**giocare**
Root:	**guard-**	**parl-**	**gioc-**
io	guardavo	parlavo	giocavo
tu	guardavi	parlavi	giocavi
egli, lei, Lei	guardava	parlava	giocava
noi	guardavamo	parlavamo	giocavamo
voi	guardavate	parlavate	giocavate
loro, Loro	guardavano	parlavano	giocavano

48. Complete the following with the appropriate imperfect-tense forms of the indicated verbs.

1. Noi _____ sempre dai nonni. *andare*
2. Molti anni fa io _____ sempre in autobus. *viaggiare*
3. Mia sorella _____ ogni giorno. *cantare*
4. I giovani _____ tutti gl'inverni. *sciare*
5. Voi _____ spesso i vostri parenti. *visitare*
6. Tu _____ a tennis con gli amici. *giocare*
7. Da piccolo io _____ , non _____ . *saltare, camminare*
8. Mio zio mi _____ molti regali. *portare*

49. Rewrite the following in the imperfect.

1. Antonio parla molto.
2. Voi camminate per le strade.
3. Mia madre compra molte cose.
4. Noi giochiamo nel parco.
5. Le ragazze cantano ad alta voce.
6. Io ascolto i miei maestri con attenzione.
7. Tu guardi la televisione tutte le sere.
8. Visita Lei i Suoi cugini?
9. Viaggiate molto?
10. Studiano con diligenza gli studenti?

Regular -*ere* Verbs

The imperfect tense of regular -**ere** verbs is formed by dropping the infinitive ending -**ere** and adding the following endings to the root: -**evo**, -**evi**, -**eva**, -**evamo**, -**evate**, -**evano**. Observe the following:

Infinitive:	**correre**	**leggere**	**mettere**
Root:	**corr-**	**legg-**	**mett-**
io	correvo	leggevo	mettevo
tu	correvi	leggevi	mettevi
egli, lei, Lei	correva	leggeva	metteva
noi	correvamo	leggevamo	mettevamo
voi	correvate	leggevate	mettevate
loro, Loro	correvano	leggevano	mettevano

50. Complete the following with the appropriate imperfect forms of the indicated verbs.

1. Anni fa, Pietro _____ molti romanzi. *leggere*
2. I bambini _____ sempre. *piangere*
3. Noi _____ ad ogni occasione. *correre*
4. I gelatai _____ molti gelati durante l'estate. *vendere*
5. Gli studenti _____ le domande. *ripetere*
6. Olga e Anna _____ sempre le lezioni. *sapere*
7. Tu _____ sempre a carte. *perdere*
8. Le bambine _____ molti giocattoli. *avere*

51. Rewrite the following in the imperfect.

1. Eleggiamo un nuovo presidente.
2. Descrivete quel paesaggio.
3. Friggo le uova.
4. Offendi molte persone.
5. Promettete troppe cose.
6. I bambini cadono spesso.
7. Angelo vende biciclette.

Regular -*ire* Verbs

The imperfect tense of all -**ire** verbs is formed by adding the following endings to the root of the verb: -**ivo**, -**ivi**, -**iva**, -**ivamo**, -**ivate**, -**ivano**. Note that there are no irregular -**ire** verbs in the imperfect. Observe the following verbs:

Infinitive:	**capire**	**salire**
Root:	**cap-**	**sal-**
	capivo	salivo
	capivi	salivi
	capiva	saliva
	capivamo	salivamo
	capivate	salivate
	capivano	salivano

52. Complete the following with the appropriate imperfect forms of the indicated verbs.

1. Gli studenti _____ tutto. *capire*
2. Io _____ le lezioni alle due. *finire*
3. Voi _____ dei corsi interessanti. *seguire*
4. Noi _____ la radio tutti i giorni. *sentire*

5. Loro _____ il mare alla montagna. *preferire*
6. Voi _____ molte case a due piani. *costruire*
7. Tu _____ sempre molto stanco. *apparire*
8. I bambini _____ i genitori. *ubbidire*
9. Le cipolle _____ per l'insalata. *servire*
10. Marco sempre _____ le scale in fretta. *salire*
11. Una volta io _____ facilmente. *dimagrire*
12. Luisa _____ le parole in classe. *scandire*
13. Tu _____ con gli amici. *scomparire*
14. Noi _____ i dettagli del viaggio. *riferire*

53. Rewrite the following in the imperfect tense.

1. Senti il campanello?
2. Vestite i bambini?
3. Preferiamo un gelato.
4. Capiscono bene.
5. Olga soffre molto.
6. Io seguo i tuoi consigli.
7. Offri sempre il tuo aiuto.
8. Apriamo le finestre.
9. Paolo riapre la porta.
10. Ubbidiscono la madre.

54. Answer the following questions with a complete sentence.

1. Aprivi le porte?
2. Servivate il caffé?
3. Vestivamo elegantemente?
4. Capiva bene Lei?
5. Reagivi cautamente?
6. Finivano presto Loro?
7. Soffrivate molto in ospedale?
8. Seguiva molti corsi Luigi?
9. Vestivamo i bambini?
10. Scandivano le parole gli alunni?

Irregular Verbs

The verbs **fare, dire, bere, produrre,** and **porre** take their roots for the formation of the imperfect tense from their original Latin infinitives, which are shown in parentheses below. In all other respects they are regular. Note that all verbs ending in -**fare**, -**dire**, -**durre**, and -**porre** follow this same pattern. Study the following.

fare	dire	bere	produrre	porre
(*fācĕre*)	(*dīcĕre*)	(*bevere*)*	(*prodūcĕre*)	(*pŏnēre*)
facevo	dicevo	bevevo	producevo	ponevo
facevi	dicevi	bevevi	producevi	ponevi
faceva	diceva	beveva	produceva	poneva
facevamo	dicevamo	bevevamo	producevamo	ponevamo
facevate	dicevate	bevevate	producevate	ponevate
facevano	dicevano	bevevano	producevano	ponevano

55. Rewrite the following sentences in the imperfect.

1. Stefano dice la verità.
2. Queste fabbriche producono pantaloni.
3. Il signor Martini fa il dottore.
4. Io non dico niente.
5. Dove fate le vacanze?
6. Questo terreno produce molti vegetali.
7. Tu non dici la verità.

---

*Bevere is actually not the Latin infinitive but an old Italian infinitive no longer is use. It comes from the Latin infinitive *bĭbĕre*. See p. 59.

56. Complete the following with the appropriate imperfect forms of the indicated verbs.

    1. Cosa _____ i tuoi amici? *dire*
    2. Chi _____ il cattivo, Stefano o Luigi? *fare*
    3. L'Italia _____ molti legumi. *produrre*
    4. Io non _____ niente. *dire*
    5. Tu non _____ nessuno. *contraddire*
    6. I miei fratelli _____ i soldati. *fare*
    7. Mio zio _____ un treno. *condurre*

57. Complete the following with the appropriate imperfect forms of **bere**.

    1. Noi _____ molto latte.
    2. Roberto non _____ vino.
    3. Voi _____ poco.
    4. Tu _____ acqua minerale.
    5. Io _____ un té freddo.
    6. _____ qualcosa Loro?
    7. Mario _____ mentre pranzava.
    8. I ragazzi _____ molte aranciate.

58. Complete the following with the appropriate imperfect forms of the indicated verbs.

    1. Il filosofo _____ una sua teoria. *esporre*
    2. Io _____ i libri sul tavolo. *porre*
    3. Tu _____ un'ottima soluzione. *proporre*
    4. I musicisti _____ molte sonate. *comporre*
    5. Noi _____ sempre i nostri appuntamenti. *posporre*
    6. Voi _____ le valige nell'attico. *porre*
    7. _____ molto Lei? *supporre*
    8. Mio nonno _____ molte regole. *imporre*

Trarre

    The irregular root for the imperfect of **trarre** (*to extract, to pull*) is **tra-**. This root comes from the original Latin infinitive *traere*. To this root are added the regular **-ere** imperfect endings: **-evo**, **-evi**, etc. Note that all verbs ending in **-trarre** follow **trarre** as a model.

Infinitive:	**trarre**	**attrarre**
Irregular Root:	**tra-**	**attra-**
	traevo	attraevo
	traevi	attraevi
	traeva	attraeva
	traevamo	attraevamo
	traevate	attraevate
	traevano	attraevano

59. Complete the following with the appropriate imperfect forms of the indicated verbs.

    1. Quella commedia _____ molta gente. *attrarre*
    2. Il poeta _____ ispirazione dalla natura. *trarre*
    3. Tu _____ i bambini. *distrarre*
    4. Voi _____ molte persone. *ritrarre*
    5. Io _____ le conclusioni. *trarre*
    6. Noi _____ i numeri a scuola. *sottrarre*

Essere

The verb **essere** is irregular in all forms of the imperfect. The imperfect forms come from the original Latin forms: *eram*, etc. Study the following.

> **essere**
>
> ero
> eri
> era
> eravamo
> eravate
> erano

60.   Complete the following with the appropriate imperfect forms of **essere**.

1. Teresa _____ amica di Rosa.
2. Noi _____ a scuola.
3. Dove _____ i tuoi amici?
4. Dove _____ tu?
5. L'argento _____ molto in richiesta.
6. Voi _____ molto bravi a scuola.
7. Signori, dove _____ Loro?
8. Cosa _____ Lei?

61.   Answer the following questions with complete sentences.

1. Cosa eri?
2. Dov'erano Maria e Carlo?
3. Era pronto quello studente?
4. Chi era quel signore?

5. Eravamo bravi?
6. Eri a casa spesso?
7. Eravate malati?
8. Dov'era tuo padre?

Uses of the Imperfect Tense

Continuing action

The imperfect tense is much less commonly used in English than in Italian. Since the word *imperfect* means *not perfected* or *not completed*, the imperfect tense is used to express continuance, to express actions in the past which are either customary or habitual. Some common adverbial expressions which would indicate continuance and thus demand the use of the imperfect are:

> **a volte**   *at times*
> **certe volte**   *sometimes*
> **come d'uso**   *usually*
> **con frequenza**   *frequently*
> **continuamente**   *continuously*
> **di quando in quando**   *from time to time*
> **di tanto in tanto**   *from time to time*
> **frequentemente**   *frequently*
> **giorno dopo giorno**   *day in and day out*
> **ininterrottamente**   *without interruption*
> **la domenica (il lunedì, etc.)**   *on Sundays (on Mondays, etc.)*
> **mentre**   *while*
> **ogni giorno (ogni settimana, ogni mese, ogni anno, etc.)**   *everyday (every week, every month, every year, etc.)*

ogni tanto   *once in a while*
quotidianamente   *daily*
ripetutamente   *repeatedly*
sempre   *always*
senza sosta   *without stopping*
spesso   *often*
spesso spesso   *again and again*
tutti i giorni   *every day*
usualmente   *usually*

Study the following examples.

Andavano alla spiaggia ogni giorno.
Quando ero piccolo, visitavo i miei nonni frequentemente.
Mio zio parlava sempre in inglese.
I miei amici e io giocavamo spesso tutto il pomeriggio.

62.   Rewrite the following sentences in the imperfect.

1. Mio fratello arriva sempre in ritardo.
2. Tu parli ininterrottamente.
3. Le studentesse vanno spesso in biblioteca.
4. Usualmente Olga cena presto.
5. La domenica andiamo al parco.
6. Di quando in quando vedo un bel film.
7. Le mie sorelle vengono a casa tutti i giorni.
8. A volte nevica senza sosta.
9. I bambini piangono frequentemente.
10. Mio cugino scrive ogni mese.

Parallel actions

When two or more descriptive actions occur at the same time:

Io dormivo e Luigi studiava.
I was sleeping and Louis was studying.
Mentre noi cantavamo, voi giocavate.
While we were singing, you were playing.
Tu dormivi, Anna studiava, e io cucinavo.
You were sleeping, Ann was studying, and I was cooking.

63.   Complete the following with the appropriate imperfect-tense forms of the indicated verbs.

1. Antonio _____ il piano e tu _____.   *suonare, cantare*
2. Noi _____ i piatti e voi _____ le camicie.   *lavare, lavare*
3. Mentre io _____, loro _____.   *lavorare, giocare*
4. Stefano _____ e noi _____.   *dormire, studiare*
5. Tu _____ e lui _____ la televisione.   *telefonare, guardare*
6. Noi _____ e voi _____.   *scrivere, parlare*
7. Io _____ e tu _____.   *leggere, scrivere*
8. Luisa _____ la verità e voi _____.   *dire, mentire*
9. Antonio _____ e Stefano _____.   *gridare, piangere*
10. Loro _____ e noi _____ a casa.   *viaggiare, stare*

Mental activity

In order to express duration of mental activity in the past, the imperfect tense is used. The following is a partial list of verbs denoting mental activity:

amare   *to love*
capire   *to understand*
credere   *to believe*
decidere   *to decide*
dedurre   *to deduce*
desiderare *to desire (want)*
intuire   *to sense*
odiare   *to hate*
pensare   *to think*
potere   *to be able (can)*
preferire   *to prefer*
ragionare   *to reason*
riflettere *to reflect*
sapere   *to know*
sospettare *to suspect*
sperare   *to hope*
temere   *to fear*
volere   *to want*

Observe the following examples:

Sempre credevano tutto.
Volevamo andare in Italia.
Anni fa preferivo il mare alla montagna.
I nostri nonni sapevano sempre ciò che pensavamo.

64. Complete the following with the appropriate imperfect forms of the indicated verbs.

1. Mia madre _____ il caffè al té. *preferire*
2. Tu _____ sempre la situazione. *capire*
3. Loro _____ spesso il freddo dell'inverno. *temere*
4. Io non _____ mai il mio amico Paolo. *credere*
5. Mio nonno _____ senza sosta. *riflettere*
6. Voi non _____ viaggiare in aereo. *volere*
7. Anni fa io _____ giocare quando _____. *potere, desiderare*
8. Tu _____ guidare l'automobile. *odiare*
9. Pietro _____ ogni pericolo facilmente. *intuire*
10. Noi _____ sempre i genitori. *credere*

Description in the past: color, size, inner qualities

The imperfect tense is often used to describe people or things in the past using color, size, and inner qualities. Observe the following:

Il cielo era sempre blu.
Le strade erano larghe.
Tua nonna era generosa.

65. Rewrite the following in the imperfect tense.

1. La casa è grande.   2. Gli edifici sono rossi.

3. Olga è brava.
4. Gli studenti sono intelligenti.
5. La copertina del libro è verde.
6. I genitori sono pazienti.

7. Noi siamo alti.
8. Voi siete cattivi.
9. Le camicie sono bianche.
10. Tu sei basso.

Description in the past: age, time, weather

Descriptions in the past concerning age, time, and weather are usually expressed with the imperfect tense. Observe the following examples:

Quanti anni aveva tuo nonno?
Aveva ottantacinque anni.
Che ora era? (*or:* **Che ore erano?**)
Era l'una in punto.
Erano le nove e mezza.
Che tempo faceva?
Faceva bel tempo.
Faceva cattivo tempo.
Pioveva.
Nevicava.
Tirava vento.

66. Rewrite the following in the imperfect.

1. Che tempo fa?
2. Quanti anni hai?
3. Che ora è?
4. Nevica?
5. Sono le quattro e un quarto.

6. Abbiamo sedici anni.
7. Tira vento.
8. Pietro ha diciannove anni.
9. È mezzanotte.
10. Piove.

Special use of the imperfect tense with the preposition **da**

You have already studied the special use of **da** with the present tense (see p. 70). In Italian, the preposition **da** is also used with the imperfect tense to describe an action in the remote past. In English, this is done with the pluperfect tense (past perfect or progressive past perfect). Observe the following examples:

Vincenzo era alla spiaggia da due settimane.
Vincent had been at the beach for two weeks.
Pioveva da tre giorni.
It had been raining for three days.
Lavoravo in quell'edificio da molti anni.
I had been working in that building for many years.
Non mangiavo da due giorni.
I hadn't eaten for two days.
Caterina era a Nuova York da quattro mesi.
Catherine had been in New York for four months.

67. Complete the following with the appropriate imperfect forms of the indicated verbs.

1. Da quanto tempo (voi) _____ in Italia?   *essere*
2. Noi non _____ i nonni da sei mesi.   *visitare*

3. _____ da due giorni. *nevicare*
4. Il giocatore _____ in quella squadra da sette anni. *giocare*
5. Loro _____ da molto tempo. *fumare*
6. Tu _____ lí da tre mesi. *lavorare*
7. I turisti _____ a Roma da una settimana. *essere*
8. Io lo _____ da molti anni. *sapere*

REVIEW

68. Complete the following with the appropriate imperfect forms of the indicated verbs.

1. Maria e Olga _____ sempre insieme. *giocare*
2. Noi _____ a casa dei nonni ogni giorno. *andare*
3. Pietro _____ sempre con attenzione. *ascoltare*
4. Voi _____ per le strade senza sosta. *correre*
5. Io _____ sempre con gli amici. *essere*
6. Chi _____ quei signori? *essere*
7. Quando Gino _____ piccolo, _____ molti giocattoli. *essere, avere*
8. Quelle miniere _____ molto oro. *produrre*
9. Tu _____ sempre la verità. *dire*
10. Durante le feste noi _____ con gli amici. *bere*
11. Anni fa Teresa _____ delle belle poesie. *comporre*
12. Una volta le processioni _____ molta gente. *attrarre*
13. Io sempre _____ i libri sul tavolino. *porre*
14. Ragazzi, _____ tutto in classe? *capire*
15. In quell'ospedale i malati _____ poco. *soffrire*

69. Answer the following questions with complete sentences.

1. Dormivi sempre fino a tardi?
2. Andavate in chiesa la domenica?
3. Uscivi frequentemente?
4. Pioveva spesso?
5. Andavate alla spiaggia tutti i giorni?
6. Arrivava sempre tardi Luigi?
7. Piangevano spesso i bambini?
8. Viaggiava ogni estate Lei?
9. Signori, Loro preferivano il mare o la montagna?
10. Era verde la casa di Maria?
11. A che ora andavi a scuola?
12. Erano strette le strade?
13. Che tempo faceva?
14. Quanti anni aveva tuo fratello?
15. Eri sempre contento(-a) quando eri piccolo(-a)?
16. Avevate paura dell'oscurità?
17. Da quanto tempo non andava in Italia Lei?
18. Da quanto tempo nevicava?
19. Erano generosi i tuoi nonni?
20. Cosa leggevate in classe?

PRETERITE TENSE (PASSATO REMOTO)

The preterite expresses the completion of an action or a state of being in the past without relation to the present.

Regular -are Verbs

The preterite of regular -**are** verbs is formed by dropping the infinitive ending -**are** and adding to the root the following personal endings: -**ai, -asti, -ò, -ammo, -aste, -arono**. Study the following.

Infinitive:	**parlare**	**andare**	**camminare**
Root:	**parl-**	**and-**	**cammin-**
io	parlai	andai	camminai
tu	parlasti	andasti	camminasti
egli, lei, Lei	parlò	andò	camminò
noi	parlammo	andammo	camminammo
voi	parlaste	andaste	camminaste
loro, Loro	parlarono	andarono	camminarono

70. Complete the following with the appropriate preterite endings.

  1. I giovani arriv_____ tardi.
  2. Io parl_____ troppo.
  3. Il dottore cur_____ il malato.
  4. Voi gioc_____ tutto il giorno.
  5. Tu cammin_____ con gli amici.
  6. Le ragazze and_____ a scuola.
  7. Noi cant_____ molte canzoni.
  8. Antonio studi_____ tutta la notte.
  9. I cuochi prepar_____ un'ottima cena.
  10. Io lavor_____ fino a tardi.

71. Complete the following with the appropriate preterite forms of the indicated verbs.

  1. Gli studenti _____ il conferenziere. *ascoltare*
  2. Maria _____ le sue amiche. *invitare*
  3. Noi _____ lentamente. *camminare*
  4. Tu _____ una bella bicicletta. *comprare*
  5. Voi _____ in quel ristorante. *pranzare*
  6. Io _____ i compiti di scuola. *preparare*
  7. I turisti _____ per la città. *girare*
  8. Il film _____ piú di due ore. *durare*
  9. Marco e io _____ in autobus. *viaggiare*
  10. La maestra _____ la prima lezione. *insegnare*

72. Rewrite the following sentences in the preterite tense.

  1. Noi visitiamo i nonni.
  2. Aspetto mio cugino.
  3. Loro comprano alcuni libri.
  4. Angela lava l'automobile.
  5. Tu porti i regali.
  6. Voi mangiate da Carlo.
  7. Gli studenti passano gli esami.
  8. Tu viaggi solo.
  9. Io pago il biglietto.
  10. Andiamo al teatro a piedi.

Regular -*ere* Verbs

The preterite of regular -**ere** verbs is formed by dropping the infinitive ending -**ere** and adding to the root the following personal endings: -**ei**, -**esti**, -**é**, -**emmo**, -**este**, -**erono**. Note that the majority of regular -**ere** verbs have alternate endings in the **io**, **egli**, and **loro** forms (these alternate endings will appear in parentheses below). Study the following:

Infinitive:	**credere**	**ricevere**	**sedere**
Root:	**cred-**	**ricev-**	**sed-**
io	credei (credetti)	ricevei (ricevetti)	sedei (sedetti)
tu	credesti	ricevesti	sedesti
egli, lei, Lei	credé (credette)	ricevé (ricevette)	sedé (sedette)
noi	credemmo	ricevemmo	sedemmo
voi	credeste	riceveste	sedeste
loro, Loro	crederono (credettero)	riceverono (ricevettero)	sederono (sedettero)

73. Complete the following with the appropriate preterite forms of the indicated verbs.

1. Il malato _____ per molte ore. *gemere*
2. Gli studenti _____ le frasi. *ripetere*
3. Noi _____ i nostri amici. *credere*
4. Voi _____ vicino alla porta. *sedere*
5. Tu _____ il pacco. *ricevere*
6. Io _____ l'automobile. *vendere*
7. Noi _____ al portone. *battere*
8. I lavoratori _____ l'edificio vecchio. *abbattere*
9. Mario _____ andare in Italia. *potere*
10. Voi _____ ritornare a casa. *dovere*

74. Rewrite the following in the preterite tense.

1. Tu ricevi una bella notizia.
2. Mario ripete il corso di geografia.
3. Loro vendono molte cose.
4. Noi sediamo soli.
5. Io credo tutto.
6. Voi potete venire presto.
7. Tu abbatti la parete.
8. Luisa batte sul banco.

Regular -*ire* Verbs

The preterite of regular -**ire** verbs is formed by dropping the infinitive ending -**ire** and adding to the root the following personal endings: -**ii**, -**isti**, -**í**, -**immo**, -**iste**, -**irono**. Study the following:

Infinitive:	**capire**	**finire**	**preferire**
Root:	**cap-**	**fin-**	**prefer-**
io	capii	finii	preferii
tu	capisti	finisti	preferisti
egli, lei, Lei	capí	finí	preferí
noi	capimmo	finimmo	preferimmo
voi	capiste	finiste	preferiste
loro, Loro	capirono	finirono	preferirono

75. Complete the following with the appropriate preterite endings.

1. Io fin_____ di studiare alle tre.
2. Voi costru_____ dei begli scaffali.
3. Tu rifer_____ il messaggio.
4. Giorgio cap_____ la domanda.
5. Maria e Teresa prefer_____ un té freddo.
6. Noi reag_____ cautamente.
7. Antonio non proffer_____ una parola.
8. I ragazzi pul_____ la rimessa.
9. Io part_____ alle sette e mezza.
10. Voi dorm_____ fino a tardi.

76. Complete the following with the appropriate preterite forms of the indicated verbs.

1. I bambini _____ i genitori. *ubbidire*
2. Voi _____ il significato del libro. *capire*
3. Io _____ dormire fino a tardi. *preferire*
4. Il signor Martini _____ molto. *dimagrire*
5. Tu _____ alle cinque. *finire*
6. Noi _____ una bella casa. *costruire*
7. I lavoratori _____ il parco. *ingrandire*
8. Io _____ quelle poesie. *capire*

77. Rewrite the following in the preterite tense.

1. Gl'impiegati seguono le istruzioni.
2. Il cuoco bolle la carne.
3. Loro sentono il campanello.
4. Il cameriere serve le bevande.
5. Io apro tutte le finestre.
6. Voi offrite un caffé agli amici.
7. I malati soffrono molto.

Irregular Verbs in the Preterite

Many Italian verbs are irregular in the preterite. Most, but not all, of these irregular verbs have infinitives ending in **-ere**.

Many irregular verbs in the preterite can be grouped together since they share a common irregularity.

You will note in your study of the irregular preterites that in three forms, namely **tu**, **noi**, and **voi**, these verbs are completely regular in that the infinitive ending is dropped to form the root and the appropriate personal endings are added to this root. In the **io**, **egli/lei**, and **loro** forms, however, the root is shortened as are the personal endings.

Let us take the verb **chiudere** as an example of an irregular verb in the preterite. The infinitive ending **-ere** is dropped to form the root **chiud-**. For **tu**, **noi**, and **voi**, we add the regular personal endings to this regular root.

Infinitive:	**chiudere**
Root:	**chiud-**
—	—
tu	chiudesti
—	—
noi	chiudemmo
voi	chiudeste
—	—

For the other three forms **io**, **egli/lei**, and **loro**, the root is not formed from the infinitive but is changed to **chius-**. To this irregular root we add the personal endings **-i** for **io**, **-e** for **egli** and **lei**, and **-ero** for **loro**.

Irregular Root:	**chius-**
io	chiusi
—	—
egli, lei, Lei	chiuse
—	—
loro, Loro	chiusero

Now let us look at the complete conjugation of this irregular verb.

chiudere
chiusi
chiudesti
chiuse
chiudemmo
chiudeste
chiusero

In the remainder of our study of irregular preterites, verbs will be grouped according to their irregularity in the formation of the root for the **io**, **egli/lei**, and **loro** forms in order to facilitate the learning of these verbs.

Verbs with a single -s-

Many verbs function the same as **chiudere** and have a root with a single **-s-** in the **io**, **egli/lei**, and **loro** forms of the preterite. Study the following forms of **ridere** and **rimanere** as models for verbs with a single **-s-**.

ridere	**rimanere**
risi	rimasi
ridesti	rimanesti
rise	rimase
ridemmo	rimanemmo
rideste	rimaneste
risero	rimasero

Other verbs that function the same as **ridere** and **rimanere** in the preterite are:

chiedere	chiesi, chiedesti, ...
chiudere	chiusi, chiudesti, ...
concludere[2]	conclusi, concludesti, ...
decidere[3]	decisi, decidesti, ...
dividere	divisi, dividesti, ...
ridere[4]	risi, ridesti, ...
prendere[5]	presi, prendesti, ...

---

[2] Other verbs conjugated like **concludere** are: **accludere, escludere, includere.**

[3] Other verbs conjugated like **decidere** are: **coincidere, uccidere.**

[4] Another verb conjugated like **ridere** is **sorridere.**

[5] Other verbs conjugated like **prendere** are: **accendere, apprendere, attendere, difendere, offendere, scendere, sorprendere, spendere, stendere.**

rispondere	risposi, rispondesti, ...
rimanere	rimasi, rimanesti, ...
mettere[6]	m<u>i</u>si, mettesti, ... (note also the vowel change)

The verb **porre**[7] functions the same as the above -**s**- verbs. The root, however, for the **tu**, **noi**, and **voi** forms is derived from the original Latin infinitive *pŏnēre*.

porre

posi
ponesti
pose
ponemmo
poneste
posero

You will note that the single -**s**- in all of the above verbs is preceded and followed by a vowel and thus pronounced like a **z**. The verbs **scegliere**[8], **correre**[9], and **volgere**[10] also have a single -**s**- in the preterite. Since this single -**s**- is preceded by a consonant, it is pronounced like an **s**. Study the following.

correre	**volgere**	**scegliere**
corsi	volsi	scelsi
corresti	volgesti	scegliesti
corse	volse	scelse
corremmo	volgemmo	scegliemmo
correste	volgeste	scegl<u></u>ieste
corsero	volsero	scelsero

78. Complete the following with the appropriate preterite forms of the indicated verbs.

1. Perché _____ (tu) tanti favori? *chiedere*
2. Noi _____ la porta. *chiudere*
3. Noi _____ con Angelo. *rimanere*
4. Voi _____ molto. *ridere*
5. Voi _____ bene. *rispondere*
6. Dove _____ (tu) i libri? *porre*
7. Noi _____ i passaporti sul tavolo. *porre*
8. Voi non _____ niente. *concludere*
9. Perché _____ tu? *correre*
10. _____ (voi) il vostro regalo. *scegliere*

79. Complete the following with the appropriate preterite forms of the indicated verbs.

1. Io _____ le finestre. *chiudere*
2. Io _____ di studiare a Roma. *decidere*
3. Io non _____ niente. *promettere*
4. Rosa _____ i passaporti coi biglietti. *porre*

---

[6] Other verbs conjugated like **mettere** are: **ammettere, commettere, permettere, promettere, rimettere, smettere, trasmettere.**

[7] Other verbs conjugated like **porre** are: **comporre, disporre, opporre, preporre, proporre.**

[8] Other verbs conjugated like **scegliere** are: **accogliere, cogliere, raccogliere, togliere.**

[9] Other verbs conjugated like **correre** are: **occorrere, incorrere, procorrere, rincorrere, scorrere, trascorrere.**

[10] Other verbs conjugated like **volgere** are: **dipingere, fingere, giungere, piangere, scorgere, sorgere, spingere, svolgere.**

5. Teresa _____ le valige nella macchina. *mettere*
6. Il mio amico _____ tutto il denaro. *spendere*
7. Le mie amiche _____ poesie. *comporre*
8. Loro _____ dei bei regali. *scegliere*
9. Loro _____ a tutte le domande. *rispondere*
10. I bambini _____ molto. *piangere*

80. Answer the following questions with a complete sentence.

1. Chiedesti molte informazioni?
2. Chiudesti la porta?
3. Decidesti di rimanere qui?
4. Rispondesti alle sue domande?
5. Prendesti il denaro?
6. Mettesti il libro sul tavolo?
7. Volgesti le spalle?
8. Scegliesti un vestito?

81. Answer the following questions with a complete sentence.

1. Divisero Loro il premio in due?
2. Risposero Loro?
3. Decisero Loro immediatamente?
4. Chiusero Loro le finestre?
5. Presero Loro i passaporti?
6. Misero Loro i fiori nel vaso?
7. Scelsero Loro dei bei regali?
8. Corsero Loro?

82. Complete the following with the correct preterite forms of the indicated verbs.

1. Marco _____ molti favori. *chiedere*
2. Noi _____ un aumento di salario. *chiedere*
3. Finalmente i giocatori _____ la partita. *concludere*
4. L'oste _____ la porta della taverna. *chiudere*
5. Io _____ le finestre. *richiudere*
6. Voi _____ i nomi dei vicini. *includere*
7. I turisti _____ molte informazioni. *chiedere*
8. Tu _____ alcuni ragazzi dalla gita. *escludere*
9. Le date _____ molto bene. *coincidere*
10. Giovanni _____ a crepapelle. *ridere*
11. Voi _____ di tornare in Italia. *decidere*
12. Noi _____ agli amici. *sorridere*
13. La giuria _____ il primo premio in due. *dividere*
14. Noi _____ senza sosta. *ridere*
15. Luisa _____ di studiare a Londra. *decidere*
16. Caino _____ Abele. *uccidere*
17. Paolo _____ i libri sul tavolo. *mettere*
18. Voi _____ uno sbaglio. *commettere*
19. Io _____ molte cose ai bambini. *promettere*
20. Tu _____ il messaggio. *trasmettere*
21. Noi _____ i passaporti sul bancone. *porre*
22. Io _____ quel candidato. *opporre*
23. Tu _____ alcune poesie. *comporre*
24. I turisti _____ i biglietti alla stazione ferroviaria. *prendere*
25. Noi _____ tutto il denaro. *spendere*
26. Loro _____ gli amici. *sorprendere*
27. Voi _____ dal tetto. *scendere*
28. Le ragazze _____ la radio. *accendere*
29. Gli studenti _____ a scuola fino a tardi. *rimanere*
30. Noi _____ a casa tutto il giorno. *rimanere*

31. Tu _____ con i tuoi genitori. *rimanere*
32. Stefano _____ bene. *rispondere*
33. Voi _____ a tutte le domande. *rispondere*

83. Complete the following with the appropriate preterite forms of the indicated verbs.

1. L'atleta _____ velocemente. *correre*
2. Noi _____ le vacanze in montagna. *trascorrere*
3. Noi _____ gli ospiti. *accogliere*
4. I giovani _____ dei vestiti blu. *scegliere*
5. Io _____ una cravatta rossa. *scegliere*
6. Il bambino _____ i giocattoli. *raccogliere*
7. Noi _____ un bel regalo. *scegliere*
8. Mario _____ le spalle agli amici. *volgere*
9. Gli spettatori _____ tardi. *giungere*
10. Tu _____ di sapere tutto. *fingere*
11. Noi _____ le pagine rapidamente. *volgere*
12. I bambini _____ molto. *piangere*

Verbs with a double -ss-

The verbs **leggere**[11], **scrivere**[12], and **vivere** have a double -ss- in the **io**, **egli/lei**, and **loro** forms of the preterite. Since the **s** is preceded by a vowel, it must be doubled to maintain the **s** sound. Study the following forms.

leggere	scrivere	vivere
lessi	scrissi	vissi
leggesti	scrivesti	vivesti
lesse	scrisse	visse
leggemmo	scrivemmo	vivemmo
leggeste	scriveste	viveste
lessero	scrissero	vissero

All verbs ending in **-durre**, such as **produrre**[13], and the verb **dire**[14] also have a double -ss- in the **io**, **egli/lei**, and **loro** forms of the preterite. The root for the **tu**, **noi**, and **voi** forms comes from the original Latin infinitives *prodūcěre* and *dīcěre*. Study the following forms.

produrre (*prodūcěre*)	dire (*dīcěre*)
produssi	dissi
producesti	dicesti
produsse	disse
producemmo	dicemmo
produceste	diceste
produssero	dissero

Note that the verb **trarre**[15], which also has a double -ss-, adds an **e** in the **tu**, **noi**, and **voi** forms since the root is derived from the original Latin infinitive *traere*.

---

[11] Other verbs conjugated like **leggere** are: **correggere, eleggere, proteggere, reggere.**

[12] Other verbs conjugated like **scrivere** are: **descrivere, iscrivere, prescrivere, trascrivere.**

[13] Other verbs conjugated like **produrre** are: **addurre, condurre, indurre, introdurre, ridurre, tradurre.**

[14] Other verbs conjugated like **dire** are: **contraddire, disdire, indire, maledire, predire, ridire.**

[15] Other verbs conjugated like **trarre** are: **attrarre, contrarre, detrarre, distrarre, ritrarre, sottrarre.**

trarre

trassi
traesti
trasse
traemmo
traeste
trassero

84. Complete the following with the appropriate preterite forms of the indicated verbs.

    1. Teresa _____ il giornale. *leggere*
    2. Noi _____ il presidente. *eleggere*
    3. Io _____ la rivista. *rileggere*
    4. Tu _____ i compiti. *correggere*
    5. Le studentesse _____ il romanzo. *leggere*
    6. Stefano _____ un bel riassunto. *scrivere*
    7. Tu _____ il tuo viaggio agli amici. *descrivere*
    8. Io _____ mio fratello all'università. *iscrivere*
    9. Noi _____ molte lettere. *scrivere*
    10. Mio nonno _____ a lungo. *vivere*
    11. Noi _____ in Italia per molti anni. *vivere*
    12. Loro _____ dei momenti di gioia. *rivivere*

85. Complete the following with the appropriate preterite forms of the indicated verbs.

    1. La casa editrice _____ un gran numero di libri. *produrre*
    2. Tu _____ l'ospite d'onore. *introdurre*
    3. Io _____ molte lettere in inglese. *tradurre*
    4. Noi _____ gli amici a cantare. *indurre*
    5. Gino _____ la verità. *dire*
    6. Noi _____ la sfortuna. *maledire*
    7. Voi _____ il futuro. *predire*
    8. Io _____ la sua dichiarazione. *contraddire*
    9. Noi _____ ciao agli amici. *dire*

86. Complete the following with the appropriate preterite forms of the indicated verbs.

    1. Loro _____ una certa soddisfazione. *trarre*
    2. Il circo _____ molti spettatori. *attrarre*
    3. Voi _____ molta gente. *attrarre*
    4. Noi _____ molte conclusioni. *trarre*
    5. Io _____ i numeri. *sottrarre*
    6. Tu _____ un raffreddore. *contrarre*

Verbs with a double consonant other than s

    The verbs **cadere**, **tenere**[16], and **volere** double the consonant of the infinitive in the **io**, **egli/lei**, and **loro** forms of the preterite. Study the following.

---

[16] Other verbs conjugated like **tenere** are: **appartenere, contenere, mantenere, sostenere.**

cadere	tenere	volere
caddi	tenni	volli
cadesti	tenesti	volesti
cadde	tenne	volle
cademmo	tenemmo	volemmo
cadeste	teneste	voleste
caddero	tennero	vollero

The root for the verb **bere** comes from its original Italian infinitive *bevere*, and the **v** is doubled in the **io**, **egli/lei**, and **loro** forms of the preterite.

bere

bevvi
bevesti
bevve
bevemmo
beveste
bevvero

The verb **venire**[17] also doubles the **n** of the infinitive in the **io**, **egli/lei**, and **loro** forms of the preterite. As with the other irregular verbs in the preterite, the personal endings are -**i** for **io**, -**e** for **egli/lei**, and -**ero** for **loro**. Since **venire** is an -**ire** or third-conjugation verb, the endings for the regular **tu**, **noi**, and **voi** forms conform to those of an -**ire** verb: **isti**, **immo**, and **iste**, respectively.

venire

venni
venisti
venne
venimmo
veniste
vennero

Study the following forms of the verbs **conoscere**[18], **rompere**, and **sapere**, which also have a double consonant in the **io**, **egli/lei**, and **loro** forms of the preterite. In the case of **rompere** and **sapere**, note also the vowel change.

conoscere	rompere	sapere
conobbi	ruppi	seppi
conoscesti	rompesti	sapesti
conobbe	ruppe	seppe
conoscemmo	rompemmo	sapemmo
conosceste	rompeste	sapeste
conobbero	ruppero	seppero

87. Complete the following with the appropriate preterite forms of the indicated verbs.

1. I bambini _____ a terra.   *cadere*
2. L'impero romano _____ dopo molti secoli di gloria.   *decadere*
3. Io _____ nella stessa situazione.   *ricadere*
4. Noi _____ improvvisamente.   *cadere*

---

[17] Other verbs conjugated like **venire** are: **avvenire**, **convenire**, **divenire**, **intervenire**, **pervenire**, **rivenire**, **sopravvenire**, **sovvenire**, and **svenire**.

[18] Another verb conjugated like **conoscere** is **riconoscere**.

5. Teresa _____ a memoria l'intera poesia. *tenere*
6. Quegli studenti _____ al circolo italiano. *appartenere*
7. Tu _____ l'amicizia con Antonio. *mantenere*
8. Voi _____ un'attitudine positiva. *sostenere*
9. Io _____ la mia rabbia. *contenere*
10. Io non _____ niente. *volere*
11. Gino _____ vedere il risultato. *volere*
12. Noi _____ viaggiare in aereo. *volere*

88. Complete the following with the appropriate preterite forms of the verb **bere**.

1. Noi _____ troppo vino.
2. Mario _____ soltanto birra.
3. Loro _____ senza sosta.
4. Io _____ un po' di grappa.
5. Voi _____ tutto il latte.

89. Complete the following with the correct preterite forms of the indicated verbs.

1. Angela _____ con i suoi amici. *venire*
2. Noi _____ alla discussione. *intervenire*
3. La zia di Maria _____ dal calore. *svenire*
4. Tu _____ dopo poche ore. *rivenire*
5. Stefano e Luisa _____ che hai ragione. *convenire*
6. Noi _____ i loro cugini. *sovvenire*
7. Il fratello di Marco _____ campione olimpico. *divenire*

90. Complete the following with the appropriate preterite forms of the indicated verbs.

1. Io _____ Francesco a casa di Giuseppe. *conoscere*
2. Tu _____ la fotografia di Silvana. *riconoscere*
3. Noi _____ la materia dopo molto studio. *conoscere*
4. Loro _____ Maria dalla voce. *riconoscere*
5. Io _____ i bicchieri di cristallo. *rompere*
6. I bambini _____ i giocattoli. *rompere*
7. Voi _____ il nostro gioco. *interrompere*
8. Noi _____ la lezione. *sapere*
9. Tu _____ tutte le risposte. *sapere*
10. Voi _____ il segreto. *sapere*
11. Io _____ la lettura. *sapere*

Verbs with -qu-

The verbs **nascere** and **piacere**[19] have a **-qu-** in the io, egli/lei, and loro forms of the preterite. Note that **nascere** drops the **-s-** in these forms. Study the following.

nascere	piacere
nacqui	piacqui
nascesti	piacesti
nacque	piacque

---

[19] Other verbs conjugated like **piacere** are: **compiacere** and **dispiacere**.

```
nascemmo        piacemmo
nasceste        piaceste
nacquero        piacquero
```

91. Complete the following with the appropriate preterite forms of the indicated verbs.

1. Dante _____ nel 1265. *nascere*
2. Noi _____ ai tuoi genitori. *piacere*
3. Io _____ in Italia. *nascere*
4. Anche voi _____ in Italia. *nascere*
5. La nostra attitudine _____ a quei signori. *dispiacere*
6. Tu non _____ a nessuno. *piacere*

Vedere

Study the following irregular preterite forms of the verb **vedere**[20].

vedere

vidi
vedesti
vide
vedemmo
vedeste
videro

92. Complete the following with the appropriate preterite forms of the indicated verbs.

1. I turisti _____ i monumenti antichi. *vedere*
2. Voi _____ molti vecchi amici. *rivedere*
3. Egli _____ il disastro. *prevedere*
4. Marco e Anna _____ le bevande. *provvedere*
5. Io _____ un inganno. *intravedere*
6. Noi _____ un bel film. *vedere*
7. Silvana _____ sua zia. *rivedere*
8. Giorgio e Olga _____ il vostro successo. *prevedere*

Fare

Study the following irregular forms of the verb **fare**[21]. You will note that the **tu, noi,** and **voi** forms are based on the original Latin infinitive *făcĕre*.

fare

feci
facesti
fece
facemmo
faceste
fecero

---

[20] Other verbs conjugated like **vedere** are: **intravedere, prevedere, provvedere, rivedere.**

[21] Other verbs conjugated like **fare** are: **contraffare, disfare, rifare, soddisfare, sopraffare.**

93. Complete the following with the appropriate preterite forms of the indicated verbs.

1. Giorgio _____ i compiti in poche ore. *fare*
2. Noi _____ i bravi. *fare*
3. Quelle letture _____ la nostra curiosità. *soddisfare*
4. Voi _____ il letto. *disfare*
5. Io _____ le nostre difficoltà. *sopraffare*

Avere

Study the following irregular forms of the verb **avere** in the preterite.

avere

ebbi
avesti
ebbe
avemmo
aveste
ebbero

94. Complete the following with the appropriate preterite forms of the verb **avere**.

1. Finalmente tuo zio _____ ragione.
2. Al mercato io _____ una grande occasione.
3. Loro _____ molti problemi.
4. Noi _____ buoni amici.
5. Tu _____ molta fortuna.
6. (Voi) _____ una lunga vacanza.

Essere

Study the following preterite forms of the irregular verb **essere**.

essere

fui
fosti
fu
fummo
foste
furono

95. Complete the following with the appropriate preterite forms of **essere**.

1. Dante _____ un gran poeta.
2. I Romani _____ un popolo illustre.
3. Tu _____ in Italia molti anni fa.
4. Noi _____ felici.
5. Io _____ a casa di Carlo.
6. Voi _____ ottimi studenti.
7. Michelangelo e Da Vinci _____ dei geni.
8. Pio II _____ un papa del Rinascimento.

Dare, stare

Study the following preterite forms of the irregular verbs **dare** and **stare**. Note the alternate forms given for the verb **dare**.

dare	stare
diedi (detti)	stetti
desti	stesti
diede (dette)	stette
demmo	stemmo
deste	steste
diedero (dettero)	stettero

96. Rewrite the following in the preterite.

1. Loro stanno al bar fino a tardi.
2. Io do un regalo a Luigi.
3. Voi state qui per poche ore.
4. Mario dà il biglietto a Luisa.
5. Noi stiamo a casa con i bambini.
6. Voi date i libri alle studentesse.
7. Io sto con mio zio.
8. Tu dai l'indirizzo al cliente.
9. Olga sta con sua cugina.
10. Tu stai in ufficio.
11. Gli studenti danno gli esami.

REVIEW

97. Complete the following with the appropriate preterite forms of the indicated verbs.

1. I ragazzi _____ lungo la spiaggia. *camminare*
2. La signora Martini _____ una collana di perle. *comprare*
3. Voi _____ i panini. *portare*
4. Tu _____ un regalo dall'Italia. *ricevere*
5. Stefano _____ accanto alla finestra. *sedere*
6. Noi _____ giornali e riviste. *vendere*
7. I turisti _____ restare in albergo. *preferire*
8. Tu non _____ niente. *capire*
9. Mario _____ di lavorare alle quattro. *finire*
10. Voi _____ a casa tutto il giorno. *stare*
11. Io _____ il mio biglietto a Carlo. *dare*
12. Noi _____ dallo zio per poche ore. *essere*
13. I nostri amici _____ ragione. *avere*
14. Tu _____ troppa birra. *bere*
15. Loro _____ un té caldo. *bere*
16. Io _____ a terra all'improvviso. *cadere*
17. Stefano _____ l'indirizzo di casa. *chiedere*
18. Voi _____ la porta a chiave. *chiudere*
19. Quei traduttori _____ molti romanzi. *tradurre*
20. Tu _____ i tuoi cugini. *riconoscere*
21. Io _____ le vacanze a Capri. *trascorrere*
22. Marco _____ il panino in due. *dividere*
23. Loro _____ molte cose interessanti. *dire*
24. Mario _____ le valige in fretta. *fare*
25. Le studentesse _____ componimenti. *leggere*
26. Io _____ i vestiti nel guardaroba. *mettere*
27. Boccaccio _____ nel 1313. *nascere*

28. Le tue amiche _____ ai miei genitori. *piacere*
29. I signori _____ i documenti sul bancone. *porre*
30. Voi _____ la radio. *accendere*
31. I giovani _____ troppi soldi. *spendere*
32. Io _____ solo tutta l'estate. *rimanere*

98. Rewrite the following sentences in the preterite.

1. Tu rispondi alle domande di Mario.
2. Loro rispondono bene agli esami.
3. Noi rompiamo un piatto e due bicchieri.
4. Gli studenti sanno la lezione.
5. Io scelgo un paio di pantaloni marrone.
6. Voi accogliete gli ospiti stranieri.
7. Teresa scrive a tutti i parenti.
8. Loro sostengono un'opinione ottimista.
9. Il circo attrae una grande folla.
10. Io rivedo i miei vecchi amici.
11. I nonni di Carmela vivono in Italia tutta la loro vita.
12. Noi vogliamo restare a casa.
13. Stefano vuole uscire con gli amici.
14. I bambini piangono poco.
15. Voi giungete a scuola tardi.
16. Mario e Gino vincono una partita a scacchi.
17. Quel signore interviene nei nostri affari.
18. Maria non viene a scuola per due settimane.
19. Il malato sviene dal dolore.
20. Finalmente noi rinveniamo il portafoglio.
21. Accadono molte cose strane.
22. Io intervengo senza esitare.
23. Tu convieni con Stefano.

Uses of the Preterite

Completed past action

The preterite (also called the past definite and the past absolute) expresses the completion of an action or a state of being in the past without any relation to the present. The following are some common expressions that usually complement the preterite:

ieri *yesterday*
ieri pomeriggio *yesterday afternoon*
ieri sera *last night*
l'altro ieri *two days ago*
l'altro giorno *the other day*
due giorni fa *two days ago*
la settimana scorsa *last week*
il mese scorso *last month*
l'anno scorso *last year*
stamani *this morning*
di colpo *suddenly*
per molto tempo *for a long time*
l'estate scorsa *last summer*

poco fa   *a little while ago*
per poco tempo   *for a little while*

99. Complete the following with the appropriate forms of the preterite of the indicated verbs.

1. Ieri _____ i miei cugini dall'Italia. *arrivare*
2. Dante _____ nel 1321. *morire*
3. L'anno scorso i miei genitori _____ in Europa. *andare*
4. L'altro giorno io _____ un ottimo libro. *leggere*
5. Mio zio _____ ammalato per molto tempo. *essere*
6. I miei amici _____ di partire di colpo. *decidere*
7. Carlo, dove _____ l'estate scorsa? *passare*
8. Noi _____ i compiti ieri sera. *finire*
9. Due anni fa io _____ una bella sorpresa. *avere*
10. Il mese scorso voi non _____ alla riunione. *venire*
11. La settimana scorsa Antonio _____ il mio invito. *rifiutare*
12. L'altro ieri voi _____ i libri. *restituire*

Verbs with special meaning in the preterite

Some verbs acquire special meaning when used in the preterite. In the past, verbs dealing with mental activity are usually conjugated in the imperfect (see p. 78); their meaning changes considerably when they are conjugated in the preterite. Observe the following:

Gli studenti non vollero studiare.
The students refused to study.
Luigi poté arrivare in tempo.
Louis managed to arrive on time.
Voi non poteste finire.
You couldn't finish (but you tried).
Noi lo sapemmo stamani.
We found it out this morning.
Io conobbi il nuovo medico.
I met the new doctor.

100. Translate the following sentences.

1. They refused to participate.
2. We couldn't find the address.
3. I managed to leave early.
4. He met my brother last summer.
5. They found it out a little while ago.

Differences Between Preterite and Imperfect

Completed versus continuing action

In general terms, the imperfect describes a continuing or recurring action in the past (review p. 76); the preterite is used to express an action begun and completed in the past regardless of its duration (review p. 81). Observe the following.

Arrivai ieri sera alle nove.
Sempre arrivavo alle nove.
Visitammo i nonni due giorni fa.
Visitavamo i nonni tutti i giorni.
Andai solamente una volta in montagna.
Andavo spesso in montagna.

Antonio fu in Italia.   (*He is no longer there.*)
Gli studenti erano in Europa.   (*It is not stated whether they are still there.*)

101.   Rewrite the following, changing **l'altro giorno** to **spesso** . Make all necessary changes.

1. Egli venne qui l'altro giorno.
2. Io lo vidi l'altro giorno.
3. Carlo me lo ripeté l'altro giorno.
4. Ricevemmo una lettera da lui l'altro giorno.
5. Egli mi chiamò l'altro giorno.

102.   Rewrite the following, changing **ripetutamente** to **due giorni fa**. Make all necessary changes.

1. Egli ci visitava ripetutamente.
2. Lei mi aiutava ripetutamente.
3. Io andavo lí ripetutamente.
4. Loro me lo dicevano ripetutamente.
5. Tu mangiavi in quel ristorante ripetutamente.

103.   Rewrite each of the following in the appropriate tense (preterite or imperfect) according to the indicated time expression.

1. L'altro giorno andai a Chicago.
   _____ ogni mese.
2. Maria partí stamani per Brooklyn.
   Anche due mesi fa _____.
3. Mia zia era sempre malata.
   _____ per due anni.
4. Visitavo i miei cugini di quando in quando.
   _____ frequentemente.
5. L'anno scorso incontrammo dei vecchi amici.
   Ogni tanto _____.
6. Viaggiaste in Francia il mese scorso.
   _____ spesso spesso.
7. Ieri sera parlammo di politica.
   Sempre _____.
8. Andavamo al teatro ogni domenica.
   _____ domenica scorsa.
9. Mia madre andava al mercato giorno dopo giorno.
   _____ una volta.
10. Luigi vinse al totocalcio soltanto una volta.
    _____ di quando in quando.

104.   Answer the following according to the model.

Leggere la rivista?   Sí, l'altro giorno.
Sí, lesse la rivista l'altro giorno.

1. Visitare l'Europa?   Sí, l'estate scorsa.
2. Andare al cinema?   Sí, ogni domenica.
3. Scalare un monte?   Sí, nel 1965.

4. Visitare i nonni?   Sí, tutti i giorni.
5. Fare i bagni?   Sí, sempre.
6. Ricevere la patente di guida?   Sí, ieri.
7. Viaggiare con gli amici?   Sí, frequentemente.
8. Essere malato?   Sí, per poco tempo.

Two actions in one sentence

When two or more <u>continuing</u> actions are expressed in the past, the imperfect is used.

Mentre Luigi studiava, Antonio dormiva.
Noi parlavamo, Luigi dormiva, e tu guardavi la televisione.

When two or more actions in the past are described as <u>completed</u>, the preterite is used.

Mario andò al teatro, e io rimasi a casa.
Ieri sera io visitai i miei parenti, Antonio andò al cinema, e Luigi rimase a casa.

When a continuing action in the past is interrupted by another, the former is conjugated in the imperfect, and the latter in the preterite.

Mentre Luigi studiava, arrivò Antonio.
Io dormivo, quando squillò il telefono.

105. Complete the following with the appropriate forms of the preterite or imperfect (as needed) of the indicated verbs.

1. I ragazzi _____ mentre noi _____. *giocare, studiare*
2. Pietro _____ il violino, quando _____ i suoi amici. *suonare, entrare*
3. Noi _____ i compiti, quando qualcuno _____ alla porta. *discutere, bussare*
4. Mia zia _____ la cena, quando _____ gl'invitati. *preparare, arrivare*
5. Stamani io _____ alle sette, e Pietro _____ alle nove. *alzarsi, alzarsi*
6. Mentre _____ in Italia, di colpo mio fratello _____. *essere, ammalarsi*
7. Le mie sorelle _____ la radio mentre io _____. *ascoltare, studiare*
8. Quando noi _____ alla stazione, _____ cattivo tempo. *arrivare, fare*
9. Alcuni giovani _____ mentre gli altri _____. *ballare, cantare*
10. Mentre voi _____ la televisione, una notizia speciale _____ il programma. *guardare, interrompere*

106. Complete the following as if you were telling someone what *happened.*

1. I giocatori _____, e gli spettatori _____. *giocare, applaudire*
2. Mio padre _____, e io _____ la mappa. *guidare, guardare*
3. Luigi _____ i panini, e noi _____ fuori. *comprare, aspettare*
4. Maria _____ la lezione, e Carlo _____ la rivista. *studiare, leggere*
5. Io _____ le finestre, e mia madre _____ la mobilia. *chiudere, pulire*

107. Rewrite the sentences of the previous exercise as if you were describing what *was happening*.

1. _____
2. _____
3. _____
4. _____
5. _____

FUTURE TENSE

Verbs Ending in -*are*

The future tense of first-conjugation regular verbs (-**are**) is formed by changing the infinitive ending -**are** into -**er** (this is done by changing the initial -**a**- to -**e**- and by dropping the final -**e**) and adding to the root the following future endings: -**ò**, -**ai**, -**à**, -**emo**, -**ete**, -**anno**. Observe the following.

Infinitive:	cantare	portare	tirare
Root for Future:	canter-	porter-	tirer-
io	canterò	porterò	tirerò
tu	canterai	porterai	tirerai
egli (lui), lei (ella, essa), Lei	canterà	porterà	tirerà
noi	canteremo	porteremo	tireremo
voi	canterete	porterete	tirerete
loro (essi, esse), Loro	canteranno	porteranno	tireranno

108. Complete the following with the appropriate forms of the future of the indicated -**are** verbs.

1. Domani Luigi e Antonio _____ il giradischi. *portare*
2. L'anno prossimo noi _____ l'università. *frequentare*
3. I nonni _____ la settimana prossima. *arrivare*
4. Il coro degli Alpini _____ al teatro Verdi. *cantare*
5. Io _____ al nuovo concorso. *partecipare*
6. Tu e Mario _____ di politica. *parlare*
7. Gli studenti _____ una seconda lingua. *imparare*

Verbs Ending in -*ere* and -*ire*

The future tense of most second- and third-conjugation verbs (-**ere** and -**ire**) is formed by simply dropping the final -**e** of the infinitive ending and adding to the root the following future endings: -**ò**, -**ai**, -**à**, -**emo**, -**ete**, -**anno**. Observe the following.

Infinitive:	credere	partire
Root for Future:	creder-	partir-
io	crederò	partirò
tu	crederai	partirai
egli (lui), lei (ella, essa), Lei	crederà	partirà
noi	crederemo	partiremo
voi	crederete	partirete
loro (essi, esse), Loro	crederanno	partiranno

109. Complete the following with the appropriate forms of the future of the indicated -**ere** and
-**ire** verbs.

    1. Noi _____ per l'Italia il mese prossimo. *partire*
    2. Gli studenti _____ molti libri. *leggere*
    3. Tu e Carlo _____ la lezione. *ripetere*
    4. Il negoziante _____ tutta la merce. *vendere*
    5. Noi _____ le nuove regole. *capire*
    6. Gli atleti _____ per un'ora. *correre*
    7. Il bambino _____ la mancanza dei genitori. *sentire*
    8. Tu _____ i compiti domani mattina. *finire*
    9. La professoressa _____ la sesta lezione. *insegnare*
    10. Noi _____ fino a tardi. *lavorare*
    11. Tu _____ una bicicletta gialla. *comprare*

Note the spelling of verbs with infinitives ending in -**ciare** and -**giare**. These verbs drop the
i before adding the future endings to the root.

Infinitive:	**cominciare**	**viaggiare**
Root for Future:	**comincer-**	**viagger-**
	comincerò	viaggerò
	comincerai	viaggerai
	comincerà	viaggerà
	cominceremo	viaggeremo
	comincerete	viaggerete
	cominceranno	viaggeranno

Note that verbs with infinitives ending in -**care** and -**gare** add an **h** to the root for the
future to preserve the hard sound of the **c** or **g** of the infinitive.

Infinitive:	**cercare**	**pagare**
Root for Future:	**cercher-**	**pagher-**
	cercherò	pagherò
	cercherai	pagherai
	cercherà	pagherà
	cercheremo	pagheremo
	cercherete	pagherete
	cercheranno	pagheranno

110. Complete the following with the appropriate future forms of the indicated verbs.

    1. Noi _____ a casa dei nonni. *mangiare*
    2. Le studentesse _____ la classe alle nove. *cominciare*
    3. Io _____ la macchina qui vicino. *parcheggiare*
    4. I soldati _____ tutto il pomeriggio. *marciare*
    5. Tu _____ una macchina nuova. *noleggiare*
    6. Voi _____ in autobus. *viaggiare*

111. Complete the following with the appropriate future forms of the indicated verbs.

    1. Noi _____ un altro albergo. *cercare*
    2. Loro _____ il conto con un assegno. *pagare*
    3. Il turista _____ a Genova. *sbarcare*
    4. Gli scienziati _____ questa teoria. *attaccare*

  5. Io _____ all'appello. *mancare*
  6. Voi _____ il salotto. *allargare*
  7. L'impiegato _____ i regali. *impaccare*
  8. Noi _____ i bambini. *divagare*
  9. Questi giocatori _____ la partita. *perdere*
 10. Io _____ di non capire la domanda. *fingere*
 11. Mario e Teresa _____ tardi. *uscire*
 12. Voi _____ la vostra gita in campagna. *descrivere*
 13. Il cameriere ci _____ molte bevande. *offrire*
 14. Noi _____ i tuoi suggerimenti. *seguire*
 15. Olga _____ i libri sugli scaffali. *mettere*

Irregular Verbs

Dare, stare, fare

In the future, **dare**, **stare**, and **fare** simply drop the final -e of their infinitive ending and form the root **dar-** and **star-**; to these roots are added the future endings. Observe the following.

Infinitive:	dare	stare	fare
Root for Future:	dar-	star-	far-
io	darò	starò	farò
tu	darai	starai	farai
egli (lui), lei (ella, essa), Lei	darà	starà	farà
noi	daremo	staremo	faremo
voi	darete	starete	farete
loro (essi, esse), Loro	daranno	staranno	faranno

112. Complete the following with the appropriate forms of the future of the indicated verbs.

  1. Io _____ gli esami finali lunedí prossimo. *dare*
  2. Noi _____ il viaggio insieme. *fare*
  3. Mio fratello _____ a casa mia per due mesi. *stare*
  4. Il maestro ci _____ i voti alla fine del corso. *dare*
  5. Domani tu mi _____ l'indirizzo di Carlo. *dare*
  6. Lui non _____ quel lavoro. *fare*
  7. I bambini _____ a casa tutto il giorno. *stare*
  8. Voi _____ i regali alle bambine. *dare*
  9. Cosa _____ loro? *fare*
 10. Noi _____ in albergo per poco tempo. *stare*

Essere

All forms of **essere** are irregular in the future. The root is **sar-** and to this root are added the future endings. Observe the following.

Infinitive:	essere
Root for Future:	**sar-**
io	sarò
tu	sarai
egli (lui), lei (ella, essa), Lei	sarà
noi	saremo
voi	sarete
loro (essi, esse), Loro	saranno

113. Complete the following with the appropriate future forms of **essere**.

1. Carlo, _____ a casa domani?
2. Stasera noi _____ in ritardo.
3. Domani _____ la seconda volta che andiamo al cinema insieme.
4. Voi _____ in Italia per due anni.
5. Io _____ in compagnia di alcuni amici.
6. Tu _____ la nostra salvezza.
7. Noi _____ lieti di conoscere le tue cugine.
8. Gl'invitati _____ qui alle cinque e mezza.

Andare, avere, cadere, dovere, potere, sapere, vedere, vivere

The verbs **andare**, **avere**, **cadere**, **dovere**, **potere**, **sapere**, **vedere**, and **vivere** have a shortened root for the formation of the future in that the vowel **a** or **e** is dropped from the infinitive. Study the following.

andare	avere	cadere	dovere	potere	sapere	vedere	vivere
andr-	avr-	cadr-	dovr-	potr-	sapr-	vedr-	vivr-
andrò	avrò	cadrò	dovrò	potrò	saprò	vedrò	vivrò
andrai	avrai	cadrai	dovrai	potrai	saprai	vedrai	vivrai
andrà	avrà	cadrà	dovrà	potrà	saprà	vedrà	vivrà
andremo	avremo	cadremo	dovremo	potremo	sapremo	vedremo	vivremo
andrete	avrete	cadrete	dovrete	potrete	saprete	vedrete	vivrete
andranno	avranno	cadranno	dovranno	potranno	sapranno	vedranno	vivranno

The verb **udire** can be conjugated two ways in the future: as a regular verb or in a shortened form. These forms are used interchangeably. Observe the following.

udirò	udrò
udirai	udrai
udirà	udrà
udiremo	udremo
udirete	udrete
udiranno	udranno

114. Complete the following with the appropriate forms of the future of the indicated verbs.

1. Domani noi _____ a visitare gli zii. *andare*
2. Domani voi _____ una risposta. *avere*
3. Io _____ aspettare fino a tardi. *potere*
4. Luisa _____ parlare inglese fra poco. *sapere*
5. L'anno prossimo i miei genitori _____ in Italia. *andare*
6. Tu _____ un posto importante. *avere*
7. Carlo e io _____ telefonare agli amici. *dovere*
8. Il bambino _____ . *cadere*
9. Io li _____ domani. *vedere*
10. Noi _____ in Italia. *vivere*
11. Voi _____ guidare in pochi giorni. *sapere*
12. Io _____ l'occasione di rivedere molti parenti. *avere*

Bere, volere, valere, tenere, rimanere, parere, morire, venire

The verbs **bere**, **volere**, **valere**, **tenere**, **rimanere**, **parere**, **morire**, and **venire** have a double -**rr**- in the future. Study the following.

bere	volere	tenere	rimanere	parere	morire	venire
berr-	vorr-	terr-	rimarr-	parr-	morr-	verr-
berrò	vorrò	terrò	rimarrò	parrò	morrò	verrò
berrai	vorrai	terrai	rimarrai	parrai	morrai	verrai
berrà	vorrà	terrà	rimarrà	parrà	morrà	verrà
berremo	vorremo	terremo	rimarremo	parremo	morremo	verremo
berrete	vorrete	terrete	rimarrete	parrete	morrete	verrete
berranno	vorranno	terranno	rimarranno	parranno	morranno	verranno

115. Complete the following with the appropriate future forms of the indicated verbs.

1. I ragazzi _____ molte aranciate. *bere*
2. La tua opinione _____ molto. *valere*
3. I miei amici _____ ballare. *volere*
4. Francesco _____ i suoi libri a nostra disposizione. *tenere*
5. Io _____ partecipare alla discussione. *volere*
6. Noi _____ un po' di vino. *bere*
7. Gli studenti _____ preparati. *parere*
8. Egli non _____ mai. *morire*
9. Noi _____ qui fino a dicembre. *rimanere*
10. Gl'invitati _____ alle due in punto. *venire*
11. Teresa _____ in ufficio piú tardi. *venire*
12. Voi _____ vedere i monumenti. *volere*
13. Voi _____ arrabbiati. *parere*
14. Noi _____ l'acqua minerale. *bere*

Special Uses of the Future

The future of probability

The future tense in Italian may be used to express probability or possibility in the present. Observe the following.

Dove sarà Pietro?
Where can Peter be?
Sarà a casa.
He is probably at home.
Che ora sarà?
What time can it be?
Saranno le quattro.
It is probably four o'clock.
Quanti anni avrà Luigi?
How old can Louis be?
Avrà ventitré anni.
He is probably twenty-three.

116. Answer the following questions using the future of probability.

1. Dove sono i ragazzi?
2. Quanti anni ha Maria?
3. Che ore sono?
4. Costa molto quest'orologio?
5. Quando arrivano gli ospiti?
6. È a casa o a scuola Antonio?
7. Quanti libri hai?
8. A che ora parte il treno?
9. Chi è, Pietro o Antonio?
10. È americano o italiano?

The future after **quando** *and* **se**

If **quando** (*when*) and **se** (*if*) imply a future action, the verb that follows is in the future. Observe the following.

> **Quando arriveranno, discuteremo il problema.**
> *When they arrive, we'll discuss the problem.*
> **Quando verrà Pietro, andremo al teatro.**
> *When Peter comes, we'll go to the theater.*
> **Se faranno domande, risponderemo.**
> *If they ask questions, we'll answer.*
> **Se farà cattivo tempo, resteremo a casa.**
> *If the weather is bad, we'll stay home.*

117. Complete each sentence with the appropriate form of the indicated verb.

    1. Se io _____ in Italia, vedrò molti musei. *andare*
    2. Quando i turisti _____, andranno all'albergo. *arrivare*
    3. Se (tu) _____ tua zia, lei sarà molto contenta. *visitare*
    4. Se _____, non potremo uscire. *nevicare*
    5. Se _____ bel tempo, giocheremo a tennis. *fare*
    6. Quando (io) _____ a casa, guarderò la televisione. *arrivare*
    7. Quando _____ i nostri amici, parleremo del problema. *vedere*
    8. Se _____ abbastanza denaro, faremo il viaggio. *avere*
    9. Se _____ di buon'ora, potranno accompagnarci al cinema. *venire*
    10. Quando (noi) _____ insieme, parleremo delle vacanze. *essere*
    11. Quando io _____ il denaro, viaggerò in Italia. *avere*
    12. Quando voi _____, pranzeremo insieme. *arrivare*

118. Review all the examples of the special uses of the future, then translate the following.

    1. The boys are probably at the movies.
    2. What time can it be?
    3. When are you (*tu*) going to study?
    4. If I go to Italy, I'll see many museums.
    5. When the tourists arrive, they'll go to the hotel.
    6. If you (*voi*) visit your aunt, she'll be very happy.

CONDITIONAL TENSE

First-Conjugation (-*are*) Verbs

In Italian, the conditional tense is used in much the same way that it is used in English. The root for the conditional is the same as the future root. The infinitive ending -**are** changes to -**er**, and to this root the following conditional endings are added: -**ei**, -**esti**, -**ebbe**, -**emmo**, -**este**, -**ebbero**. Observe the following.

Infinitive:	**parlare**	**cantare**	**ballare**
Root for Conditional:	**parler-**	**canter-**	**baller-**
io	parlerei	canterei	ballerei
tu	parleresti	canteresti	balleresti
egli (lui), lei (ella, essa), Lei	parlerebbe	canterebbe	ballerebbe
noi	parleremmo	canteremmo	balleremmo
voi	parlereste	cantereste	ballereste
loro (essi, esse), Loro	parlerebbero	canterebbero	ballerebbero

Remember that verbs ending in **-ciare** and **-giare** have **-ce** and **-ge** in the conditional root, and verbs ending in **-care** and **-gare** have **-che** and **-ghe**.

119.   Complete the following with the appropriate conditional forms of the indicated verbs.

1. I ragazzi _____, ma non ricordano le parole.   *cantare*
2. Luigi _____, ma è troppo stanco.   *camminare*
3. Loro _____ i nonni, ma non ci sono.   *visitare*
4. Tu _____ una macchina, ma non hai soldi.   *comprare*
5. Io _____ in tempo, ma non posso.   *arrivare*
6. Voi _____ volentieri, ma non sapete ballare.   *ballare*
7. Teresa _____ i compiti, ma non ha voglia.   *completare*
8. Noi _____ la cena, ma non sappiamo cucinare.   *preparare*
9. Gli studenti _____ i corsi, ma non è obbligatorio.   *frequentare*
10. Io _____ la pipa, ma mi dà fastidio.   *fumare*
11. Maria _____ francese, ma non ricorda i verbi.   *parlare*
12. Tu ci _____ alla stazione, ma non hai tempo.   *accompagnare*
13. Noi _____ i piatti, ma l'acqua è fredda.   *lavare*
14. Voi _____ di piú, ma siete rauchi.   *gridare*
15. Io _____ con voi, ma è troppo tardi.   *cenare*

Second- and Third-Conjugation (-*ere* and -*ire*) Verbs

In the conditional, **-ere** and **-ire** verbs have the same root as their future counterparts (for full details, see p. 98). The root is obtained by simply dropping the final **-e** of the infinitive ending and adding the conditional endings: **-ei**, **-esti**, **-ebbe**, **-emmo**, **-este**, **-ebbero**. Observe the following.

Infinitive:	**leggere**	**aprire**
Root for Conditional:	**legger-**	**aprir-**
io	leggerei	aprirei
tu	leggeresti	apriresti
egli (lui), lei (ella, essa), Lei	leggerebbe	aprirebbe
noi	leggeremmo	apriremmo
voi	leggereste	aprireste
loro (essi, esse), Loro	leggerebbero	aprirebbero

120.   Complete the following with the appropriate conditional forms of the indicated verbs.

1. Noi _____, ma siamo stanchi.   *correre*
2. Tu _____, ma sei rauco.   *leggere*
3. Io _____ la porta, ma fa freddo.   *aprire*
4. Luisa _____ il corso, ma non può.   *seguire*
5. Loro _____ il pesce, ma non c'è olio.   *friggere*
6. Voi _____ il segreto, ma non sapete come.   *scoprire*
7. Noi _____ la casa, ma nessuno vuole comprarla.   *vendere*
8. Tu _____ il té, ma non è pronto.   *servire*
9. Carlo _____ la domanda, ma è pigro.   *ripetere*
10. Loro _____ il campanello, ma dormono.   *sentire*
11. Io _____ il viaggio, ma non ricordo niente.   *descrivere*
12. Noi _____ il pollo, ma non abbiamo fame.   *bollire*
13. Tu _____ di non capire, ma sei impulsivo.   *fingere*
14. Antonio _____ molto senza le sue medicine.   *soffrire*
15. Voi _____ la pazienza, ma siete calmi.   *perdere*

Irregular Verbs

The same verbs that are irregular in the future are irregular in the conditional, and the same root is used for the formation of both the future and conditional. Study the following irregular verbs.

dare	stare	fare
darei	starei	farei
daresti	staresti	faresti
darebbe	starebbe	farebbe
daremmo	staremmo	faremmo
dareste	stareste	fareste
darebbero	starebbero	farebbero

essere

sarei
saresti
sarebbe
saremmo
sareste
sarebbero

andare	avere	cadere	dovere
andrei	avrei	cadrei	dovrei
andresti	avresti	cadresti	dovresti
andrebbe	avrebbe	cadrebbe	dovrebbe
andremmo	avremmo	cadremmo	dovremmo
andreste	avreste	cadreste	dovreste
andrebbero	avrebbero	cadrebbero	dovrebbero

potere	sapere	vedere	vivere
potrei	saprei	vedrei	vivrei
potresti	sapresti	vedresti	vivresti
potrebbe	saprebbe	vedrebbe	vivrebbe
potremmo	sapremmo	vedremmo	vivremmo
potreste	sapreste	vedreste	vivreste
potrebbero	saprebbero	vedrebbero	vivrebbero

bere	morire	parere	rimanere
berrei	morrei	parrei	rimarrei
berresti	morresti	parresti	rimarresti
berrebbe	morrebbe	parrebbe	rimarrebbe
berremmo	morremmo	parremmo	rimarremmo
berreste	morreste	parreste	rimarreste
berrebbero	morrebbero	parrebbero	rimarrebbero

tenere	valere	venire	volere
terrei	varrei	verrei	vorrei
terresti	varresti	verresti	vorresti
terrebbe	varrebbe	verrebbe	vorrebbe
terremmo	vorremmo	verremmo	vorremmo
terreste	vorreste	verreste	vorreste
terrebbero	vorrebbero	verrebbero	vorrebbero

121. Complete the following with the appropriate conditional forms of the indicated verbs.

1. Noi _____ adesso, ma è troppo presto. *cominciare*
2. Io _____ molta paura, ma ci sei tu. *avere*
3. Mario _____ un po' di vino, ma non gli piace. *bere*
4. Voi _____ partire, ma l'autobus è in ritardo. *dovere*
5. Da vicino tu _____ molto meglio. *udire*
6. Questo vaso _____ di piú altrove. *valere*
7. Antonio e Teresa _____ subito, ma non sanno l'indirizzo. *venire*
8. Io _____ il conto, ma non ho denaro. *pagare*
9. Noi _____ volentieri in quel ristorante. *mangiare*
10. Forse Pietro _____ disposto a viaggiare con noi. *essere*
11. Questi cappotti _____ molto strani. *parere*
12. Tu _____ alzarti presto, ma non lo fai. *dovere*
13. Io _____ da mio zio, ma non c'è. *andare*
14. Voi _____ loro i vostri suggerimenti, ma non li seguono. *dare*
15. Marco _____ conto del mio problema, ma non gli voglio dire niente. *tenere*
16. Alla spiaggia noi _____ molto bene. *stare*
17. Gli amici _____ raggiungerci, ma non hanno tempo. *volere*
18. Tu _____ invitarli, ma non vogliono uscire. *potere*
19. Io _____ al cinema stasera, ma non mi piace quel film. *andare*
20. Noi _____ lieti di conoscere tuo padre. *essere*

THE CONVERSATIONAL PAST (PASSATO PROSSIMO)

The **passato prossimo**, or conversational past tense, of most verbs is formed by using the present tense of the auxiliary verb **avere** and the past participle. The past participle of regular verbs is formed by dropping the infinitive ending **-are** and adding **-ato** for first-conjugation verbs; dropping the infinitive ending **-ere** and adding **-uto** for second-conjugation verbs; and dropping the infinitive ending **-ire** and adding **-ito** for third-conjugation verbs. Study the following examples of regular past participles.

ballare	ballato	avere	avuto	capire	capito
cantare	cantato	cadere	caduto	finire	finito
giocare	giocato	sapere	saputo	servire	servito
parlare	parlato	vendere	venduto	vestire	vestito

Study the following forms of regular verbs in the **passato prossimo**, or conversational past.

Infinitive:	**parlare**	**vendere**	**finire**
io	ho parlato	ho venduto	ho finito
tu	hai parlato	hai venduto	hai finito
egli, lei, Lei	ha parlato	ha venduto	ha finito
noi	abbiamo parlato	abbiamo venduto	abbiamo finito
voi	avete parlato	avete venduto	avete finito
loro, Loro	hanno parlato	hanno venduto	hanno finito

122. Complete the following with the appropriate forms of the **passato prossimo** of the indicated verbs.

1. Noi _____ con lui ieri sera. *parlare*
2. Antonio _____ un buon pranzo. *preparare*
3. Lei _____ molto bene. *cantare*
4. Noi _____ i suoi regali. *accettare*
5. Tu _____ a casa dei nonni. *pranzare*
6. Voi _____ molte cose. *comprare*
7. Io _____ la televisione. *guardare*
8. Il fattorino _____ i biglietti. *controllare*
9. I miei cugini _____ molto. *viaggiare*
10. Chi mi _____ ? *chiamare*

123. Complete the following with the appropriate form of the **passato prossimo** of the indicated verb.

1. Io _____ le chiavi. *perdere*
2. Perché non _____ (tu) la domanda? *ripetere*
3. Loro _____ la casa. *vendere*
4. Noi _____ molte lettere. *ricevere*
5. Lui _____ molta gente. *conoscere*

124. Rewrite the following in the **passato prossimo**.

1. Loro capiscono tutto.
2. Noi finiamo il lavoro.
3. Io vesto il bambino.

4. Noi serviamo il pranzo.
5. Maria finisce il lavoro.

Irregular Past Participles

Many verbs in Italian have irregular past participles. Below is a list of some of the most common.

Infinitive	Past Participle
correggere	corretto
cuocere	cotto
dire	detto
fare	fatto
leggere	letto
rompere	rotto
scrivere	scritto
trarre	tratto
chiedere	chiesto
corrispondere	corrisposto
porre	posto
rimanere	rimasto
rispondere	risposto
cogliere	colto
scegliere	scelto
volgere	volto

| mettere | messo |
| promettere | promesso |

| piangere | pianto |
| vincere | vinto |

accendere	acceso
chiudere	chiuso
difendere	difeso
dividere	diviso
includere	incluso
prendere	preso
ridere	riso
uccidere	ucciso

assistere	assistito
bere	bevuto
venire	venuto
vivere	vissuto

aprire	aperto
coprire	coperto
morire	morto
offrire	offerto
soffrire	sofferto

apparire	apparso
correre	corso
perdere	perso (perduto)

125. Complete each sentence with the appropriate form of the **passato prossimo** of the indicated verb.

1. Noi _____ il giornale. *leggere*
2. Chi _____ il bicchiere? *rompere*
3. Loro non _____ nessun vantaggio. *trarre*
4. Mia sorella _____ il viaggio. *fare*
5. Io non _____ niente. *dire*
6. I miei genitori mi _____ due lettere. *scrivere*
7. Tu non _____ lo sbaglio. *correggere*
8. Io non _____. *rispondere*
9. Cosa _____ (tu)? *scegliere*
10. I soldati _____ la battaglia. *vincere*
11. Il bambino _____ molto. *piangere*
12. Dove _____ loro le valige? *mettere*
13. Io non _____ niente. *promettere*
14. I giovani _____ a crepapelle. *ridere*
15. Chi _____ il mio libro? *prendere*
16. Perché _____ (voi) la porta? *chiudere*
17. Loro _____ un buono stipendio. *offrire*
18. Noi _____ i regali. *aprire*
19. Il povero _____ molto. *soffrire*
20. Voi non _____ niente. *bere*

126. Complete the following with the appropriate forms of the present perfect tense **(passato prossimo)** of the indicated verbs.

1. Noi _____ i suoi regali.   *accettare*
2. Tu _____ a casa dei nonni.   *pranzare*
3. Luigi _____ molte persone.   *conoscere*
4. Loro _____ una bella canzone.   *cantare*
5. Voi _____ la verità.   *dire*
6. Maria _____ la lezione.   *finire*
7. Io _____ parecchi giornali.   *leggere*
8. Il bambino _____ il bicchiere.   *rompere*
9. Tu _____ una motocicletta.   *comprare*
10. Noi _____ molte cose.   *promettere*
11. Loro _____ il romanzo.   *capire*
12. Voi _____ il televisore.   *vendere*
13. Il fattorino _____ i biglietti.   *controllare*
14. Io _____ una bella vacanza.   *avere*
15. Teresa _____ un bel discorso.   *fare*

127. Rewrite the following in the present perfect.

1. Luisa canta bene.
2. Leggiamo la lettera.
3. Scrivete molte lettere.
4. Chiudi la porta.
5. Mangio con gli amici.
6. Aprono le finestre.
7. Finiamo il compito.
8. Aspettate Giovanni.
9. Lavoro fino a tardi.
10. Rompi il piatto.

Agreement of the Past Participle with Verbs Conjugated with *avere* in the Present Perfect

In the present perfect (and other compound tenses), the past participle of the acting verb must agree in gender and number with the direct object pronoun <u>preceding</u> the verb form. Observe the following sets of sentences.

Hanno visitato lo zio.   *They have visited their uncle.*
but: **Lo hanno visitato**.   *They have visited him.*
Ho comprato i libri.   *I have bought the books.*
but: **Li ho comprati**.   *I have bought them.*
Abbiamo veduto <u>Luisa</u>.   *We have seen Louise.*
but: **L'abbiamo veduta**.   *We have seen her.*
Hai ricevuto le lettere.   *You have received the letters.*
but: **Le hai ricevute**.   *You have received them.*

128. Rewrite the following sentences, substituting the underlined words with the appropriate direct object pronouns and making all other necessary changes.

1. Maria ha conosciuto <u>i miei fratelli</u> ieri.
2. Ho comprato <u>questa penna</u> in quel negozio.
3. Non ho salutato <u>le tue zie</u>.
4. Ho bevuto <u>l'aperitivo</u> in pochi secondi.
5. Ieri pomeriggio ho dato <u>gli esami di storia</u>.
6. Abbiamo controllato <u>l'uscita del cinema</u>.
7. Hai letto <u>quelle riviste</u>?
8. Avete finito <u>i compiti</u>?

9. Ho aperto la finestra poco fa.
10. Hanno scritto le lettere facilmente.

Passato Prossimo of Verbs Conjugated with *essere*

The auxiliary verb **essere** plus the past participle is used to form the **passato prossimo** and other compound tenses of almost all intransitive verbs. (Intransitive verbs are those that do not take a direct object.) These verbs usually express motion or a state of being. Below is a list of the most commonly used verbs of this category.

andare ——→ andato
arrivare ——→ arrivato
cadere ——→ caduto
costare ——→ costato
crescere ——→ cresciuto
diventare ——→ diventato
durare ——→ durato
entrare ——→ entrato
essere ——→ stato
morire ——→ morto
nascere ——→ nato
partire ——→ partito
uscire ——→ uscito
venire ——→ venuto

Study the following forms.

andare	cadere	uscire
sono andato(-a)	sono caduto(-a)	sono uscito(-a)
sei andato(-a)	sei caduto(-a)	sei uscito(-a)
è andato(-a)	è caduto(-a)	è uscito(-a)
siamo andati(-e)	siamo caduti(-e)	siamo usciti(-e)
siete andati(-e)	siete caduti(-e)	siete usciti(-e)
sono andati(-e)	sono caduti(-e)	sono usciti(-e)

Note that the past participle of verbs conjugated with **essere** must agree in number and gender with the subject of the sentence.

La ragazza è andata a scuola.
Le ragazze sono andate a scuola.
Il ragazzo è andato a scuola.
I ragazzi sono andati a scuola.

If the gender of the subject is mixed or unknown, the masculine form of the past participle is used.

Il ragazzo e la ragazza sono andati a scuola.
Noi siamo andati a scuola.

129. Complete the following with the appropriate present perfect forms of the indicated verbs.

1. Le ragazze _____ a Firenze. *essere*
2. Antonio _____ in ritardo. *arrivare*
3. La commedia _____ due ore. *durare*
4. Voi _____ in montagna. *andare*
5. Quei vini _____ a tutti. *piacere*
6. I ragazzi _____ alle dieci. *uscire*

    7. Luisa _____ tardi. *ritornare*
    8. Il cibo _____ per tutti. *bastare.*
    9. I libri _____ troppo. *costare*
    10. Noi _____ a casa di Mario. *restare*

130.   Rewrite the following in the present perfect.

    1. Marco va al mercato.
    2. Luisa esce con Pietro.
    3. Giuseppe e Antonio ritornano alle nove.
    4. Olga e Maria entrano in un negozio.
    5. Mario e Anna partono per l'Italia.
    6. Noi siamo dai nonni.
    7. Esse arrivano insieme.
    8. Essi stanno a casa.

Passato Prossimo of Reflexive Verbs

All reflexive and reciprocal verbs (see p. 146) are also conjugated with the verb **essere**. Study the following forms.

alzarsi	**divertirsi**
mi sono alzato(-a)	mi sono divertito(-a)
ti sei alzato(-a)	ti sei divertito(-a)
si è alzato(-a)	si è divertito(-a)
ci siamo alzati(-e)	ci siamo divertiti(-e)
vi siete alzati(-e)	vi siete divertiti(-e)
si sono alzati(-e)	si sono divertiti(-e)

Below is a list of some of the most commonly used reflexive verbs in Italian.

alzarsi	*to get up*	**sbarbarsi**	*to shave*
chiamarsi	*to be named*	**scusarsi**	*to apologize*
coricarsi	*to go to bed*	**sedersi**	*to sit down*
divertirsi	*to enjoy oneself*	**sentirsi bene**	*to feel well*
guardarsi	*to look at oneself*	**sentirsi male**	*to feel ill*
laurearsi	*to graduate*	**sposarsi**	*to get married*
lavarsi	*to wash oneself*	**svegliarsi**	*to wake up*
riposarsi	*to rest*	**vestirsi**	*to get dressed*

As with other verbs conjugated with **essere**, the participle of reflexive verbs or reciprocal verbs must agree in number and gender with the subject of the sentence.

    Luisa si è alzata alle otto.
    Anche i suoi fratelli si sono alzati alle otto.
    Noi ci siamo conosciuti cinque anni fa.
    Le due amiche si sono vedute spesso.

131.   Rewrite the following sentences in the present perfect (**passato prossimo**).

    1. Mi alzo di buon'ora.
    2. I ragazzi non si sbarbano.
    3. Ci sediamo qui.
    4. Gli amici si divertono.
    5. Ella si laurea quest'anno.
    6. Mi compro un paio di scarpe.
    7. Si piacciono molto.
    8. Noi ci aiutiamo molto.

Essere versus *avere*

Many verbs can be used in a reflexive or reciprocal sense or in a nonreflexive or nonreciprocal sense (see p. 149). When the latter is the case, they are conjugated with **avere** and are often followed by a direct object. Study the following examples.

> **La ragazza si è lavata.**
> **Ella ha lavato la sua macchina.**
> **Gli amici si sono scritti.**
> **Gli amici hanno scritto due lettere.**

132. Complete the following with **essere** or **avere**, as needed.

1. Le amiche si _____ incontrate al ristorante.
2. Le amiche _____ incontrato molti turisti.
3. Quei signori si _____ conosciuti pochi giorni fa.
4. Quei signori _____ conosciuto mio padre.
5. Maria e Carmela si _____ viste al cinema.
6. Maria e Carmela _____ visto alcune amiche al cinema.
7. I giovani si _____ dati la mano.
8. I giovani _____ dato la mano a mio fratello.
9. Le studentesse si _____ aiutate per gli esami.
10. Le studentesse _____ aiutato le loro amiche per gli esami.

Uses of the Passato Prossimo

The **passato prossimo** is used to express an action that was completed at a definite time in the past.

> **L'altro giorno Alberto ha visitato i nonni.**
> **Loro sono arrivati ieri.**
> **Stamani mi sono alzato(-a) alle sette.**

Some common adverbial expressions that are used with the **passato prossimo** are as follows.

> **ieri**   *yesterday*
> **ieri pomeriggio**   *yesterday afternoon*
> **ieri sera**   *last night*
> **l'altro giorno**   *the other day*
> **due giorni fa**   *two days ago*
> **l'anno scorso**   *last year*
> **stamani**   *this morning*

133. Complete the following with the appropriate form of the **passato prossimo** of the indicated verb.

1. Egli _____ il suo amico l'altro giorno.   *vedere*
2. Voi _____ un viaggio in Italia l'anno scorso.   *fare*
3. Noi _____ una macchina la settimana scorsa.   *comprare*
4. Loro lo _____ due giorni fa.   *dire*
5. Ieri i miei cugini _____ dall'Italia.   *arrivare*
6. L'anno scorso i miei genitori _____ in Italia.   *andare*
7. Io _____ quel libro l'altro giorno.   *leggere*
8. Noi _____ i compiti ieri sera.   *finire*
9. Due anni fa io _____ una bella sorpresa.   *avere*
10. Il mese scorso voi non _____ alla riunione.   *venire*

Differences between the Passato Prossimo and the Imperfect

Completed versus continuing action

   You have already learned the basic uses of the imperfect tense and the **passato prossimo**, or conversational past. The imperfect tense is used to describe a continuing, habitual past action of long duration, whereas the **passato prossimo** is used to express an action which began and was completed at a definite time in the past. Even though the action may have taken place in the past for an extended period of time, the **passato prossimo** is used if the action has been terminated.

> **L'altro giorno Alberto ha visitato i nonni.**
> **La domenica Alberto visitava i nonni.**
> **L'ho veduto soltanto una volta.**
> **Lo vedevo spesso.**

134.   Rewrite the following, changing **l'altro giorno** to **spesso**.
   1. L'ho veduto l'altro giorno.
   2. Abbiamo parlato con lui l'altro giorno.
   3. Carlo mi ha chiamato l'altro giorno.
   4. Loro hanno ricevuto una lettera da lui l'altro giorno.
   5. Angelina ha visitato i suoi cugini l'altro giorno.

135.   Rewrite the following, changing **ripetutamente** to **due giorni fa**.

   1. Egli mi visitava ripetutamente.   4. Me lo dicevano ripetutamente.
   2. Lei mi aiutava ripetutamente.   5. Lo facevi ripetutamente.
   3. Andavo lí ripetutamente.

136.   Rewrite the following in the **passato prossimo** or in the imperfect according to the indicated time expression.

   1. Ieri sono andato a Chicago.
      _____ ogni mese.
   2. Maria partiva sempre di mattina.
      Ieri _____.
   3. Visitavo i miei cugini di quando in quando.
      _____ l'anno scorso.
   4. Ieri sera abbiamo incontrato dei vecchi amici.
      Ogni tanto _____.
   5. Hai viaggiato in Francia il mese scorso?
      _____ spesso spesso?
   6. Sempre parlavamo di politica.
      Ieri sera _____.
   7. Andavamo al teatro ogni domenica.
      _____ domenica scorsa.
   8. Loro andavano al mercato giorno dopo giorno.
      _____ una volta.

137.   Answer the following according to the model. Use the **passato prossimo** or the imperfect.

> **Leggere il giornale?   Sí, ieri.**
> **Sí, ho letto il giornale ieri.**

1. Andare alla spiaggia? Sì, la settimana scorsa.
2. Dormire molto? Sì, ieri sera.
3. Lavorare troppo? Sì, stamani.
4. Andare al cinema? Sì, ogni domenica.
5. Viaggiare con gli amici? Sì, frequentemente.
6. Fare delle spese? Sì, ogni mattina.
7. Parlare con lui? Sì, tre giorni fa.
8. Vedere il film? Sì, venerdì.

Two actions in one sentence

When two or more continuing actions are expressed in the past, the imperfect is used.

Mentre Luigi studiava, Antonio dormiva.
Noi parlavamo, Luigi dormiva e tu guardavi la televisione.

When two or more actions in the past are completed, the **passato prossimo** is used.

Teresa è andata al cinema, e io sono rimasto(-a) a casa.
Ieri sera io ho visitato i miei parenti, Teresa è andata al cinema e Luigi è rimasto a casa.

When a continuing action in the past is interrupted by another action, the former is in the imperfect and the latter is in the **passato prossimo**.

Maria leggeva il giornale quando io sono arrivato.
Io dormivo quando è suonato il campanello.

138. Complete the following with either the **passato prossimo** or the imperfect of the indicated verbs.

1. Alcuni amici _____ mentre gli altri _____ il sole. *nuotare, prendere*
2. Maria _____ con sua madre quando io _____. *parlare, arrivare*
3. Tu _____ Antonio quando egli _____ in Italia. *conoscere, essere*
4. _____ quando noi _____. *piovere, uscire*
5. Io _____ quando _____ il telefono. *dormire, squillare*
6. Essi _____ quando io _____. *pranzare, telefonare*
7. Quando loro _____ all'aeroporto, _____ bel tempo. *arrivare, fare*
8. Alcuni giovani _____ mentre gli altri _____. *ballare, cantare*
9. Stamani io _____ alle sette, e Pietro _____ alle nove. *alzarsi, alzarsi*
10. Io non _____ perché _____. *uscire, nevicare*

Uses of the Present Perfect (Passato Prossimo) and Preterite (Passato Remoto)

You have studied both the **passato prossimo** (p. 106) and the preterite (p. 81). In Italian, the **passato prossimo** is used more often than the preterite in order to describe a completed action; this holds true especially in conversational Italian. However, the preterite (**passato remoto**) is usually preferred as a literary past tense over the present perfect, and it is also used when the past described is quite remote. Observe the following.

Dante nacque nel 1265.
Dante was born in 1265.
Boccaccio morí nel 1375.
Boccaccio died in 1375.

139. Review both past tenses by rewriting the underlined verb in each sentence first in the present perfect and then in the preterite.

1. <u>Visito</u> mio padre.
2. <u>Mangio</u> poco ma spesso.
3. <u>Hai</u> un po' di fortuna.
4. <u>Arriva</u> Luisa.
5. <u>Usciamo</u> alle otto.

6. <u>Leggete</u> un dramma.
7. <u>Partono</u> all'alba.
8. Tu e io <u>parliamo</u> molto.
9. <u>Scrivi</u> a tua madre?
10. <u>Ritorno</u> alle due.

PLUPERFECT (TRAPASSATO PROSSIMO) TENSE

The pluperfect tense is formed by using the imperfect of the auxiliary verbs **avere** or **essere**, as needed, with the past participle of the acting verb. (For details on when to use **avere** and **essere**, see pp. 106 and 110. Review the past participles on pp. 106, 107, 108, and 110.) Observe the following verbs representing all three conjugations, -**are**, -**ere**, and -**ire**.

Verbs using *avere*

parlare	**credere**	**finire**
avevo parlato	avevo creduto	avevo finito
avevi parlato	avevi creduto	avevi finito
aveva parlato	aveva creduto	aveva finito
avevamo parlato	avevamo creduto	avevamo finito
avevate parlato	avevate creduto	avevate finito
avevano parlato	avevano creduto	avevano finito

Verbs using *essere*

andare	**cadere**	**uscire**
ero andato(-a)	ero caduto(-a)	ero uscito(-a)
eri andato(-a)	eri caduto(-a)	eri uscito(-a)
era andato(-a)	era caduto(-a)	era uscito(-a)
eravamo andati(-e)	eravamo caduti(-e)	eravamo usciti(-e)
eravate andati(-e)	eravate caduti(-e)	eravate usciti(-e)
erano andati(-e)	erano caduti(-e)	erano usciti(-e)

The pluperfect is used in Italian the same way it is used in English: to express a past action completed prior to another past action.

Già erano partiti quando sono arrivato.
They had already left when I arrived.
Avevo chiuso le finestre quando è cominciato a piovere.
I had shut the windows when it started to rain.
Avevamo paura perché i bambini non erano ritornati.
We were afraid because the children had not returned.

140. Complete the following with the appropriate pluperfect forms of the indicated verbs.

1. Noi _____ a lungo. *parlare*
2. Io _____ in ritardo. *arrivare*
3. Lo studente _____ l'esame. *finire*

4. Voi _____ i biglietti. *comprare*

5. Tu _____ in Italia l'anno anteriore. *stare*

6. Loro _____ i tuoi problemi. *credere*

7. Noi _____ di non tornare. *decidere*

8. Io _____ per andare al cinema. *uscire*

9. Luisa _____ prima di noi. *scrivere*

10. Tu non _____ ancora. *mangiare*

141. Complete the following with the appropriate pluperfect forms of the indicated verbs.

1. Non siamo partiti perché non _____ i bambini. *vedere*

2. Ho letto i libri che _____ da Roma. *portare*

3. Noi _____ quasi a casa, quando è cominciato a piovere a dirotto. *arrivare*

4. Loro non sono andati al negozio perché già _____ i regali. *comprare*

5. M'è dispiaciuto molto che tu non _____ le mie lettere. *ricevere*

6. Gli studenti erano stanchi perché _____ fino a tardi. *studiare*

PRETERITE PERFECT (TRAPASSATO REMOTO) TENSE

The preterite perfect tense is formed by using the preterite of the auxiliary verbs **avere** or **essere** and the past participle of the acting verb.

cantare	credere	arrivare	uscire
ebbi cantato	ebbi creduto	fui arrivato(-a)	fui uscito(-a)
avesti cantato	avesti creduto	fosti arrivato(-a)	fosti uscito(-a)
ebbe cantato	ebbe creduto	fu arrivato(-a)	fu uscito(-a)
avemmo cantato	avemmo creduto	fummo arrivati(-a)	fummo usciti(-e)
aveste cantato	aveste creduto	foste arrivati(-e)	foste usciti(-e)
ebbero cantato	ebbero creduto	furono arrivati(-e)	furono usciti(-e)

The preterite perfect, used mostly in literary contexts, is always preceded by time expressions such as **appena**, **non appena** (*scarcely, as soon as*), **dopo che** (*as soon as*), **quando** (*when*), **come** (*as*), or **finché non** (*up until*), and is followed by the preterite (**passato remoto**) in the independent clause. Observe the following.

> **Appena fu arrivato, si mise a parlare.**
> *As soon as he had arrived, he started to speak.*
> **Dopo che ebbe finito di parlare, cominciò a mangiare.**
> *As soon as he had finished talking, he started to eat.*

142. Complete the following with the appropriate forms of the preterite perfect of the indicated verbs.

1. Finché non _____ Antonio, aspettammo in silenzio. *arrivare*

2. Appena i signori _____, io me ne andai. *parlare*

3. Quando noi _____, partimmo. *cenare*

4. Appena noi _____, voi arrivaste. *finire*

5. Come egli _____, la conferenza cominciò. *arrivare*

FUTURE PERFECT (FUTURO ANTERIORE) TENSE

The future perfect tense is formed by using the future of the auxiliary **avere** or **essere** and the past participle of the acting verb.

comprare	andare	dire	uscire
avrò comprato	sarò andato(-a)	avrò detto	sarò uscito(-a)
avrai comprato	sarai andato(-a)	avrai detto	sarai uscito(-a)
avrà comprato	sarà andato(-a)	avrà detto	sarà uscito(-a)
avremo comprato	saremo andati(-e)	avremo detto	saremo usciti(-e)
avrete comprato	sarete andati(-e)	avrete detto	sarete usciti(-e)
avranno comprato	saranno andati(-e)	avranno detto	saranno usciti(-e)

The future perfect is used to express a future action that will be completed prior to another future action.

> **Loro avranno cenato prima di partire.**
> *They will have had supper before leaving.*
> **Voi sarete già partiti quando noi arriveremo.**
> *You will have already left when we (shall) arrive.*

143. Complete the following with the appropriate future perfect forms of the indicated verbs.

1. Domani pomeriggio noi _____ i nonni. *visitare*
2. Tu _____ le informazioni prima di venerdí. *avere*
3. Loro _____ senza dire niente. *ritornare*
4. Voi _____ gli esami prima delle tre. *dare*
5. Noi _____ al padre di Pietro. *parlare*
6. I ragazzi _____ nel parco. *giocare*
7. Mio fratello _____ con gli amici. *uscire*
8. Domani a quest'ora io _____ a Roma. *arrivare*

CONDITIONAL PERFECT (CONDIZIONALE PASSATO)

The conditional perfect is formed by using the conditional of the auxiliary verbs **avere** and **essere** and the past participle of the acting verb.

ballare	andare	credere	salire
avrei ballato	sarei andato(-a)	avrei creduto	sarei salito(-a)
avresti ballato	saresti andato(-a)	avresti creduto	saresti salito(-a)
avrebbe ballato	sarebbe andato(-a)	avrebbe creduto	sarebbe salito(-a)
avremmo ballato	saremmo andati(-e)	avremmo creduto	saremmo saliti(-e)
avreste ballato	sareste andati(-e)	avreste creduto	sareste saliti(-e)
avrebbero ballato	sarebbero andati(-e)	avrebbero creduto	sarebbero saliti(-e)

The conditional perfect is used to express what would have taken place had something else not interfered.

> **Loro sarebbero venuti ma non avevano abbastanza tempo.**
> *They would have come but they didn't have enough time.*
> **Avevi promesso che avresti scritto spesso.**
> *You had promised that you would have written often.*

144. Complete the following with the appropriate conditional perfect forms of the indicated verbs.

1. Noi _____ ma cominciò a piovere. *uscire*
2. Io _____ ma non avevo la macchina. *venire*

3. Lui aveva detto che _____ alle due. *arrivare*
4. Voi _____ telefonare prima di partire. *potere*
5. Tu _____ ma faceva troppo caldo. *correre*
6. Le ragazze _____ al cinema. *andare*
7. Io _____ i miei zii, ma non sono venuti. *vedere*
8. Noi _____, ma non avevamo fame. *mangiare*
9. Tu _____ accompagnarli a casa. *dovere*
10. Maria _____ a casa presto, ma è partita. *stare*

THE SUBJUNCTIVE (CONGIUNTIVO)

The use of the subjunctive usually appears to be quite difficult for the speaker of English. The reason for this is that the subjunctive is seldom used in English, whereas it is widely used in Italian. The use of the subjunctive is, however, most logical once one understands the meaning of the word *subjunctive* as contrasted with the word *indicative*. Many grammar books categorize the types of verbs or expressions that must be followed by the subjunctive. Categories such as desire, sentiment, volition, cause, demand, request, doubt, necessity, etc., are given. This nearly endless list is quite difficult to remember when attempting to speak the language.

A simpler basic rule for using the subjunctive is as follows: *the subjunctive implies subjectivity. If there exists the possibility that the action about which one is speaking has not taken place or may not take place, it is necessary to use the subjunctive. If, however, it is a realized fact that the action has taken place or definitely will take place, the indicative is used.*

Because of the indefinite nature of the subjunctive, it is almost always found in a dependent clause. It is introduced by some statement that lends subjectivity and vagueness to the definite realization of the action in the dependent clause. Study the following examples.

> *John is going to the store.*
> *John went to the store.*

In these two sentences the speaker is relating an objective fact. Therefore the indicative is used.

> *I want John to go to the store.*
> *I tell John to go to the store.*
> *I hope John goes to the store.*
> *I prefer that John go to the store.*
> *It is necessary for John to go to the store.*
> *It is possible that John will go to the store.*

In all of the above statements it is not fact that John will actually go to the store. For this reason all of these clauses would be in the subjunctive in Italian. Whereas in English an infinitive construction is often used, in Italian a clause must be used—*I want that John go to the store.*

Note that the subjunctive may also be used in adverbial clauses.

> *I will see John as soon as he arrives.*

Since John has not yet arrived, the subjunctive must be used, because there is no absolute guarantee that he will arrive.

> *I saw John as soon as he arrived.*

Since John has in reality arrived, there is no need for the subjunctive. The indicative would be used.

Formation of the Present Subjunctive

The root of the present subjunctive of most verbs is formed by dropping the final -o of the first-person singular of the present indicative; to this root are added the personal endings of the subjunctive for each conjugation. You will note that the present subjunctive endings of -**ere** and -**ire** verbs are the same, and that the **noi** and **voi** endings of all three conjugations are the same.

	-are[22]	-ere	-ire
Infinitive:	**parlare**	**credere**	**dormire**
Root:	**parl-**	**cred-**	**dorm-**
che io	parli	creda	dorma
che tu	parli	creda	dorma
che egli, che lei	parli	creda	dorma
che noi	parliamo	crediamo	dormiamo
che voi	parliate	crediate	dormiate
che loro	parlino	credano	dormano

The following is a partial list of -**are**, -**ere**, and -**ire** verbs that are regular in the subjunctive and are conjugated in the same way as **parlare**, **credere**, and **dormire**.

Infinitive	*Root*	*Present Subjunctive*
arrivare	**arriv-**	**che io arrivi**, etc.
ballare	**ball-**	**che io balli**, etc.
camminare	**cammin-**	**che io cammini**, etc.
cantare	**cant-**	**che io canti**, etc.
chiamare	**chiam-**	**che io chiami**, etc.
guardare	**guard-**	**che io guardi**, etc.
apprendere	**apprend-**	**che io apprenda**, etc.
cadere	**cad-**	**che io cada**, etc.
descrivere	**descriv-**	**che io descriva**, etc.
scrivere	**scriv-**	**che io scriva**, etc.
vivere	**viv-**	**che io viva**, etc.
aprire	**apr-**	**che io apra**, etc.
coprire	**copr-**	**che io copra**, etc.
offrire	**offr-**	**che io offra**, etc.
seguire	**segu-**	**che io segua**, etc.
sentire	**sent-**	**che io senta**, etc.

145. Complete the following with the appropriate present subjunctive forms of the indicated verbs.

1. Roberto vuole che tu _____ la finestra.   *aprire*
2. La maestra desidera che gli studenti _____ in tempo.   *arrivare*
3. È necessario che Loro _____ spesso.   *scrivere*
4. Ho paura che il bambino _____ dalla sedia.   *cadere*

---

[22] Remember the spelling of verbs ending in -**care** and -**gare**: **cerchi, cerchi, cerchi, cerchiamo, cerchiate, cerchino; paghi, paghi, paghi, paghiamo, paghiate, paghino.**

Remember the spelling of verbs ending in -**ciare** and -**giare**: **baci, baci, baci, baciamo, baciate, bacino; mangi, mangi, mangi, mangiamo, mangiate, mangino.**

Note the spelling of verbs ending in -**ciare** when the **i** is stressed in all forms except **noi** and **voi**: **scii, scii, scii, sciamo, sciate, sciino.**

5. Mia madre vuole che io _____ ogni settimana. *telefonare*
6. Temiamo che voi non _____ le istruzioni. *seguire*
7. È possibile che io non _____ il campanello da qui. *sentire*
8. Desidero che voi _____ la vostra gita. *descrivere*

146. Complete the following with the appropriate forms of the present subjunctive of the indicated verbs.

1. Non voglio che i bambini _____ i bicchieri di cristallo. *toccare*
2. Il cameriere desidera che voi _____ il conto adesso. *pagare*
3. È necessario che io _____ le chiavi. *cercare*
4. Dubiti che noi _____ bene a carte. *giocare*
5. Suggeriamo che Loro _____ poco. *mangiare*
6. La maestra vuole che gli studenti _____ a studiare. *cominciare*
7. Spero che tu _____ a casa mia stasera. *mangiare*
8. Roberto insiste che noi _____ la partita. *cominciare*
9. Desidero che Loro _____ da soli. *sciare*
10. Suggeriamo che tu ti _____ verso casa. *avviare*

Irregular verbs

Since the first-person singular of the present indicative serves as the base for the formation of the present subjunctive, any verb with an irregular first-person present indicative form will have an irregular root for the present subjunctive. Study the following.

Infinitive:	**bere**	**dire**	**fare**	**potere**
Present Indicative (io):	**bevo**	**dico**	**faccio**	**posso**
	beva	dica	faccia	possa
	beva	dica	faccia	possa
	beva	dica	faccia	possa
	beviamo	diciamo	facciamo	possiamo
	beviate	diciate	facciate	possiate
	bevano	dicano	facciano	possano

Infinitive:	**tradurre**	**volere**
Present Indicative (io):	**traduco**	**voglio**
	traduca	voglia
	traduca	voglia
	traduca	voglia
	traduciamo	vogliamo
	traduciate	vogliate
	traducano	vogliano

Study the following forms of **capire** as a model for those -**ire** verbs that have -**isc** in all forms of the present indicative except **noi** and **voi**. You will note that the -**isc** is also used in all forms of the present subjunctive except **noi** and **voi**.

Present Indicative	*Present Subjunctive*
capisco	**capisca**
capisci	**capisca**
capisce	**capisca**
capiamo	**capiamo**
capite	**capiate**
capiscono	**capiscano**

Just as the verb **capire** and all other third-conjugation verbs with -**isc** have a different root for the **noi** and **voi** forms, many verbs that are irregular in the present subjunctive form their **io**, **tu**, **egli**, **lei**, and **loro** forms from the **io** form of the present indicative, but return to the **noi** form of the present indicative for the **noi** and **voi** subjunctive forms. Study the verb **dovere** as a model for such verbs.

Present Indicative	*Present Subjunctive*
devo (debbo)	**che io deva (debba)**
devi	**che tu deva (debba)**
deve	**che egli deva (debba)**
dobbiamo	**che noi dobbiamo**
dovete	**che voi dobbiate**
devono (debbono)	**che loro devano (debbano)**

Below is a list of other verbs that function in the same way as **dovere** in the present subjunctive.

andare	**cogliere**	**scegliere**
vada	colga	scelga
vada	colga	scelga
vada	colga	scelga
andiamo	cogliamo	scegliamo
andiate	cogliate	scegliate
vadano	colgano	scelgano

porre	**rimanere**	**salire**	**tenere**	**trarre**	**valere**	**venire**
ponga	rimanga	salga	tenga	tragga	valga	venga
ponga	rimanga	salga	tenga	tragga	valga	venga
ponga	rimanga	salga	tenga	tragga	valga	venga
poniamo	rimaniamo	saliamo	teniamo	traiamo	valiamo	veniamo
poniate	rimaniate	saliate	teniate	traiate	valiate	veniate
pongano	rimangano	salgano	tengano	traggano	valgano	vengano

apparire	**morire**	**parere**
appaia	muoia	paia
appaia	muoia	paia
appaia	muoia	paia
appariamo	moriamo	pariamo
appariate	moriate	pariate
appaiano	muoiano	paiano

cuocere	**sedere**	**sonare**	**udire**	**uscire**
cuocia	sieda	suoni	oda	esca
cuocia	sieda	suoni	oda	esca
cuocia	sieda	suoni	oda	esca
cociamo	sediamo	soniamo	udiamo	usciamo
cociate	sediate	soniate	udiate	usciate
cuociano	siedano	suonino	odano	escano

147. Change the following sentences, substituting each underlined subject pronoun with each of the indicated subject pronouns, making all necessary verb changes.

1. È necessario che io venga subito. *tu, loro, voi, noi*
2. Bisogna che noi diciamo la verità. *tu, egli, voi, loro*
3. Roberto vuole che voi facciate i compiti. *io, tu, lei, loro*

4. È necessario che <u>voi</u> rimaniate qui.   *io, tu, egli, loro*
5. Bisogna che <u>tu</u> capisca la lezione.   *egli, noi, voi, loro*
6. Noi vogliamo che <u>voi</u> soniate il violino.   *tu, lei, loro*
7. È necessario che <u>egli</u> esca subito.   *io, noi, voi, loro*
8. Bisogna che <u>loro</u> scelgano presto.   *io, lui, noi, voi*

Avere, essere, sapere, dare, stare

The verbs **sapere, avere, essere, dare**, and **stare** are completely irregular in the formation of the present subjunctive. Study the following forms.

sapere	avere	essere	dare	stare
sappia	abbia	sia	dia	stia
sappia	abbia	sia	dia	stia
sappia	abbia	sia	dia	stia
sappiamo	abbiamo	siamo	diamo	stiamo
sappiate	abbiate	siate	diate	stiate
sappiano	abbiano	siano	diano	stiano

148. Complete the following with the appropriate forms of the indicated verbs.

1. Io non voglio che i bambini _____ paura.   *avere*
2. Egli teme che i suoi genitori non _____ presenti.   *essere*
3. Perché insisti che io ti _____ mille lire?   *dare*
4. È possibile che loro non lo _____.   *sapere*
5. Io non voglio che voi mi _____ neanche un regalo.   *dare*
6. È necessario che voi _____ a casa alle otto.   *essere*

Uses of the Present Subjunctive

Subjunctive in noun clauses

As it has been explained on p. 118, the subjunctive is required in clauses following verbs which denote will, desire, fear, doubt, denial, necessity, etc. The subjunctive verb is usually preceded by the conjunction **che**. Some common verbs requiring the subjunctive are as follows.

Will, desire, preference, suggestion, hope

insistere   *to insist*
volere   *to want*
desiderare   *to wish*
preferire   *to prefer*
suggerire   *to suggest*
sperare   *to hope*

Voglio che tu venga qui.
I want you to come here.
Desiderano che io parli piú spesso.
They want me to speak more often.
Preferisci che io arrivi alle due?
Do you prefer that I arrive at two o'clock?
Suggerisco che voi partiate presto.
I suggest (that) you leave early.
Spero che vengano subito.
I hope they come soon.

Denial

negare   *to deny*

Antonio nega che sappia la verità.
Anthony denies that he knows the truth.

Emotions

avere paura   *to be afraid*
temere   *to fear*
arrabbiarsi   *to get angry*
essere contento   *to be happy*
essere triste   *to be sad*
essere sorpreso   *to be surprised*
dispiacersi   *to be sorry*

Ho paura che i ragazzi si perdano.
I'm afraid the boys may get lost.
Mi dispiace che Lei parta cosí presto.
I am sorry you are leaving so soon.
Sono sorpreso che ci siano tutti.
I am surprised everyone is here.

Commands

comandare   *to command, to order*
esigere   *to demand*
ordinare   *to order, to command*
pretendere   *to demand*
richiedere   *to require, to demand*

Pietro esige che tutto sia pronto.
Peter demands that everything be ready.
Il maestro richiede che tutti facciano i compiti.
The teacher requires that all do their homework.

Permission or refusal of permission

lasciare   *to let*
consentire   *to allow, to permit*
permettere   *to permit, to allow*
proibire   *to forbid*

Questi genitori lasciano che i bambini giochino fuori.
These parents let their children play outside.
Io proibisco che voi arriviate tardi.
I forbid you to arrive late.

149.   Complete the following with the appropriate subjunctive forms of the indicated verbs.

1. Voglio che voi _____ . *parlare, partire, cenare, dormire, credere, venire, salire, studiare*
2. Preferiscono che tu _____ . *tornare, uscire, venire, scrivere, lavorare, scendere, parlare, dormire*
3. Hai paura che io _____ . *cantare, parlare, dormire, uscire, partire, ridere, credere, avere ragione*

4. Perché ordini che loro _____? *uscire, tornare, mangiare, salire, partire, cantare, studiare, dormire*

150. Rewrite the following according to the model.

Voglio che: tu stai qui. ⟶ Voglio che tu stia qui.

Voglio che:
1. Loro vengono alle nove.
2. Tu scrivi una lettera.
3. Voi parlate ad alta voce.
4. Pietro dice la verità.
5. Noi partiamo presto.
6. Egli lo sa.

Ordiniamo che:
7. Tu vai in biblioteca.
8. Voi dite la verità.
9. Loro comprano i libri necessari.
10. Luigi rimane a casa.
11. Tu sai la lezione.
12. Voi traducete la lettura.

Mi dispiace che:
13. Voi siete tristi.
14. Pietro non può venire.
15. Tu scrivi cosí male.
16. Loro hanno molti problemi.
17. Nevica molto.
18. Voi partecipate poco.

Tu insisti che:
19. Io parto domani.
20. I bambini dormono.
21. Luisa va a casa.
22. Noi studiamo.
23. Loro aprono le finestre.
24. Io so la lezione.

151. Complete the following sentences with the appropriate forms of the indicated verbs.

1. Speriamo che voi _____ qui. *restare*
2. Ho paura che Carlo _____ presto. *partire*
3. Insistono che tu _____ in ufficio. *venire*
4. Proibisco che i bambini _____ fuori. *uscire*
5. Vuole che noi _____ tutto. *sapere*
6. Speriamo che voi _____ alle otto. *arrivare*
7. I signori negano che i loro amici _____ l'accaduto. *sapere*
8. Mi dispiace che Pietro _____ malato. *essere*
9. Paolo consente che tu _____ a vederlo. *andare*
10. Esigiamo che Loro ci _____ i libri. *riportare*
11. Tu temi che io _____ un incidente. *avere*
12. Luisa desidera che voi _____ la lettura. *capire*
13. Sono triste che tu non _____ partecipare. *potere*
14. Vogliamo che tutti _____ contenti. *essere*
15. Insisto che Olga _____ una canzone. *cantare*

Subjunctive with impersonal expressions

The subjunctive is also used after many impersonal expressions that denote an element of subjectivity.

è meglio che... *it is better that*...
è necessario che... *it is necessary that*...
bisogna che... *it is necessary that*...
conviene che... *it is fitting that*...

basta che...　*it suffices that*...
è giusto che...　*it is right that*...
è possibile che...　*it is possible that*...
è impossibile che...　*it is impossible that*...
è probabile che...　*it is probable that*...
si dubita che...　*it is doubtful that*...
importa che...　*it matters that*...
non importa che...　*it doesn't matter that*...
è importante che...　*it is important that*...
è peccato che...　*it is a pity that*...
è raro che...　*it is rare that*...
è facile che...　*it is easy that*...
è difficile che...　*it is difficult that*...
sorprende che...　*it is surprising that*...
è essenziale che...　*it is essential that*...
è di prassi che...　*it is pragmatic that*...

Non importa che arrivino tardi.
It doesn't matter that they arrive late.
È giusto che voi scriviate ogni tanto.
It is right that you write once in a while.
È essenziale che io parta il piú presto possibile.
It is essential that I leave as soon as possible.
È probabile che nevichi fra non molto.
It's probable that it will snow before long.
È peccato che tu sia quasi sempre malato.
It's a pity that you are almost always ill.

152. Complete the following sentences with the appropriate present subjunctive forms of the indicated verbs.

　1. È possibile che lui lo _____.　*preparare, ricevere, leggere, scrivere, finire, cercare, pagare, sapere*
　2. È difficile che voi lo _____.　*incontrare, conoscere, ricevere, trovare, sapere, fare, avere, cercare*
　3. È necessario che tu lo _____.　*fare, portare, descrivere, dire, sapere, ottenere, preparare, finire*
　4. È probabile che io _____.　*venire, salire, partire, uscire, leggere, tradurre, sciare, sbagliare*
　5. È raro che loro lo _____.　*preparare, portare, finire, cercare, pagare, credere, dire, mandare*

153. Introduce each of the following with the indicated expression.

　1. Io ricevo certe lettere.　*È importante*
　2. Pagate il conto.　*È giusto*
　3. Ritornano tardi.　*È probabile*
　4. Riporta i libri.　*Bisogna*
　5. Usciamo presto.　*È meglio*
　6. Parto subito.　*È impossibile*
　7. Tu finisci la lettura.　*Non importa*
　8. Paolo studia molto.　*È necessario*
　9. Voi potete partecipare.　*Speriamo*
　10. Loro fanno i bravi.　*Conviene*
　11. Carlo è a casa.　*È possibile*
　12. Io ho i compiti pronti.　*È raro*
　13. Piove fra non molto.　*È facile*
　14. Voi siete in ritardo.　*Sorprende che*
　15. La macchina funziona.　*È essenziale*

Subjunctive with expressions of doubt

The indicative is used with expressions such as the following when they imply certainty.

> **credere**   *to believe*
> **pensare**   *to think*
> **è certo che**...   *it is certain that*...
> **è sicuro che**...   *it is sure that*...
> **non si dubita che**...   *it is not doubtful that*...
> **non c'è dubbio che**...   *there is no doubt that*...
> **si crede che**...   *it is believed that*...

The subjunctive is used in the negative and interrogative forms of the above expressions, however, since uncertainty is implied.

Indicative	*Subjunctive*
Credo che loro sono qui.	**Non credo che loro siano qui.**
Non dubito che lo sa.	**Dubito che lo sappia.**
È sicuro che viene.	**Non è sicuro che venga?**
Tu pensi che arrivano tardi.	**Pensi che arrivino tardi?**

154.   Complete the following with the appropriate forms of the indicated verbs.

1. Credo che loro _____. *essere qui, arrivare presto, uscire insieme, fare i compiti*
2. Non penso che voi _____. *fare i buoni, portare i libri, finire la lezione, sapere l'indirizzo, cenare qui, leggere molto, avere pazienza, partire presto*

155.   Answer the following questions according to the indicated cue.

1. Credi che Paola lo sappia?   *Sì*
2. È sicuro che tu venga presto?   *Sì*
3. È certo che loro arrivino tardi?   *No*
4. Dubiti che io lo faccia?   *Sì*
5. Crede Lei che Carlo legga tutto?   *No*
6. Siete sicuri che io vi accompagni?   *No*

156.   Complete the following with the correct form of the indicated verb.

1. È certo che loro _____ a casa adesso.   *essere*
2. Non è sicuro che voi _____ ragione.   *avere*
3. Credo che tu _____ sciare.   *sapere*
4. Non pensi che io _____ guidare?   *potere*
5. Dubitiamo che Roberto _____ in Italia.   *andare*
6. Credono che noi _____ la città.   *conoscere*

Subjunctive with subordinate conjunctions

The following conjunctions require the subjunctive:

> **prima che**   *before*
> **dopo che**   *after*
> **finché (non)**   *until*
> **senza che**   *without*
> **non appena che**   *as soon as*

nonostante che   *although, even though*
a patto che   *provided that*
purché   *provided that*
malgrado   *although*
in modo che   *so that*
affinché   *in order that*
cosí che   *so that*
a meno che (non)   *unless*
posto che   *supposing that*
supposto che   *supposing that*
benché   *although*
sebbene   *although*
dato che   *granted that*
poiché   *since*

chiunque   *whoever*
dovunque   *wherever*
qualunque   *whatever*
quantunque   *although*

157. Complete the following sentences with the correct forms of the indicated expressions.

1. Sebbene voi _____, io suono la chitarra. *leggere, studiare, dormire, fare i compiti, scrivere una lettera, avere un mal di testa, essere malati, non ascoltare*
2. Non appena che loro _____, voglio saperlo. *arrivare, finire, telefonare, chiamare, bussare, uscire, salire, dormire*
3. Chiunque _____, non m'interessa. *scrivere, venire, bussare, parlare, telefonare, cantare, arrivare, uscire*
4. Devo partire nonostante che io _____. *essere stanco, avere la febbre, non volere, non potere*

158. Complete the following sentences with the correct forms of the indicated verbs.

1. Benché _____ tardi, devo uscire. *essere*
2. Prima che Luisa _____, voglio vederla. *partire*
3. A meno che non _____ bel tempo, non usciamo affatto. *fare*
4. Roberto vuole comprare un'automobile senza che _____ i soldi. *avere*
5. Venite presto affinché _____ finire. *potere*
6. I turisti desiderano un interprete poiché non _____ la lingua. *parlare*
7. Tu lavori sebbene _____ malato. *essere*
8. Decidiamo dopo che loro _____. *venire*
9. Non vogliono ricevermi a meno che io non _____ presto. *arrivare*
10. Chiunque Lei _____ di essere, non può fare assolutamente niente. *credere*

The subjunctive as a command

The subjunctive may function as an indirect command.

Che venga qui immediatamente!
Let him (her) come here immediately!
Che se ne vada in pace!
Let him (her) go away in peace!
Viva il presidente!
Long live the president!

Che sia cosí!
So be it! (*Let it be!*)

159.   Change the sentences according to the model.

> **Viene alle due. ——→ Che venga alle due!**

1. Parla con me.
2. Partono presto.
3. Finisce la lettura.
4. Portano i regali.

5. Legge il romanzo.
6. Scrivono molto.
7. Scia cautamente.
8. Sanno la domanda.

Subjective in relative clauses

Indefinite antecedent

The subjunctive is used in relative clauses when the antecedent (the word the clause modifies) is indefinite. If the antecedent is definite, the indicative is used. Observe the following.

> **Conosco un dottore che parla italiano.**
> *I know a doctor who speaks Italian.*
> **Ho bisogno di un dottore che parli italiano.**
> *I need a doctor who speaks Italian.*   (*I don't know one yet*)
> **Conosco una segretaria che sa l'italiano.**
> *I know a secretary who knows Italian.*
> **Cerco una segretaria che sappia l'italiano.**
> *I'm looking for a secretary who knows Italian.*   (*I haven't found one yet*).

160.   Complete the following with the appropriate forms of the indicated expressions.

1. Conosco   una   segretaria   che _____. *parlare   italiano,
scrivere bene, sapere dattilografare*
2. Ho bisogno di una segretaria che _____. *parlare   italiano,
scrivere bene, sapere dattilografare*

161.   Rewrite the following according to the model.

> **Conosco un giovane.   Sa l'inglese. ——→ Conosco un giovane che sa l'inglese.**

1. Cerco un segretario. Sa dattilografare.
2. Ho una camicia. Va bene con il vestito.
3. Voglio comprare una cravatta. Va bene con la camicia.
4. Abbiamo bisogno di un dottore. Abita vicino.
5. Hai una macchina. È meravigliosa.
6. Cerco un lavoro. È interessante.

162.   Complete the following with the appropriate forms of the indicated verbs.

1. Conosco un ragazzo che _____ bene a tennis. *giocare*
2. Cerchiamo un negozio che _____ prodotti italiani. *avere*
3. Roberto ha bisogno di un tassì che lo _____ all'aeroporto. *portare*
4. Abbiamo una casa che _____ due piani. *avere*
5. Conosco molti studenti che _____ sempre. *studiare*
6. Cerco una persona che _____ darmi alcune informazioni. *potere*
7. Abbiamo bisogno di alcune signorine che _____ cantare. *sapere*
8. Ho un cane che _____ di notte. *abbaiare*

With relative superlatives

The subjunctive is also used in a relative clause which modifies a relative superlative expression since the superlative expression is considered to be an exaggeration. (Review the relative superlative on p. 34.)

> **È la professoressa piú intelligente che io conosca.**
> *She is the most intelligent teacher I know.*
> **È l'orologio piú antico che esista.**
> *It is the oldest watch in existence (that exists).*

163.   Complete the following with the appropriate forms of the indicated verbs.

1. È il migliore studente che io _____.   *conoscere*
2. Tochio è la città piú popolata che _____.   *esistere*
3. È il peggiore dizionario che voi _____.   *avere*
4. Paolo è la persona meno simpatica che loro _____.   *conoscere*
5. Questo è il piú bel parco che ci _____ in questa città.   *essere*

With solo and unico

The subjunctive is used in relative clauses after the expressions **il solo, la sola, i soli**, and **le sole**, and **l'unico, l'unica, gli unici**, and **le uniche**. (Note that when they are used in this context, **solo** and **unico** must be preceded by the appropriate definite articles.)

> **È il solo giocatore brasiliano che abbiano nella squadra.**
> *He is the only Brazilian player they have on the team.*
> **Sono gli unici studenti che partecipino in classe.**
> *They are the only students who participate in class.*

164.   Complete the following with the appropriate forms of the indicated verbs.

1. Anna è l'unica ragazza che io _____ per telefono.   *chiamare*
2. Questa è la sola lezione che tu _____.   *capire*
3. Quelli sono gli unici turisti che _____ dall'Italia.   *venire*
4. Questo è il solo dizionario che io _____.   *avere*
5. Questo è l'unico vestito che mi _____.   *piacere*

With negative expressions

The subjunctive is also used in a clause which modifies a negative word or expression. As with superlatives, the statement is considered to be an unrealistic exaggeration. Observe the following:

> **Non c'è nessuno che lo sappia.**
> *There is no one who knows it.*
> **Non c'è niente che valga qualcosa.**
> *There is nothing worth anything.*

165.   Complete the following with the appropriate forms of the indicated verbs.

1. Non c'è nessuno che ci _____.   *aiutare*
2. Non c'è niente che _____ disturbare Roberto.   *potere*
3. Non c'è nessun negozio che _____ vestiti buoni.   *vendere*

4. Sei pessimista; in questo mondo non c'è niente che ti _____ un po' di fede. *dare*

5. Non c'è nessun posto che _____ a Stefano. *piacere*

Replacing the Subjunctive with an Infinitive Construction

When the subject of the dependent clause is the same as that of the main clause, the infinitive is usually preferred. Observe the following:

Roberto spera che venga.
Robert hopes to come.
Roberto spera di venire.
Robert hopes to come.
Siete contenti che possiate riposarvi.
You are happy about being able to relax.
Siete contenti di potere riposarvi.
You are happy about being able to relax.

The infinitive construction may also be used after verbs denoting command, permission, refusal, and suggestion (see p. 123). The subjunctive clause may be replaced by an indirect object preceded by **a** and followed by an infinitive introduced by **di**. Observe the following.

Non permetto che mio figlio fumi.
I don't allow my son to smoke.
Non permetto a mio figlio di fumare.
I don't allow my son to smoke.

When the indirect object is replaced by a pronoun, the **a** is not used.

Vi suggerisco che arriviate presto.
I suggest that you arrive early.
Vi suggerisco di arrivare presto.
I suggest that you arrive early.

166. Rewrite the following replacing the subjunctive clause with an infinitive construction.

1. È contento che sia con noi.
2. Il dottore ordina che il paziente compri la medicina.
3. Signor Torre, Le suggeriamo che scii con cautela.
4. Permetto che mia figlia vada in Italia.
5. Luigi mi permette che io parli.

PRESENT PERFECT SUBJUNCTIVE

The present perfect subjunctive is formed by using the present subjunctive of the auxiliary verbs **avere** or **essere** and the past participle of the acting verb. (Review the past participle on pp. 106–108 and the uses of **avere** and **essere** on p. 112.) Observe the following.

	parlare	**andare**
che io	abbia parlato	sia andato(-a)
che tu	abbia parlato	sia andato(-a)
che egli, lei, Lei	abbia parlato	sia andato(-a)
che noi	abbiamo parlato	siamo andati(-e)
che voi	abbiate parlato	siate andati(-e)
che loro, Loro	abbiano parlato	siano andati(-e)

The present perfect subjunctive is used when a present or future verb in a main clause governs a subjunctive verb which refers to a past action in a dependent clause.

Non credo che siano andati in Italia.
I don't believe they went to Italy.
Mi dispiace che abbia parlato cosí.
I'm sorry that he spoke that way.

167. Complete the following with the appropriate forms of the present perfect subjunctive of the indicated verb.

1. Sono contento che Loro _____ . *arrivare*
2. È possibile che Paolo non ti _____ la verità. *dire*
3. Abbiamo paura che voi _____ il segreto. *svelare*
4. Non credo che tu _____ malato. *essere*
5. Pensi che io non _____ i compiti? *finire*
6. È impossibile che loro non _____ tutto. *vedere*
7. È possibile che voi _____ insieme. *uscire*
8. Speriamo che _____ bel tempo. *fare*
9. Luigi dubita che noi _____ presto. *partire*
10. Ci dispiace che tu _____ molto. *soffrire*

168. Rewrite the following placing the action of the dependent clause in the past.

1. Dubito che voi capiate.
2. Spero che Luigi arrivi presto.
3. È impossibile che tu legga tanto.
4. Non crediamo che esse vengano.
5. Ha paura che io sbagli strada.

IMPERFECT SUBJUNCTIVE

The imperfect subjunctive is used in sentences requiring the subjunctive when the verb of the main clause is in the past indicative tense or the conditional. Note the following sequence of tenses:

Main Clause	Dependent Clause
Present Indicative / *Future Indicative* →	*Present Subjunctive*

Lui vuole che tu lo faccia.
He wants you to do it.
Lui vorrà che tu lo faccia.
He'll want you to do it.

Main Clause	Dependent Clause
Imperfect Indicative / *Preterite* / *Present Perfect* / *Conditional* →	*Imperfect Subjunctive*

Volevo che tu lo facessi.
I wanted you to do it.
Volli che tu lo facessi.
I wanted you to do it.
Ho voluto che tu lo facessi.
I wanted you to do it.

Vorrei che tu lo facessi.
I would like you to do it.

Formation of the Imperfect Subjunctive

Regular verbs

The imperfect subjunctive of regular **-are** verbs is formed by dropping the infinitive ending and adding to the root the following personal endings: **-assi**, **-assi**, **-asse**, **-assimo**, **-aste**, **-assero**.

Infinitive:	**cantare**	**parlare**	**tornare**
Root:	**cant-**	**parl-**	**torn-**
che io	cantassi	parlassi	tornassi
che tu	cantassi	parlassi	tornassi
che egli	cantasse	parlasse	tornasse
che noi	cantassimo	parlassimo	tornassimo
che voi	cantaste	parlaste	tornaste
che loro	cantassero	parlassero	tornassero

The imperfect subjunctive of regular **-ere** verbs is formed by dropping the infinitive ending and adding to the root the following personal endings: **-essi**, **-essi**, **-esse**, **-essimo**, **-este**, **-essero**.

Infinitive:	**credere**	**vedere**	**sapere**
Root:	**cred-**	**ved-**	**sap-**
che io	credessi	vedessi	sapessi
che tu	credessi	vedessi	sapessi
che egli	credesse	vedesse	sapesse
che noi	credessimo	vedessimo	sapessimo
che voi	credeste	vedeste	sapeste
che loro	credessero	vedessero	sapessero

The imperfect subjunctive of **-ire** verbs is formed by dropping the infinitive ending and adding to the root the following personal ending: **-issi**, **-issi**, **-isse**, **-issimo**, **-iste**, **-issero**. Note that there are no irregular **-ire** verbs in the imperfect subjunctive. Observe the following.

Infinitive:	**capire**	**finire**	**venire**
Root:	**cap-**	**fin-**	**ven-**
che io	capissi	finissi	venissi
che tu	capissi	finissi	venissi
che egli	capisse	finisse	venisse
che noi	capissimo	finissimo	venissimo
che voi	capiste	finiste	veniste
che loro	capissero	finissero	venissero

Irregular verbs

Very few verbs are irregular in the imperfect subjunctive, and most of the verbs that appear to be irregular simply return to their original Italian or Latin infinitives to form the root for the imperfect subjunctive. Study the following.

Infinitive		*Root*	*Imperfect Subjunctive*
bere	*(bevere)*	**bev-**	che io bevessi, etc.
dire	*(dīcĕre)*	**dic-**	che io dicessi, etc.

fare	(*fắcĕre*)	fac-	che io facessi, etc.
condurre	(*condūcĕre*)	conduc-	che io conducessi, etc.
tradurre	(*tradūcĕre*)	traduc-	che io traducessi, etc.
trarre	(*traere*)	tra-	che io traessi, etc.

Essere

The verb **essere** is irregular in the imperfect subjunctive. Study the following.

essere

fossi
fossi
fosse
fossimo
foste
fossero

Dare, stare

The verbs **dare** and **stare** are also irregular in the imperfect subjunctive. Study the following.

dare	stare
dessi	stessi
dessi	stessi
desse	stesse
dessimo	stessimo
deste	steste
dessero	stessero

Uses of the Imperfect Subjunctive

In noun clauses

The same noun clauses that require the present subjunctive (p. 122) require the imperfect subjunctive when the verb of the main clause is in the imperfect, preterite, present perfect, or conditional.

> **Non volevo che tu lo facessi cosí presto.**
> *I didn't want you to do it so soon.*
> **Luigi suggerí che Olga partisse.**
> *Louis suggested that Olga should leave.*
> **Ho voluto che i bambini dormissero.**
> *I wanted the children to sleep.*
> **Vorrebbero che io raccontassi una storia.**
> *They would like me to tell a story.*

169. Complete the following with the appropriate forms of the indicated verbs.

1. I genitori volevano che i figli _____. *studiare, dire la verità, partire, tornare, dormire, credere, fare i compiti*
2. Roberto ha proibito che noi _____. *sciare, tradurre, uscire, cantare, venire, essere in ritardo, ripetere la domanda, bere troppo*
3. Suggerirei che tu _____. *tornare, partire, studiare, cenare, finire il lavoro, leggere, scrivere, dormire*

    4. Era necessario che Luigi lo _____. *capire, sapere, scrivere, dire, fare*

    5. Io preferirei che voi lo _____. *guardare, spiegare, vendere, finire, dire, fare*

170. Complete the following with the appropriate forms of the indicated verbs.

    1. Lui ordinò che io _____ immediatamente. *finire*

    2. Tu non volevi che loro _____ in Italia. *andare*

    3. Preferirei che voi _____ alle sette. *tornare*

    4. Hanno insistito che tu lo _____. *scrivere*

    5. Volevo che Antonio _____ la verità. *dire*

    6. Roberto e Carlo speravano che io _____ bene. *stare*

    7. Tu vorresti che io ti _____ il mio orologio. *dare*

    8. Ho proibito che i bambini _____ fuori. *giocare*

    9. Desideravano che noi _____ a casa. *essere*

    10. Vorrei che voi _____ i buoni. *fare*

171. Introduce the following statements with the indicated expressions.

    1. Parliamo italiano. *Insisteva che*

    2. Tu non lo compri. *Avevano paura che*

    3. Voi partite. *Voleva che*

    4. Io lo so. *Preferivi che*

    5. Carlo arriva alle sei. *Speravamo che*

    6. Scriviamo molte lettere. *Hanno insistito che*

    7. Tu esci di notte. *Hanno proibito che*

    8. Voi dormite molto. *Suggerivano che*

172. Rewrite the following changing the main verbs to the imperfect. Make all necessary changes.

    1. Vogliono che usciamo con loro.

    2. Proibiscono che io fumi.

    3. Spera che voi finiate il lavoro.

    4. Ho paura che tu abbia ragione.

    5. Insisti che io lo faccia.

    6. Preferiamo che loro vengano alle otto.

    7. Desiderano che diciamo la verità.

    8. Suggerisco che voi torniate presto.

With impersonal expressions

    The imperfect subjunctive is used after impersonal expressions that demand the subjunctive when the main verb is in the imperfect, preterite, present perfect, or conditional tense.

        Era impossibile che io fossi presente.
        It was impossible for me to be present.
        Fu necessario che tu tornassi presto.
        It was necessary for you to return soon.
        È stato difficile che loro finissero il lavoro.
        It was difficult for them to finish their work.
        Sarebbe meglio che io andassi a casa.
        It would be better for me to go home.

173. Complete the following with the appropriate forms of the indicated verbs.

1. Era certo che noi _____ . *vincere*
2. È stato impossibile che loro _____ . *finire*
3. Sarebbe difficile che tu _____ presto. *partire*
4. Fu necessario che lei _____ . *studiare*
5. Era meglio che voi _____ gli zii. *visitare*
6. Sarebbe piú facile che io _____ l'autobus. *prendere*
7. È stato impossibile che loro _____ prima. *arrivare*
8. Bisognava che noi _____ . *tacere*
9. Fu impossibile che tu _____ tutto. *credere*
10. Sarebbe meglio che lui _____ presente. *essere*

In relative clauses

The imperfect subjunctive is used in relative clauses modifying an indefinite antecedent when the verb of the main clause is in the imperfect, preterite, present perfect, or conditional tense.

> **Cercavo una segretaria che parlasse italiano.**
> *I was looking for a secretary who spoke Italian.*
> **Ovunque guardassi, non ho visto ciò che volevo.**
> *Wherever I looked, I didn't see what I wanted.*
> **Preferirei un dottore che fosse anche chirurgo.**
> *I would prefer a doctor who was also a surgeon.*

174. Complete the following with the appropriate forms of the indicated verbs.

1. Cercavamo un amico che _____ a carte. *giocare*
2. Vorrei un dizionario che _____ vocaboli tecnici. *avere*
3. Cerco un negozio che _____ scarpe italiane. *vendere*
4. Non avevamo neanche un amico che ci _____ aiutare. *potere*
5. Avevate bisogno di una casa che _____ in campagna. *essere*
6. Preferiresti un fotografo che _____ molta pazienza. *avere*
7. Volevo una macchina che _____ piccola ma comoda. *essere*
8. Ho avuto bisogno di una cinepresa che _____ economica. *essere*

With situations contrary to fact

The imperfect subjunctive is used in expressions contrary to fact or unlikely to happen. In these cases the imperfect subjunctive is often preceded by the adverbs *magari, pure, se solo,* etc.

> **Magari vincessi un milione di dollari!**
> *Would that I could win a million dollars!*
> **Se solo dicessero la verità!**
> *If they would only tell the truth!*
> **Vincessimo pure!**
> *If we would indeed win!*
> **Avessi la tua fortuna!**
> *I wish I had your luck!*

175. Rewrite the following in the appropriate subjunctive forms by using the indicated adverbs when so instructed.

1. (noi) arrivare in tempo! *magari*

2. (loro) continuare a studiare! *se solo*

3. (io) essere fortunato(-a)!
4. (loro) telefonare! *pure*

5. venire i nostri amici! *se solo*
6. smettere di piovere! *magari*

With adverbial expressions

The imperfect subjunctive is used after adverbial expressions if the main clause is in the imperfect, preterite, present perfect, or conditional tense. (For a list of adverbial expressions, see p. 126.)

Ho creduto tutto senza che fosse vero.
I believed everything without its being true.
Benché avessi fretta, restai con gli amici.
Although I was in a hurry, I stayed with my friends.
Lo farei viaggiare da solo a patto che fosse cauto.
I would let him travel alone provided that he were cautious.

176. Complete the following with the appropriate forms of the indicated verbs.

1. Malgrado Rosa _____ molto, non parlava mai. *sapere*
2. Gli telefonerei affinché egli _____ qui. *venire*
3. Abbiamo svolto il tema sebbene _____ difficile. *essere*
4. I bambini potevano restare purché non _____. *gridare*
5. Fu facile riconoscerlo benché _____ lontano. *essere*
6. Partiremmo volentieri malgrado _____ cattivo tempo. *fare*
7. Nonostante che _____, uscirono senza ombrello. *piovere*
8. La salutavamo senza che le _____. *parlare*

With hypothetical situations in the past

When speculating *in the present* about whether or not an action happened *in the past*, the imperfect subjunctive is used in the dependent clause even though the main verb of the sentence is in the present tense.

Crediamo che vendessero scarpe.
We believe (that) they sold shoes.
Dubito che Roberto fosse cattivo.
I doubt (that) Robert was bad.
Non so se fossero italiani.
I don't know if they were Italian.

177. Complete the following with the appropriate forms of the indicated verbs.

1. Non so se loro _____. *studiare, battere a macchina, partire per l'Italia, leggere molto, essere bravi, avere soldi, lavorare poco*
2. Dubitiamo che tu _____. *potere sciare, sapere guidare, andare a scuola, avere pazienza, stare a casa, giocare a tennis, lavorare, leggere*

PLUPERFECT SUBJUNCTIVE

The pluperfect subjunctive is formed by using the imperfect subjunctive of the auxiliaries **avere** or **essere** and the past participle of the acting verb. (See pp. 106–109 for lists of past participles.)

With **avere**

	-are	**-ere**	**-ire**
	comprare	**ripetere**	**finire**
che io	avessi comprato	avessi ripetuto	avessi finito
che tu	avessi comprato	avessi ripetuto	avessi finito
che egli	avesse comprato	avesse ripetuto	avesse finito
che noi	avessimo comprato	avessimo ripetuto	avessimo finito
che voi	aveste comprato	aveste ripetuto	aveste finito
che loro	avessero comprato	avessero ripetuto	avessero finito

With **essere**

	-are	**-ere**	**-ire**
	andare	**essere**	**salire**
che io	fossi andato(-a)	fossi stato(-a)	fossi salito(-a)
che tu	fossi andato(-a)	fossi stato(-a)	fossi salito(-a)
che egli	fosse andato(-a)	fosse stato(-a)	fosse salito(-a)
che noi	fossimo andati(-e)	fossimo stati(-e)	fossimo saliti(-e)
che voi	foste andati(-e)	foste stati(-e)	foste saliti(-e)
che loro	fossero andati(-e)	fossero stati(-e)	fossero saliti(-e)

The pluperfect subjunctive is used in clauses which require the subjunctive when the main verb is in a past tense and the action of the verb of the dependent clause was completed prior to that of the governing verb.

Credeva che fossimo arrivati ieri.
He thought we had arrived yesterday.
Non ho creduto che avessero detto tali cose.
I didn't believe they had said such things.
Avrebbe preferito che tu gli avessi scritto prima.
He would have preferred that you had written him before.

178. Complete the following with the appropriate pluperfect subjunctive forms of the indicated verbs.

1. Avevo preferito che loro _____ alle tre. *arrivare*
2. Luigi ha creduto che noi _____ i compiti. *finire*
3. Tu volevi che io _____ il giradischi. *portare*
4. Avremmo preferito che voi _____ insieme. *partire*
5. Avrei avuto paura che tu _____ un incidente. *avere*
6. Era contento che tutti _____ un viaggio in Italia. *fare*
7. Credevo che voi _____ la verità. *dire*
8. Avrei preferito che lei _____ piú presto. *uscire*

Se clauses

Se (*if*) clauses are used to express contrary-to-fact conditions. For such clauses there is a specific sequence of tenses to be followed. Observe the following:

Andrò in Italia se ho il denaro.
I'll go to Italy if I have the money.
Andrei in Italia se avessi il denaro.
I would go to Italy if I had the money.

Sarei andato in Italia se avessi avuto il denaro.
I would have gone to Italy if I had had the money.

The sequence of tenses for contrary-to-fact statements with **se** is as follows.

Main Clause		Se Clause
Future	⟶	Present Indicative
Conditional	⟶	Imperfect Subjunctive
Conditional Perfect	⟶	Pluperfect Subjunctive

Note that the only forms of the subjunctive that may be used after **se** are the imperfect or the pluperfect subjunctive. The present subjunctive is never used after **se**.

179. Complete the following with the appropriate forms of the indicated verbs according to the regular sequence of tenses.

1. Se _____ abbastanza tempo, andranno in Europa. *avere*
2. Avremmo lavorato fino a tardi se ci _____ piú lavoro. *essere*
3. Se _____ bel tempo, andremmo alla spiaggia. *fare*
4. Se _____ adesso, arriveremo alle cinque. *partire*
5. Se _____ ricco, girerei il mondo. *essere*
6. Li avrebbe salutati se li _____. *vedere*
7. Se voi _____ di meno, non sareste stanchi. *correre*
8. Se tu _____ alle sei, cenerai con noi. *venire*
9. Se loro mi _____, io avrei risposto. *scrivere*
10. Se io _____ te, studierei di piú. *essere*

REVIEW

180. Complete the following with the appropriate forms of the indicated verbs.

1. Sono contento che voi _____ qui. *essere*
2. Benché Stefano _____, è un bravo studente. *sbagliare*
3. Vogliamo che tu _____ questo progetto. *finire*
4. Non c'è niente che ci _____. *piacere*
5. Desiderano che noi non _____. *fumare*
6. Magari _____ bel tempo! *fare*
7. Se loro _____ adesso, usciremo insieme. *venire*
8. Antonio voleva che io _____ alle otto. *partire*
9. Puoi restare qui purché _____ zitto. *stare*
10. Preferirei che voi _____ in tempo. *arrivare*
11. Me lo avrebbe detto se l'_____. *sapere*
12. Avremmo preferito che loro _____. *finire*
13. Dubitai che lui _____ farlo. *potere*
14. È impossibile che io _____ adesso. *uscire*
15. Avevi paura che noi non _____. *sentire*
16. Pensavo che tu _____ alla spiaggia. *essere*
17. Avrei preferito che Maria e Teresa _____ con te. *venire*
18. Non vuoi che io _____ molto? *bere*
19. Era certo che noi _____ il significato. *capire*
20. Se solo Marco _____ la verità! *dire*

THE IMPERATIVE

Formal Commands

The formal commands are formed by using the subjunctive form of the verb. Note that the vowel of the subjunctive ending is -i for -are verbs and -a for -ere and -ire verbs. Also note that the formal pronouns Lei and Loro are usually omitted with the commands.

Infinitive	Singular (Lei)	Plural (Loro)
parlare	parli	parlino
cantare	canti	cantino
vendere	venda	vendano
scrivere	scriva	scrivano
dormire	dorma	dormano
partire	parta	partano
finire	finisca	finiscano
pulire	pulisca	puliscano

The first-person singular of the present indicative serves as the root for the formation of the formal commands. The final -o is changed to -i (Lei) and -ino (Loro) for -are verbs and to -a (Lei) and -ano (Loro) for -ere and -ire verbs. Study the following formal command forms of stem-changing and irregular verbs.

Infinitive	Present (io)	Singular (Lei)	Plural (Loro)
sedere	siedo	sieda	siedano
sonare	suono	suoni	suonino
udire	odo	oda	odano
uscire	esco	esca	escano
apparire	appaio	appaia	appaiano
porre	pongo	ponga	pongano
rimanere	rimango	rimanga	rimangano
salire	salgo	salga	salgano
trarre	traggo	tragga	traggano
venire	vengo	venga	vengano
cogliere	colgo	colga	colgano
scegliere	scelgo	scelga	scelgano
bere	bevo	beva	bevano
dire	dico	dica	dicano
tradurre	traduco	traduca	traducano
fare	faccio	faccia	facciano
andare	vado	vada	vadano

The following verbs have completely irregular formal command forms.

	Commands	
Infinitive	(Lei)	(Loro)
avere	abbia	abbiano
sapere	sappia	sappiano
essere	sia	siano
dare	dia	diano
stare	stia	stiano

Note that the same form of the verb is used for the negative formal commands.

Non parli. ⟶ Non parlino.
Non scriva. ⟶ Non scrivano.
Non parta. ⟶ Non partano.
Non finisca. ⟶ Non finiscano.
Non cuocia. ⟶ Non cuociano.
Non salga. ⟶ Non salgano.

181. Answer the following questions according to the model.

Parlo? ⟶ Sí, parli.
⟶ No, non parli.

1. Dormo?
2. Scrivo?
3. Ritorno?
4. Rispondo?
5. Arrivo presto?
6. Credo tutto?
7. Ballo?
8. Leggo?
9. Guardo la televisione?
10. Vedo il film?
11. Finisco subito?
12. Guido la macchina?
13. Chiudo la porta?
14. Vengo alle tre?
15. Salgo adesso?
16. Ho pazienza?
17. Rimango qui?
18. Faccio il buono?
19. Bevo il latte?
20. Vado a casa?
21. Traduco la lettera?
22. Esco fuori?
23. Traggo una conclusione?
24. Suono il piano?
25. Scelgo la rivista?

182. Answer the following questions according to the model.

Dormiamo? ⟶ Sí, dormano.
⟶ No, non dormano.

1. Parliamo?
2. Scriviamo le lettere?
3. Leggiamo la rivista?
4. Chiudiamo la finestra?
5. Compriamo i libri?
6. Guardiamo lo spettacolo?
7. Dividiamo i regali?
8. Partiamo alle otto?
9. Mandiamo il pacco?
10. Facciamo il té?
11. Usciamo alle due?
12. Traduciamo il poema?
13. Saliamo le scale?
14. Andiamo dai nonni?
15. Veniamo in macchina?
16. Diamo il benvenuto?
17. Rimaniamo a scuola?
18. Diciamo la verità?
19. Traiamo una conclusione?
20. Scegliamo la cravatta?

Familiar Commands

Affirmative of regular verbs

The familiar singular (**tu**) command of **-are** verbs is the same as the third person singular (**Lei**) form of the present indicative. The plural **voi** command is the same as the **voi** form of the present indicative.

Infinitive	*Singular* (tu)	*Plural* (voi)
cantare	canta	cantate
parlare	parla	parlate
mangiare	mangia	mangiate

The familiar commands for -**ere** and -**ire** verbs are the same as the **tu** and **voi** forms of the present indicative.

Infinitive	Singular (tu)	Plural (voi)
vendere	vendi	vendete
scrivere	scrivi	scrivete
dormire	dormi	dormite
salire	sali	salite
finire	finisci	finite
pulire	pulisci	pulite

183. Answer the following with the familiar command according to the model.

Parlo? ⟶ Sí, parla!

1. Canto?
2. Torno?
3. Scio?
4. Cerco?
5. Mangio?

6. Scrivo?
7. Temo?
8. Dormo?
9. Sento?
10. Salgo?

184. Answer the following with the familiar command according to the model.

Parliamo? ⟶ Sí, parlate!

1. Cantiamo?
2. Mangiamo?
3. Torniamo?
4. Sciamo?
5. Pensiamo?

6. Temiamo?
7. Scriviamo?
8. Dormiamo?
9. Sentiamo?
10. Saliamo?

Affirmative of irregular verbs

The following verbs have irregular forms for the familiar commands **tu** and **voi**.

Infinitive	Familiar Singular (tu)	Familiar Plural (voi)
andare	va'!	andate!
dare	da'!	date!
stare	sta'!	state!
avere	abbi!	abbiate!
essere	sii!	siate!
dire	di'!	dite!
fare	fa'!	fate!
sapere	sappi!	sappiate!

185. Answer the following according to the model.

Andare in fretta? ⟶ Va' in fretta!

1. Dare i saluti?
2. Stare attento?
3. Dire la verità?
4. Sapere la risposta?

5. Essere in tempo?
6. Fare i compiti?
7. Avere pronta le lezione?

186. Answer the following according to the model.

Essere bravi? ⟶ Siate bravi!

1. Fare bene il lavoro?   5. Stare a casa?
2. Dire tutto?   6. Avere pazienza?
3. Sapere i dettagli?   7. Andare a studiare?
4. Dare il benvenuto?

Negative forms

The negative **tu** command of all verbs is formed by the infinitive of the verb preceded by **non**.

Infinitive	*Affirmative* (tu)	*Negative* (tu)
cantare	canta!	non cantare!
mangiare	mangia!	non mangiare!
andare	va'!	non andare!
avere	abbi!	non avere!
credere	credi!	non credere!
dire	di'!	non dire!
essere	sii!	non essere!
fare	fa'!	non fare!
sapere	sappi!	non sapere!
dormire	dormi!	non dormire!
finire	finisci!	non finire!

The negative **voi** command forms of all verbs is formed simply by placing **non** before the affirmative **voi** form.

Infinitive	*Affirmative* (voi)	*Negative* (voi)
parlare	parlate!	non parlate!
fare	fate!	non fate!
credere	credete!	non credete!
dormire	dormite!	non dormite!
finire	finite!	non finite!

187. Answer the following questions with commands according to the model.

Vado? ⟶ Sí, va'!
No, non andare!

1. Parlo ad alta voce?   6. Vengo da solo?
2. Faccio il caffé?   7. Ho vergogna?
3. Rispondo al telefono?   8. Dico la verità?
4. Dormo fino a tardi?   9. Sto a casa?
5. Sono in ritardo?   10. Scrivo una lettera?

188. Answer the following questions with commands according to the model.

Andiamo al cinema? ⟶ Sí, andate al cinema!
⟶ No, non andate al cinema!

1. Torniamo tardi?   3. Diamo i libri a Mario?
2. Ceniamo insieme?   4. Stiamo a casa?

    5. Crediamo tutto?   11. Veniamo insieme?
    6. Siamo cattivi?   12. Usciamo alle nove?
    7. Abbiamo pazienza?   13. Sciamo spesso?
    8. Vediamo il film?   14. Lasciamo il posto?
    9. Dormiamo molto?   15. Scriviamo agli amici?
  10. Diciamo tutto?   16. Finiamo gli esami?

189. Change the following familiar commands into formal commands.

    1. Canta bene!   11. Scia bene!
    2. Vieni qui!   12. Parlate poco!
    3. Sii buono!   13. Dormi in albergo!
    4. Scrivi la lettera!   14. State a casa!
    5. Lavorate di piú!   15. Abbi pazienza!
    6. Credete tutto!   16. Comincia la lettura!
    7. Mangia di meno!   17. Venite da noi!
    8. Cercate i bambini!   18. Fa' il caffé!
    9. Restituisci i libri!   19. Dite la verità!
  10. Rimanete qui!   20. Taglia il filo!

190. Rewrite the following commands in the negative.

    1. Venga qui!   11. Credi tutto!
    2. Vieni qui!   12. Dite la verità!
    3. Venite qui!   13. Dormano poco!
    4. Vengano qui!   14. Sta' fermo!
    5. Parla molto!   15. Escano fuori!
    6. Parli molto!   16. Finisca la lettura!
    7. Parlate molto!   17. Scia molto!
    8. Parlino molto!   18. Scrivi l'indirizzo!
    9. Sii buono!   19. Fa' il té!
  10. Abbia pazienza!   20. Faccia il caffé!

191. Rewrite the following negative commands in the affirmative.

    1. Non gridare tanto!   6. Non avere pazienza!
    2. Non tagliate il foglio!   7. Non telefonate a Carlo!
    3. Non essere stupido!   8. Non faccia lo spiritoso!
    4. Non vengano tardi!   9. Non stiano fermi!
    5. Non dica tutto!   10. Non dare la rivista!

First Person Commands (*let's* and *let's not*)

    In order to express the idea *let's*, the first person plural form (**noi**) of the present indicative is used. Note that, in order to distinguish between the indicative and the command, an exclamation mark is placed next to the latter. *Let's not* is expressed by placing **non** before the command. Observe the following.

Infinitive	Present Indicative	First Person (noi) Command
mangiare	mangiamo (*we eat*)	mangiamo! (*let's eat!*)
cantare	non cantiamo (*we don't sing*)	non cantiamo! (*let's not sing!*)
credere	crediamo (*we believe*)	crediamo! (*let's believe!*)
dormire	non dormiamo (*we do not sleep*)	non dormiamo! (*let's not sleep*)
andare	andiamo (*we go*)	andiamo! (*let's go!*)
stare	stiamo (*we stay*)	stiamo! (*let's stay!*)

192.   Follow the model.

Andare in Europa. ⟶ Andiamo in Europa!

Non tornare a casa. ⟶ Non torniamo a casa!

1. Cenare in quel ristorante.
2. Non ballare molto.
3. Telefonare a Stefano.
4. Dire la verità.
5. Non uscire tardi.
6. Preparare la valigia.
7. Non essere tristi.
8. Avere pazienza.
9. Fare i compiti.
10. Non andare al cinema.

THE GERUND (GERUNDIO)

Present Gerund

In Italian, the present gerund of **-are** verbs consists of the verb root plus **-ando**:

Infinitive	Root	Gerund
parlare	parl-	parlando
cantare	cant-	cantando
mangiare	mangi-	mangiando
cominciare	cominci-	cominciando
sbagliare	sbagli-	sbagliando

The present gerund of **-ere** and **-ire** verbs consists of the verb root plus **-endo**:

Infinitive	Root	Gerund
credere	cred-	credendo
leggere	legg-	leggendo
scrivere	scriv-	scrivendo
capire	cap-	capendo
partire	part-	partendo
uscire	usc-	uscendo

Note that most verbs with irregular gerunds form the latter with the root of the present indicative **io** form. Observe the following list.

Infinitive	Root	Gerund
bere	bev-	bevendo
dire	dic-	dicendo
fare	fac-	facendo
tradurre	traduc-	traducendo
trarre	tra-	traendo

The most common use of the gerund is with the progressive tenses, as follows.

Camminando, ho incontrato Carlo.
While walking, I met Charles.
Studiando, Paolo impara molto.
While studying, Paul learns a lot.
Traducendo, ho fatto molti errori.
While translating, I made many errors.
Essendo amici, abbiamo parlato a lungo.
Being friends, we spoke at length.

Past Gerund

The past gerund is formed with the present gerund of the auxiliaries **avere** (**avendo**) and **essere** (**essendo**) plus the past participle of the acting verb. Remember that verbs requiring **avere** have invariable past participles, whereas verbs requiring **essere** must have past participles that agree in gender and in number with the subject. (However, also remember that if a pronoun precedes **avere**, the past participle must agree in gender and number with the pronoun. For more details, see p. 109.)

Infinitive	*Past Gerund*
cantare	avendo cantato (*having sung*)
finire	avendo finito (*having finished*)
parlare	avendo parlato (*having spoken*)
arrivare	essendo arrivato(-a, -i, -e) (*having arrived*)
venire	essendo venuto(-a, -i, -e) (*having come*)

Avendo pranzato, Pietro andò al cinema.
Having dined, Peter went to the movies.
Essendo arrivati in ritardo, ci siamo scusati.
Having arrived late, we excused ourselves.
or: **Ci siamo scusati essendo arrivati in ritardo.**
   We excused ourselves for having arrived late.
Avendola veduta (vista), l'abbiamo salutata.
Having seen her, we greeted her.
or: **L'abbiamo salutata avendola veduta (vista).**
   We greeted her after having seen her.
Essendo venuta presto, Luisa ha dovuto aspettare.
Having come early, Louise had to wait.
or: **Luisa ha dovuto aspettare essendo venuta presto.**
   Louise had to wait after having come early.

PROGRESSIVE TENSES

The progressive tenses in Italian are very graphic, pictorial tenses. When used, they show that the action of the verb is in the process of taking place. The progressive forms are most commonly used with the present and the imperfect, and sometimes with the future, the conditional, the present subjunctive, and the imperfect subjunctive. The progressive tense is formed with the conjugated forms of the verb **stare** plus the present gerund (*-ing*) of the acting verb. (Although verbs such as **seguire** and **venire** may also be used as auxiliaries in a progressive tense, **stare** is the most commonly used.) Observe the progressive construction in the present and imperfect indicative.

Present Progressive

cantare	scrivere	dormire
sto cantando	sto scrivendo	sto dormendo
stai cantando	stai scrivendo	stai dormendo
sta cantando	sta scrivendo	sta dormendo
stiamo cantando	stiamo scrivendo	stiamo dormendo
state cantando	state scrivendo	state dormendo
stanno cantando	stanno scrivendo	stanno dormendo

Imperfect Progressive

parlare	vivere	salire
stavo parlando	stavo vivendo	stavo salendo
stavi parlando	stavi vivendo	stavi salendo
stava parlando	stava vivendo	stava salendo
stavamo parlando	stavamo vivendo	stavamo salendo
stavate parlando	stavate vivendo	stavate salendo
stavano parlando	stavano vivendo	stavano salendo

193. Rewrite the following supplying the present gerund of each indicated verb.

1. I ragazzi stanno giocando.   *parlare, scrivere, gridare, salire, scendere*
2. Io sto uscendo.   *mangiare, ascoltare, discutere, sentire, venire*
3. Tu stai partendo.   *contare, piangere, servire il té, leggere, cantare*

194. Rewrite the following using the present progressive.

1. Tu suoni e Pietro canta.
2. Io dormo e voi studiate.
3. Loro parlano e noi guardiamo la televisione.
4. Loro arrivano e noi partiamo.
5. Voi uscite e loro entrano.
6. Noi leggiamo e tu ascolti la radio.
7. Io scrivo e Pietro lavora.

195. Rewrite the following using the imperfect progressive.

1. Io giocavo a carte.
2. Voi tornavate dal centro.
3. Tu leggevi alcune riviste.
4. Loro salivano rapidamente.
5. Olga studiava lingue moderne.
6. Io giravo l'Europa.
7. Voi mangiavate in fretta.
8. Noi vedevamo un film.

REFLEXIVE VERBS

A reflexive verb expresses an action performed and received by the same subject. Not all verbs can become reflexive. Those that do drop the -e of the infinitive ending and add the pronoun **si**. For example, the verb **lavare** (*to wash*) becomes **lavarsi** (*to wash oneself*). Since the subject also receives the action, an additional pronoun is needed when conjugating a reflexive verb. This is called the reflexive pronoun. Study the following forms for the verbs **alzarsi** (*to get oneself up*), **mettersi** (*to put on*), and **coprirsi** (*to cover oneself*).

	alzarsi	**mettersi**	**coprirsi**
(io) mi	mi alzo	mi metto	mi copro
(tu) ti	ti alzi	ti metti	ti copri
(egli, lei) si	si alza	si mette	si copre
(Lei) si	si alza	si mette	si copre
(noi) ci	ci alziamo	ci mettiamo	ci copriamo
(voi) vi	vi alzate	vi mettete	vi coprite
(loro) si	si alzano	si mettono	si coprono
(Loro) si	si alzano	si mettono	si coprono

The following is a list of common Italian reflexive verbs.

accorgersi (di)   *to notice*
addormentarsi   *to fall asleep*
alzarsi   *to get up*
arrabbiarsi   *to get angry*
chiamarsi   *to be named*
coprirsi   *to cover oneself*
coricarsi   *to lie down, to go to bed*
diplomarsi   *to get a diploma*
divertirsi   *to have fun, to enjoy oneself*
farsi il bagno   *to bathe*
farsi la doccia   *to take a shower*
farsi male   *to get hurt*
ferirsi   *to wound oneself*
fidanzarsi (con)   *to get engaged to*
fidarsi (di)   *to trust*
innamorarsi (di)   *to fall in love with*
lamentarsi (di)   *to complain about*
lavarsi   *to wash*
laurearsi   *to graduate*
mettersi   *to put on (clothing, etc.)*
pentirsi (di)   *to repent of*
pettinarsi   *to comb*
prepararsi (per)   *to get ready*
pulirsi   *to clean oneself*
radersi   *to shave*
ricordarsi (di)   *to remember*
sbarbarsi   *to shave*
sedersi   *to sit down*
sentirsi   *to feel*
spogliarsi   *to undress*
sposarsi (con)   *to get married*
svegliarsi   *to wake up*
vestirsi   *to get dressed*
voltarsi   *to turn*

196. Complete the following with the appropriate present indicative reflexive forms of the indicated verbs.

1. Quei ragazzi _____ alle otto. *alzarsi*
2. D'inverno voi _____ sempre il cappotto. *mettersi*
3. I bambini _____ facilmente. *addormentarsi*

4. Io _____ Roberto. *chiamarsi*
5. Noi _____ rapidamente. *vestirsi*
6. La signorina Giampino _____ in medicina. *laurearsi*
7. Tu _____ vicino alla porta. *sedersi*
8. Lisetta _____ sempre. *lamentarsi*
9. Nino _____ ogni giorno. *sbarbarsi*
10. Giuseppe _____ di Gina. *innamorarsi*

197. Complete the following with the appropriate reflexive pronouns.

1. Io _____ alzo alle sette e mezzo.
2. Noi _____ addormentiamo facilmente.
3. Voi _____ pettinate con cura.
4. Luigi _____ veste lentamente.
5. I signori _____ mettono la cravatta ogni giorno.
6. Tu _____ svegli sempre alla stessa ora.
7. Gli studenti _____ laureano quest'anno.
8. Noi _____ laviamo le mani spesso.
9. Quei ragazzi _____ lamentano sempre.
10. Tu _____ diverti con gli amici.
11. Egli _____ fa la doccia ogni mattina.
12. Voi _____ chiamate Maria e Paolo.
13. Io non _____ arrabbio mai.
14. Quel signore non _____ fida di nessuno.

Compound Tenses

All reflexive verbs form their compound tenses with the appropriate conjugated tenses of **essere** and with the past participles of the acting verbs. Remember that the past participle of reflexive verbs must agree in gender and number with the subject.

> **Stamani Carlo si è alzato alle sette in punto.**
> *This morning Charles got up at seven o'clock sharp.*
> **Le signorine si sono sedute vicino alla finestra.**
> *The young ladies sat near the window.*
> **Domani a quest'ora Pietro e Anna si saranno già sposati.**
> *Tomorrow at this time Peter and Ann will have gotten married.*

198. Rewrite the following in the present perfect (**passato prossimo**).

1. Io (*m.*) mi siedo vicino alla porta.
2. Luigi si sbarba con difficoltà.
3. I ragazzi si alzano alle sette.
4. Voi (*m.*) vi arrabbiate facilmente.
5. Ragazze, a che ora vi svegliate?
6. Signori, a che ora si alzano Loro?
7. Maria, tu ti laurei in maggio?
8. Paolo e io ci mettiamo la cravatta.
9. Gina si sente bene.
10. Teresa e Paola si ricordano tutto.
11. Le studentesse si preparano per gli esami.
12. Io (*f.*) mi lavo le mani.

Reciprocal Reflexives

These verbs express a reciprocal action which involves, of course, more than one person. The following is a partial list of reciprocal reflexives.

abbracciarsi   *to embrace each other (one another)*
aiutarsi   *to help each other (one another)*
amarsi   *to love each other (one another)*
ammirarsi   *to admire each other (one another)*
baciarsi   *to kiss each other (one another)*
conoscersi   *to know each other (also: to meet)*
consolarsi   *to comfort each other (one another)*
incontrarsi   *to meet (each other)*
innamorarsi   *to fall in love (with each other)*
insultarsi   *to insult each other (one another)*
piacersi   *to like each other (one another)*
riconoscersi   *to recognize each other (one another)*
rispettarsi   *to respect each other (one another)*
rivedersi   *to see each other again (one another)*
salutarsi   *to greet each other (one another)*
scriversi   *to write to each other (one another)*
sposarsi   *to get married (to each other)*
vedersi   *to see each other (one another)*
visitarsi   *to visit each other (one another)*
volersi bene   *to like each other, to love each other (one another)*

Giovanni e Anna si vedono spesso.
John and Ann see each other often.
Alberto e Luigi si sono conosciuti allo stadio.
Albert and Louis met at the stadium.
Gli amici si aiutano a vicenda.
Friends help one another.
Si sono piaciuti appena si sono incontrati.
They liked each other as soon as they met.

199. Complete the following sentences with the present indicative of the indicated verbs.

1. Noi _____ sempre.   *salutarsi*
2. Giorgio e Teresa _____ .   *sposarsi*
3. I signori _____ molto.   *rispettarsi*
4. Carlo e Giovanna _____ ogni mese.   *scriversi*
5. Maria e Olga _____ da brave amiche.   *aiutarsi*
6. Voi _____ ogni giorno.   *salutarsi*
7. I miei cugini e io _____ ogni domenica.   *vedersi*
8. I tuoi parenti _____ spesso.   *visitarsi*
9. Quegli amici _____ bene.   *volersi*
10. Mario e Luisa _____ al teatro.   *incontrarsi*

Reflexive versus Nonreflexive

Reflexive verbs express an action performed and received by the same subject (review p. 146). When many of these verbs are used nonreflexively (that is, without the reflexive pronouns), their meaning changes. Observe the following sentences.

Reflexive	*Nonreflexive*
Roberto si lava.	**Roberto lava la macchina.**
Robert washes (himself).	*Robert washes the car.*
Io mi alzo.	**Io alzo il ricevitore.**
I get up.	*I lift the receiver.*
Tu ti chiami Maria.	**Tu chiami i bambini.**
Your name is Mary.	*You call the children.*

Note the difference in meaning between the reflexive and nonreflexive forms of the following verbs. The nonreflexive forms below are transitive (they take a direct object).

Reflexive	*Nonreflexive*
addormentarsi *to fall asleep*	**addormentare** *to put to sleep*
aiutarsi *to help oneself*	**aiutare** *to help (someone)*
alzarsi *to get up*	**alzare** *to raise; to lift*
chiamarsi *to be named*	**chiamare** *to call (someone)*
divertirsi *to have fun*	**divertire** *to amuse (someone)*
farsi il bagno *to bathe oneself*	**fare il bagno (a)** *to bathe (someone)*
farsi male *to hurt oneself*	**fare male (a)** *to hurt (someone)*
lavarsi *to wash oneself*	**lavare** *to wash (someone or something)*
mettersi *to put on (clothing, etc.)*	**mettere** *to place (someone or something)*
pettinarsi *to comb oneself*	**pettinare** *to comb (someone or something)*
prepararsi *to get ready*	**preparare** *to prepare (someone or something)*
pulirsi *to clean oneself*	**pulire** *to clean (someone or something)*
ricordarsi (di) *to remember*	**ricordare** *to remember, to remind (someone or something)*
sentirsi *to feel*	**sentire** *to feel, to hear (someone or something), to listen to (someone)*
svegliarsi *to wake up*	**svegliare** *to wake (someone) up*
vestirsi *to get dressed*	**vestire** *to dress (someone), to wear (something)*

200. Complete the following sentences with the reflexive pronoun when it is necessary.

1. Noi _____ vestiamo i bambini.
2. Carlo _____ sveglia alle otto e mezza.
3. Teresa e Gino _____ lavano i piatti.
4. Voi _____ divertite molto.
5. Io _____ chiamo gli amici.
6. Tu _____ chiami Ernesto.
7. Marco _____ aiuta suo padre.
8. Noi _____ laviamo le mani.
9. Voi _____ lavate la macchina.
10. Olga _____ mette la blusa verde.
11. _____ sento il campanello.
12. _____ sento bene.
13. _____ svegliamo Gino alle nove.
14. Egli _____ chiama Roberto.
15. Tu _____ pulisci la casa.
16. _____ chiamate i vostri amici?
17. _____ lavano le mani.
18. _____ sveglio alle otto e mezza.

USES OF THE INFINITIVE

Infinitive after Prepositions

The infinitive is used after most prepositions, such as **per**, **prima di**, **senza**, etc. In English, the Italian infinitive often appears as a present gerund (the *-ing* form of the verb).

> **Siamo pronti per uscire.**
> *We are ready to go out.*
> **Gli ho parlato prima di partire.**
> *I spoke to him before leaving.*
> **Se ne sono andati senza dire niente.**
> *They went away without saying anything.*

The past infinitive may also be used after **senza**. The past infinitive is formed with the auxiliaries **essere** or **avere** plus the past participle of the acting verb: **essere venuto**, **avere cenato**. It is common to drop the final **-e** of the auxiliary verb in the past infinitive: **esser venuto**, **aver cenato**.

> **Sono venuti senza aver telefonato.**
> *They came without having telephoned.*
> **Sono ritornati dall'Italia senza esser stati a Venezia.**
> *They returned from Italy without having been in Venice.*

Dopo is always followed by the past infinitive.

> **È ritornata dopo aver comprato i biglietti.**
> *She returned after having bought the tickets.*

201. Substitute each indicated infinitive in the following sentences.

1. Gli ho parlato prima di uscire. *studiare, finire, mangiare, giocare, ballare, cantare, lavorare*
2. Sono entrati senza dire niente. *parlare, salutare, sorridere, dare il buongiorno*

202. Complete the following with the correct past form of the indicated infinitive.

1. È ritornato dopo _____ il film. *vedere*
2. Siete arrivati senza _____. *telefonare*
3. Sono partiti senza _____ niente a nessuno. *dire*
4. È ritornata dopo _____ l'Italia. *visitare*
5. Dopo _____, egli è venuto a vedermi. *arrivare*

The Infinitive as a Noun

In Italian the infinitive may also function as a noun.

> **Dormire poco non è buono.**
> *To sleep little is not good.*
> **Viaggiare stanca.**
> *Traveling is tiring.*

203. Answer the following questions according to the model.

> **Dormi poco? ——→ No, dormire poco non è buono.**

1. Lavori troppo?
2. Mangi molto?
3. Parli sempre?
4. Viaggi ogni giorno?
5. Studi continuamente?

6. Balli senza sosta?
7. Giochi senza riposare?
8. Dormi assai?
9. Corri troppo?
10. Spendi troppo denaro?

The Infinitive as an Indirect Command

The infinitive is used to give instructions in the affirmative in a variety of situations.

Entrare! *Enter!* (*noun:* entrata)
Uscire! *Exit!* (*noun:* uscita)
Spingere! *Push!*
Tirare! *Pull!*
Tenere la destra! *Keep right!*
Tenere la sinistra! *Keep left!*
Tenersi a distanza! *Keep off!*
Tenersi lontano! *Keep off!*

When the indirect command is in the negative, the infinitive is usually preceded by the past participle **vietato** (literally: *prohibited*).

Vietato entrare! *No entrance!*
Vietato fumare! *No smoking!*
Vietato girare a destra! *No right turn!*
Vietato girare a sinistra! *No left turn!*
Vietato parlare! *No talking!*
Vietato sostare! *No standing!*
Sosta vietata! *No standing!*

204. Rewrite the following instructions in the negative.

1. Entrare!
2. Tirare!
3. Spingere!

4. Fumare!
5. Girare a destra!
6. Uscire!

205. Translate the following.

1. No smoking!
2. No left turn!
3. Keep right!
4. Pull!
5. Push!

6. Keep off!
7. Keep left!
8. No talking!
9. No right turn!
10. No standing!

The Infinitive after *lasciare*, *vedere*, and *sentire*

Letting, seeing, or *hearing* someone do something is expressed by the conjugated forms of **lasciare, vedere,** and **sentire** plus the infinitive.

Ho lasciato giocare i bambini.
I've let the children play.
Ho sentito cantare Teresa.
I heard Theresa sing.
Ho veduto (visto) dormire i bambini.
I saw the children sleep.

206. Answer the following according to the model.

> **I bambini saltavano?** (*vedere*) ⟶ **Si, ho visto saltare i bambini.**

1. I ragazzi giocavano? *lasciare*
2. Le studentesse studiavano? *vedere*
3. Il tenore cantava? *sentire*
4. Il ragazzo parlava? *lasciare*
5. Gli studenti ballavano? *vedere*

6. La ragazza leggeva? *sentire*
7. Il giovane lavorava? *lasciare*
8. Luigi scriveva? *vedere*
9. Suo padre gridava? *sentire*
10. I signori discutevano? *lasciare*

Fare in Causative Constructions

In the causative construction the verb **fare** is followed by an infinitive and expresses the idea of having someone do something or having something done or made.

> **Faccio studiare i ragazzi.**
> *I have (make) the boys study.*
> **Ho fatto arrivare a tempo gli studenti.**
> *I had (made) the students arrive on time.*
> **Abbiamo fatto fare quella sedia.**
> *We had that chair made.*

Note that if the object is a noun, it always follows the infinitive. If the object is a pronoun, however, it precedes the verb **fare**.

> **Faccio studiare i ragazzi.**
> **Li faccio studiare.**
> **Ho fatto arrivare a tempo gli studenti.**
> **Li ho fatti arrivare a tempo.**

When a causative sentence has two objects, one becomes an indirect object. The indirect object is the person being made to do something. In Italian, the indirect object is introduced by the preposition **a**.

> *One object:*
> **Il maestro fa leggere lo studente.**
> *The teacher has (makes) the student read.*
> *Two objects:*
> **Il maestro fa leggere la lettura allo studente.**
> *The teacher has (makes) the student read the passage.*

When either one or both of the objects is a pronoun, the object pronouns precede the verb **fare**. Observe the following.

> **Il maestro fa leggere** la lettura (allo studente).
> **Il maestro** la **fa leggere allo studente.**
> **Il maestro** (gli) **fa leggere la lettura.**
> **Il maestro** (glie)la **fa leggere.**

If, however, the indirect object pronoun is **loro** (see p. 184), the pronoun **loro** follows the infinitive. Observe the following.

> **Io ho fatto scrivere** i compiti (agli studenti).
> **Io** li **ho fatti scrivere agli studenti.**
> **Io ho fatto scrivere** (loro) **i compiti.**
> **Io** li **ho fatti scrivere** (loro).

In order to avoid ambiguity with the indirect object, the preposition **da** instead of **a** can introduce the indirect object. For example, consider this sentence: **Abbiamo fatto mandare il pacco a Maria**. It can mean: (1) *We had (made) Mary send the package*; or (2) *We had the package sent to Mary*. If the first meaning is intended, **da** can replace **a**.

> **Abbiamo fatto mandare il pacco da Maria.**
> *We had (made) Mary send the package.*

The reflexive **farsi** can also be used in a causative construction when one is having something done or made for oneself.

> **Mi faccio tagliare i capelli.**
> *I have (am having) my hair cut.*
> **Mi farò fare un vestito.**
> *I'll have a suit made (for myself).*

If the reflexive verb **farsi** is in a compound tense such as the **passato prossimo**, the verb **essere** is used.

> **Mi son fatto tagliare i capelli.**
> *I had (have had) my hair cut.*
> **Mi son fatto fare un vestito.**
> *I had a suit made (for myself).*
> **Me lo son fatto fare.**
> *I had it made (for myself).*

207. Translate the following.

1. I had the boy sing.
2. I had the boy sing the song.
3. I had the boy sing it.
4. I had him sing the song.
5. I had him sing it.
6. I had the boys sing the song.
7. I had the boys sing it.
8. I had them sing the song.
9. I had them sing it.

208. Rewrite the following, replacing the objects with a pronoun according to the model.

> **Roberto fa chiamare gli amici. ⟶ Roberto li fa chiamare.**

1. Luisa fa fare il lavoro.
2. Noi facciamo entrare la signora.
3. Il maestro fa recitare le poesie.
4. Tu fai mandare il pacco.
5. Io mi son fatto costruire la casa.
6. Io ho fatto tradurre la lettera a Gina.

The Use of the Prepositions *a* and *di* before an Infinitive

The following verbs take the preposition **a** before an infinitive. Note that **a** becomes **ad** before infinitives beginning with **a-**. Before infinitives beginning with other vowels, **a** and **ad** are interchangeable.

> **Luigi ci aiuta a fare i compiti.**
> **Pietro si è dedicato a studiare.**
> **Maria riesce a parlare bene l'inglese.**
> **Voi sempre tardate ad arrivare.**
> **Noi vi insegneremo a dipingere.**

abituarsi a (*to get used to*) Ci siamo abituati a vivere in questo clima.
affrettarsi a (*to hurry to, hasten*) Gli studenti si affrettano a finire gli esami.
aiutare a (*to help*) Teresa sempre aiuta Pietro a fare i compiti di scuola.

andare a   (*to go*)   Domani andremo a vedere un film di Fellini.

apprendere a   (*to learn*)   Dobbiamo apprendere a guidare l'automobile.

aspettare a   (*to wait*)   Perché non aspettate a inviare quel pacco?

avere a   (*to have to, must*)   Ancora ho da imparare molte cose.

badare a   (*to take care of*)   Signore, badi ad includere il Suo indirizzo!

chiamare a   (*to call*)   Hanno chiamato a salutarci.

cominciare a   (*to begin*)   Adesso comincio a capire la trama.

condannare a   (*to condemn*)   Alcuni sono condannati a soffrire.

continuare a   (*to continue*)   Continuiamo a bussare ancora.

consentire a   (*to agree*)   Consentite a venire alle dieci?

correre a   (*to run*)   Paola corre a incontrare suo padre.

costringere a   (*to compel*)   Abbiamo costretto Mario ad accompagnarci.

dare a   (*to give*)   Non diamo a intendere ciò che pensiamo!

darsi a   (*to give oneself over to, to dedicate oneself*)   Luigi si è dato a collezionare francobolli.

decidersi a   (*to make up one's mind*)   Mi sono deciso a viaggiare un po' di piú.

dedicarsi a   (*to devote oneself*)   Si sono dedicati ad aiutare i poveri.

divertirsi a   (*to have fun*)   Mi sono divertito a montare la bicicletta.

esitare a   (*to hesitate*)   Ha esitato a darci il suo numero telefonico.

fare bene a   (*to do well*)   Fai bene a non fumare.

fare meglio a   (*to be better off*)   Fate meglio ad aspettare.

fare presto a   (*to hurry up*)   Facciamo presto a partire!

fare in tempo a   (*to be on time*)   Faremo in tempo a prendere il treno?

forzare a   (*to force*)   Non ti ho mai forzato a lavorare fino a tardi.

giocare a   (*to play*)   Giocano a vedere chi vince.

godere a   (*to enjoy*)   Abbiamo goduto a vedere giocare i bambini.

imparare a   (*to learn*)   Avete imparato a leggere quelle parole difficili?

incoraggiare a   (*to encourage*)   Ci hanno incoraggiati a studiare.

insegnare a   (*to teach*)   Mi hai insegnato a giocare a tennis.

insistere a   (*to insist*)   Pietro ha insistito a parlare di sport.

inviare a   (*to send*)   Ci hanno inviati a portarvi questi pacchi.

invitare a   (*to invite*)   Li abbiamo invitati a cenare con noi.

istruire a   (*to train, to instruct*)   Marco è stato istruito a fare il meccanico.

mandare a   (*to send*)   L'ho mandato a comprare il giornale.

mettere a   (*to put, to place*)   Ho messo le pentola a cuocere lentamente.

mettersi a   (*to begin to*)   Dobbiamo metterci a lavorare.

obbligare a   (*to force, to oblige*)   Mi hanno obbligato a stare zitto.

passare a   (*to go on*)   Passiamo a fare altre cose!

pensare a   (*to think of*)   Pensi a vendere la casa?

persistere a   (*to persist*)   Luisa persiste a lavorare fino a tardi.

persuadere a   (*to convince*)   Mi hanno persuaso a fare un lungo viaggio.

prendere a   (*to begin to*)   Usualmente prendono a parlare di politica.

preparare a   (*to prepare*)   Li abbiamo preparati a recitare molto bene.

prepararsi a   (*to get ready*)   Si stanno preparando a dare gli esami.

procedere a   (*to proceed to*)   Procediamo a discutere questo tema!

provare a   (*to try to*)   Ho provato a convincerlo, ma è impossibile.

restare a   (*to stay, to remain*)   È restato a finire il lavoro.

rimanere a   (*to remain, to stay*)   Sono rimasto a scrivere una lettera.

rinunciare a   (*to give up*)   Avete rinunciato a partecipare.

riprendere a   (*to resume*)   Dopo le vacanze, abbiamo ripreso a lavorare.

ritornare a   (*to come back, to go back*)   È ritornato a completare il progetto.

riuscire a   (*to succeed*)   Finalmente siamo riusciti a risolvere il problema.

salire a   (*to go up, to climb*)   É salito ad aggiustare il tetto.

sbrigarsi a   (*to hurry*)   Sbrighiamoci a leggere!
scendere a   (*to come down, to go down*)   Sono scesi a salutarci.
seguitare a   (*to keep on*)   Quei signori seguitano a insistere.
servire a   (*to be good for*)   Queste tavole servono a fare uno scaffale.
stare a   (*to stay*)   Stiamo qui a farvi compagnia.
tardare a   (*to delay, to be late*)   Tardano a servirci.
temere a   (*to be afraid to*)   Temete a guidare nel traffico?
tornare a   (*to come back, to go back, to return*)   Son tornati a vivere a Roma.
venire a   (*to come to*)   Stasera vengono a darci il benvenuto.

The following verbs take the preposition **di** before an infinitive. Note that **di** may become **d'** before infinitives beginning with **i-**.

Ho cercato di telefonarti, ma non ho potuto.
Hanno deciso d'incominciare troppo tardi.
Hai rifiutato di partecipare al convegno.
A volte fingiamo di non capire.
Mi ha chiesto di portargli un dizionario.

accettare di   (*to accept*)   Ha accettato di fare parte del gruppo.
accorgersi di   (*to become aware of*)   Si è accorto di aver fatto molti sbagli.
ammettere di   (*to admit*)   Hanno ammesso di aver detto certe cose.
approvare di   (*to approve*)   Il senato ha approvato di continuare il programma.
arrossire di   (*to blush*)   Luisa arrossisce di parlare in pubblico.
aspettare di   (*to wait*)   Aspetto di ricevere quei documenti.
aspettarsi di   (*to expect*)   Ci aspettiamo di vederli stasera.
astenersi di   (*to abstain from*)   Si astengono di votare.
augurare di   (*to wish*)   Ti auguro di riuscire bene agli esami.
augurarsi di   (*to hope to*)   Mi auguro di potere andare in Europa.
avere paura di   (*to be afraid*)   Avete paura di viaggiare in aereo.
avvertire di   (*to warn, to caution*)   Vi avvertiamo di guidare con cautela.
cercare di   (*to try*)   Stiamo cercando di essere pazienti.
cessare di   (*to stop*)   Cessate di fare i presuntuosi!
chiedere di   (*to ask*)   Hanno chiesto di parlarci al piú presto.
comandare di   (*to order*)   Ho comandato di chiamare Paolo.
concludere di   (*to conclude, to end*)   Ha concluso di comandare.
consigliare di   (*to advise*)   Mi hanno consigliato di partire subito.
consolarsi di   (*to take comfort, to rejoice*)   Si consolano di aver vinto.
credere di   (*to believe in*)   Credono di contribuire continuamente.
decidere di   (*to decide*)   Decidiamo di lasciarli in pace!
determinare di   (*to determine*)   Hanno determinato di smettere il programma.
detestare di   (*to hate, to detest*)   Detestiamo di continuare cosí.
dimenticare di   (*to forget to*)   Ho dimenticato di lasciare l'indirizzo.
dire di   (*to say, to tell*)   Ci ha detto di riportare i libri in biblioteca.
dispensare di   (*to excuse*)   Ci dispensano di fare questo lavoro.
domandare di   (*to ask*)   Mi ha domandato d'inviare i documenti.
dubitare di   (*to doubt*)   Dubiti di poter venire?
fantasticare di   (*to day-dream, to imagine*)   Fantastica di essere un grande attore.
fingere di   (*to pretend*)   Sempre fingono di essere contenti.
finire di   (*to end up, to finish*)   Finite di scherzare.
giurare di   (*to swear, to pledge*)   Giurano di vendicarsi.
godere di   (*to enjoy*)   Godiamo di vedere gli amici.
impedire di   (*to prevent*)   Quei signori t'impediscono di parlare.
indignarsi di   (*to be indignant*)   Si indignano di fare certi lavori.
infischiarsi di   (*to not care a hoot about*)   Luigi s'infischia di lavorare.

indovinare di   (*to guess right*)   Ho indovinato di scrivergli.
ingannarsi di   (*to deceive oneself*)   S'ingannano di fare bene.
lagnarsi di   (*to complain*)   Ti lagni di dover studiare.
lamentarsi di   (*to complain*)   Ci lamentiamo di dover partire.
mancare di   (*to lack, to fail*)   Mancano di fare il proprio dovere.
meravigliarsi di   (*to be surprised*)   Mi meraviglio di vedervi qui.
minacciare di   (*to threaten*)   Ti minaccia di farti del male.
occuparsi di   (*to busy oneself with, to attend to*)   Vi occupate di fare tutto.
offrire di   (*to offer*)   Offrono di pagare il conto.
ordinare di   (*to order*)   Vi ordino di stare a casa.
pensare di   (*to think of*)   Pensiamo di leggere quel romanzo.
pentirsi di   (*to regret, to repent*)   Si son pentite di non esser venute.
permettere di   (*to allow, to permit*)   Vi permetto di uscire per poche ore.
persuadere di   (*to persuade, to convince*)   Ci persuade di uscire tardi.
pregare di   (*to beg*)   Ti prego di non bestemmiare.
privare di   (*to deprive*)   Le regole ci privano di fare certe cose.
proibire di   (*to prevent, to prohibit*)   Ti proibisco di uscire.
promettere di   (*to promise*)   Mi ha promesso di visitarmi presto.
proporre di   (*to propose*)   Hanno proposto di erigere un monumento.
provare di   (*to try*)   Proveranno di nuotare da una sponda all'altra.
raccomandare di   (*to recommend, to exhort*)   Vi raccomando di tornare presto.
rendersi conto di   (*to realize*)   Si è reso conto di avere pochi amici fedeli.
ricordare di   (*to remember*)   Ricorderai d'impostare le lettere?
ricordarsi di   (*to remember*)   Non mi son ricordato di scrivere.
rifiutare di   (*to refuse*)   Hanno rifiutato di venire con noi.
ringraziare di   (*to thank*)   Ti ringrazio di avermi aiutato.
ripetere di   (*to repeat*)   Ripeto d'invitarti.
risolvere di   (*to resolve, to solve*)   Abbiamo risolto di non ritornare.
sapere di   (*to know*)   Sanno di dovere scusarsi.
sbagliare di   (*to miss, to make a mistake*)   Avete sbagliato di votare per il miglior candidato.
sbrigarsi di   (*to hasten, to hurry*)   Si sono sbrigati di terminare quel contratto.
scommettere di   (*to bet*)   Hai scommesso di finire per primo?
scrivere di   (*to write*)   Gli ho scritto di tornare.
scusarsi di   (*to apologize*)   Stefano si è scusato di averli burlati.
smettere di   (*to stop*)   Ha smesso di fare favori a destra e a sinistra.
sognare di   (*to dream about*)   Abbiamo sognato di essere in un film.
sperare di   (*to hope, to expect*)   Speravano di arrivare presto.
stabilire di   (*to agree*)   Ho stabilito di non fumare piú.
stancarsi di   (*to get tired*)   Si è stancata di rispondere alle domande.
stupirsi di   (*to be amazed*)   Ci siamo stupiti di vedere Gino lí.
suggerire di   (*to suggest*)   Hanno suggerito di rifare il lavoro.
supplicare di   (*to beseech, to beg*)   L'avete supplicato d'inviarvi la patente di guida.
temere di   (*to fear*)   Temi di perdere la scommessa?
tentare di   (*to try, to attempt*)   Molte volte ho tentato di farlo studiare.
terminare di   (*to end, to stop*)   Hanno terminato di accettare assegni.
trattare di   (*to deal with, to bargain*)   Hai trattato di comprare quel negozio?
vantarsi di   (*to brag about, to vaunt*)   Si vantavano di essere i primi in tutto.
vergognarsi di   (*to be ashamed of*)   Si è vergognato di vantarsi.

Verbs Followed Directly by an Infinitive

amare   (*to love, to like*)   Ama andare a caccia e a pesca.
ascoltare   (*to listen to*)   Ho ascoltato cantare Teresa.

bastare (*to suffice*)   Basta lavorare e tutto va bene.
bisognare (*to be necessary*)   Bisogna partire al piú presto.
desiderare (*to wish, to desire*)   Desidero rivedere i miei amici.
dovere (*to have to, must*)   Devono finire il progetto.
farsi (*to have something done*)   Si son fatti costruire una villa.
gradire (*to appreciate*)   Gradiamo essere invitati.
guardare (*to look at, to watch*)   Guardo passare la gente.
lasciare (*to allow, to let*)   Per favore, ci lasci vivere in pace!
occorrere (*to be necessary*)   Occorre lavorare per poter vivere.
osare (*to dare*)   Antonio non osa avvicinarsi.
osservare (*to observe, watch*)   Osserviamo volare gli uccelli.
parere (*to seem*)   Pare voler piovere.
piacere (*to like, to please*)   A tutti piace divertirsi.
potere (*to be able to*)   Se vogliamo, possiamo andare al cinema.
preferire (*to prefer*)   Abbiamo preferito restare a casa.
sapere (*to know how*)   Sa guidare.
sembrare (*to seem*)   Oggi il sole sembra brillare di piú.
sentire (*to hear*)   Mi scusino un momento, sento piangere i bambini.
solere (*to be used to*)   Soliamo passeggiare nel tardo pomeriggio.
udire (*to hear*)   Odi cantare le ragazze?
vedere (*to see*)   Hanno veduto (visto) giocare quei giovani.
volere (*to want to*)   Voglio passare le vacanze in montagna.

209. Complete the following sentences with the appropriate prepositions when necessary.

1. Vogliamo _____ cantare alcune canzoni.
2. Accetto _____ fare parte del vostro circolo.
3. Alberto non riesce _____ studiare.
4. Sembra _____ piovere a dirotto.
5. Mi hanno proibito _____ entrare.
6. Corrado ama _____ andare a caccia.
7. Ci prepariamo _____ dare gli esami.
8. Avete imparato _____ guidare?
9. Silvana si è stupita _____ vedermi qui.
10. Marco e Mario si sono vergognati _____ parlare.
11. Adesso non oso _____ dire una parola.
12. Vi lamentate _____ lavorare troppo.
13. Hai sentito _____ Teresa?
14. Non possiamo _____ capire queste regole.
15. Mi hanno insegnato _____ parlare inglese.
16. I bambini corrono _____ incontrare lo zio.
17. Occorre _____ studiare per fare bene agli esami.
18. Temo _____ non potercela fare.
19. Avete tentato _____ parlare al direttore?
20. Stefano è riuscito _____ vedere il preside.

PASSIVE VOICE

The passive voice is used more frequently in English than in Italian. When it is used, the passive voice is formed with the conjugated forms of the verb **essere** plus the past participle of the verb. The agent or person who performs the action is introduced by the preposition **da** (which when necessary is contracted with the appropriate definite article. See p. 17). Note that the past participle agrees in gender and number with the subject.

Passive: **Le lettere sono state distribuite dal postino.**
            The letters were delivered by the letter carrier.
Active: **Il postino ha distribuito le lettere.**
            The letter carrier delivered the letters.
Passive: **I pacchi sono stati mandati da Teresa.**
            The packages were sent by Theresa.
Active: **Teresa ha mandato i pacchi.**
            Theresa sent the packages.
Passive: **Il biglietto sarà comprato dalla signorina.**
            The ticket will be bought by the young lady.
Active: **La signorina comprerà il biglietto.**
            The young lady will buy the ticket.
Passive: **La bicicletta gli è stata regalata dagli zii.**
            The bicycle was given to him as a gift by his uncles.
Active: **Gli zii gli hanno regalato la bicicletta.**
            His uncles (or: uncle and aunt) gave him the bicycle as a gift.

The preposition **di** is used with verbs expressing condition:

Le strade erano coperte di ghiaccio.
The streets were covered with ice.
La torta era inzuppata di rum.
The cake was filled with rum.

210. Rewrite the following sentences in the active voice according to the model.

I libri sono stati comprati da Arturo.
Arturo ha comprato i libri.

1. Quel paese è stato distrutto da un terremoto.
2. Queste poesie sono state composte da Olga.
3. Quella casa è stata costruita da noi.
4. Gli scaffali sono stati fatti dagli studenti.
5. La lettera è stata inviata da mia zia.
6. Il pacco è stato portato da Giovanni.
7. Quel romanzo è stato scritto da Sciascia.
8. Gina e Maria sono state raccomandate dai professori.
9. Il pranzo è stato preparato dal cuoco.
10. La notizia è stata divulgata dai giornali.

Note: Newspaper headlines often make use of an abbreviated form of the passive voice.

Giovane di ventidue anni ucciso da un camion.
Young man of twenty-two killed by truck.
Città distrutta da un terremoto.
City destroyed by earthquake.

Passive with *si*

A common way to form the passive voice in Italian is by using the reflexive pronoun **si** with the third-person singular or plural form of the verb. This construction is most common when the person by whom the action is carried out (the agent) is unimportant, or when the action is habitual or normal.

Qui si parla italiano.
Italian is spoken here.
La squadra di calcio si compone di undici giocatori.
The soccer team is composed of eleven players.
In quel negozio si vendono camicie e cravatte.
Shirts and neckties are sold in that store.

This construction is also used to convey an indefinite subject:

Si dice che Roberto è tornato in Italia.
It is said (They say) that Robert went back to Italy.
Ancora si parla della seconda guerra mondiale.
People (They) still talk about World War II.

211. Complete the following sentences with the appropriate forms of the indicated verbs.

1. Da quel ponte _____ un panorama magnifico. *vedersi*
2. A che ora _____ questi negozi? *aprirsi*
3. _____ inglese qui? *parlarsi*
4. Come _____ "pencil" in italiano? *dirsi*
5. In questo negozio _____ scarpe. *vendersi*
6. In Sicilia vi _____ un clima meraviglioso. *trovarsi*
7. Ancora _____ di quell'affare? *parlarsi*
8. _____ poco al mercato all'aperto. *spendersi*

Chapter 4

Negative Words and Constructions

MAKING A SENTENCE NEGATIVE

The most common way to make a sentence negative in Italian is to place the word **non** before the verbal expression. Observe the following.

Voglio dormire.
I want to sleep.
Non voglio dormire.
I do not want to sleep.

Carlo e Maria parlavano italiano.
Charles and Mary spoke Italian.
Carlo e Maria non parlavano italiano.
Charles and Mary did not speak Italian.

Ho finito.
I have finished.
Non ho finito.
I have not finished.

If an object pronoun (see Chapter 6) precedes the verb, the negative word **non** precedes the object pronoun.

Lo conosco.
I know him.
Non lo conosco.
I do not know him.

Lo abbiamo fatto.
We did it.
Non lo abbiamo fatto.
We did not do it.

Ci alziamo.
We get up.
Non ci alziamo.
We do not get up.

1. Rewrite the following sentences in the negative.

   1. Vogliamo andare al teatro.
   2. Io conosco quei ragazzi.
   3. Luisa vuole venire adesso.
   4. Andavate alla spiaggia ogni estate.
   5. Si sveglieranno alle quattro.
   6. Gli amici portano i regali.
   7. Tu mangi troppo.
   8. Lo hanno dimenticato.
   9. Ho visto Roberto ieri sera.
   10. I miei amici mi visitano.

COMMON NEGATIVE EXPRESSIONS

Very commonly used negative expressions are:

nessuno   *no one, nobody*
niente (nulla)   *nothing*
mai   *never*
né . . . né   *neither . . . nor*
nessuno   *no, not . . . any* (used as an adjective)
neanche, nemmeno, neppure   *not even*

Study the following.

Affirmative	*Negative*
Qualcuno parla.	Non parla nessuno.
	or Nessuno parla.
Vedo qualcuno.	Non vedo nessuno.
Voglio qualcosa (qualche cosa).	Non voglio niente.
Tutto mi piace.	Non mi piace niente.
	or Niente mi piace.
Egli sempre va al cinema.	Egli non va mai al cinema.
	or Egli mai va al cinema.
Ho ricchezza e fortuna.	Non ho né ricchezza né fortuna.
Compro qualche libro.	Non compro nessun libro.
Ho ricevuto qualche lettera.	Non ho ricevuto nessuna lettera.
Anch'io lo farò.	Neanch'io (Nemmeno io, Neppure io) lo farò.

Note that the placement of the negative word in the sentence can vary. When the negative word precedes the verb, **non** is omitted.

Mai viaggiamo in aereo.
Non viaggiamo mai in aereo.

Nessuno and **niente** almost always follow the verb when they function as the object. When they are the subject of the sentence, their position can vary.

Nessuno parla.   Non parla nessuno.
Niente mi piace.   Non mi piace niente.

Unlike English, many negative words can be used in the same sentence in Italian.

Carlo non dice mai niente a nessuno.

2. Rewrite the following sentences in the negative.

1. C'è qualcosa sulla tavola.
2. Qualcuno ti ha telefonato.
3. Vedo qualcuno nella stanza.
4. Sempre andiamo alla spiaggia.
5. Lei ha inchiostro e carta?
6. Luigi sempre dice la stessa cosa.
7. C'è qualcuno in cucina.
8. Vuole qualche cosa?
9. Carlo sempre parla con qualcuno di qualche cosa.
10. Sempre leggo qualche giornale italiano.

NEGATION OF COMPOUND TENSES

Verbs in compound tenses are also made negative by placing **non** before the auxiliary verb. Some words that are combined with **non** may take different positions in the sentence. Study the following combinations.

non ... nessuno	*no one, nobody*
non ... niente ⎫	
non ... nulla ⎬	*nothing*
non ... né ... né	*neither ... nor*
non ... mai	*never*
non ... ancora	*not ... yet*
non ... piú	*no ... longer*
non ... affatto	*not ... at all*
non ... mica	*not ... at all (in the least)*
non ... punto	*not ... at all*
non ... neanche ⎫	
non ... nemmeno ⎬	*not ... even*
non ... neppure ⎭	
non ... che	*only*

When they are used with **non**, the negative expressions **nessuno, niente, né ... né,** and **che** always *follow* the past participle.

> **Non** hanno trovato <u>nessuno</u>.
> **Non** abbiamo visto <u>nessun</u> ragazzo.
> **Non** abbiamo visto <u>nessuna</u> ragazza.
> **Non** hanno detto <u>niente</u>.
> **Non** ha trovato <u>né</u> il passaporto <u>né</u> il biglietto.
> **Non** ho letto <u>che</u> due libri.

With the combinations **non ... mica** and **non ... punto, mica** and **punto** always come between the auxiliary verb and the past participle.

> **Non** ha <u>mica</u> parlato.
> **Non** è <u>punto</u> arrivato.

Affatto, ancora, mai, neanche (nemmeno, neppure) and **piú** can be placed either between the auxiliary verb and the past participle or after the past participle.

> Luigi <u>non</u> è tornato <u>affatto</u>.   Luigi <u>non</u> è <u>affatto</u> tornato.
> <u>Non</u> si sono svegliati <u>ancora</u>.   <u>Non</u> si sono <u>ancora</u> svegliati.
> <u>Non</u> ha viaggiato <u>mai</u>.   <u>Non</u> ha <u>mai</u> viaggiato.
> <u>Non</u> sei tornato <u>piú</u>.   <u>Non</u> sei <u>piú</u> tornato.
> <u>Non</u> mi ha salutato <u>neanche</u>.   <u>Non</u> mi ha <u>neanche</u> salutato.

3. Rewrite the following sentences, adding the Italian equivalent of the English words.

    1. Siamo andati a sciare.   *never*
    2. Ha chiamato.   *not ... at all*
    3. Sono arrivati.   *not ... yet*
    4. Tu sei entrato.   *not ... even*
    5. Loro hanno visto uno spettacolo.   *not ... any*
    6. Il cane è tornato.   *never*
    7. Abbiamo visto.   *no one*
    8. Si sono svegliati.   *not ... yet*

    9. Ho visto quel film.   *never*
  10. Noi abbiamo cantato.   *not ... at all*
  11. Ha scritto poesie.   *only*

4.   Answer the following questions using the cues provided.

    1. Chi ti ha visitato ieri sera?   *non ... nessuno*
    2. Cosa hai detto?   *non ... niente*
    3. Quando sono arrivati i tuoi amici?   *non ... ancora*
    4. Quanti libri hai letto?   *non ... che due*
    5. Cosa hai fatto ieri sera?   *non ... niente*
    6. Hai comprato dischi o riviste?   *non ... né ... né*
    7. Quando lo hai visto?   *non ... più*
    8. Quando sei andato(-a) in Italia?   *non ... mai*
    9. Cosa ha detto quando è arrivato?   *non ... neanche buon giorno*
  10. Cosa ha cantato?   *non ... mica*

Neanche, nemmeno, neppure

Neanche, nemmeno, or **neppure** are the negative words used to replace **anche**. These three words can be used interchangeably.

Lui lo sa.	**Anch'io lo so.**
He knows it.	*I know it too (also).*
Lui non lo sa.	**Neanch'io (Nemmeno io, Neppure io) lo so.**
He doesn't know it.	*I don't know it either.*

5.   Replace **anche** with **neanche, nemmeno,** or **neppure** in the following sentences and make the necessary changes.

    1. Anch'egli è ricco.
    2. Anche le sue cugine hanno molto denaro.
    3. Maria lo sa e anch'io lo so.
    4. Anche Giovanni viene.
    5. Anche lui lo ha fatto.

REVIEW

6.   Rewrite the following sentences in the negative.

    1. Marco vuole andare a sciare.
    2. Siamo sempre andati in montagna.
    3. Ho libri e penne.
    4. Loro ci dicono tutto.
    5. Anche voi andate in Italia.
    6. Qualcuno mi ha telefonato.
    7. Tu leggi qualche rivista moderna.
    8. Voi giocate sempre.

7. Rewrite each of the following sentences, using the Italian equivalent of the English cue word.

    1. Abbiamo giocato a tennis.   (*never*)
    2. Hanno lavorato.   (*not ... at all*)
    3. Hai visitato.   (*no one*)
    4. Avete finito.   (*not ... yet*)
    5. Ho fatto una telefonata.   (*not ... any*)
    6. Ha salutato.   (*not ... even*)

Chapter 5

Interrogative Words and Constructions

FORMING QUESTIONS IN ITALIAN

In Italian a statement may be changed into a question by placing a question mark at the end of it. In spoken Italian the question is conveyed to the listener by using a <u>high</u> → <u>low</u> → <u>high</u> intonation extended throughout the sentence.

Statement	*Question*
Sergio compra i libri.	Sergio compra i libri?
Hai molto tempo libero.	Hai molto tempo libero?
Voi avete due figli.	Voi avete due figli?

Statements can also be changed into questions by placing the subject either at the end of the sentence or after the verb. Note that subject pronouns are often omitted; they are usually included only for contrast or emphasis.

Statement	*Question*
Maria viene a casa.	Viene a casa Maria? or Viene Maria a casa?
Tu parli bene.	Parli bene tu?
Lei scrive ai ragazzi.	Scrive ai ragazzi Lei?
Roberto ha due figli.	Ha due figli Roberto?

A statement can be changed into a question by adding the expression: **no?**, **non è vero?**, **è vero?**, or **vero?** to the end of a statement. Observe the following:

Arriverete stasera alle otto, vero?
You'll arrive tonight at eight, right?
Tuo zio ha avuto un incidente, non è vero?
Your uncle had an accident, didn't he?
È il padrone, non è vero?
He is the owner, isn't he?
Domani cominceranno le nostre vacanze, no?
Our vacation will begin tomorrow, right?

1. Rewrite the following statements, changing them into questions.

   1. Luigi è arrivato alle cinque.
   2. Noi ci sediamo qui.
   3. Tu hai paura.
   4. Loro (formal) portano il vino.
   5. Voi siete andati al teatro.
   6. Lei (formal) ha giocato a carte.
   7. I giovani ballano molto.
   8. Ella ha tradotto quel libro.

2. Rewrite the following questions into statements.

   1. Vanno a casa i ragazzi?
   2. Sono tornate le studentesse?
   3. Hai perduto (perso) la partita tu?
   4. Vi siete alzati presto voi?
   5. Escono alle sei Loro?
   6. Abbiamo ballato molto noi?

3. Change the following statements into questions by using expressions such as: **no?**, **vero?**, etc.

1. Nostro fratello tornerà domani.
2. Quel vestito non costa molto.
3. Ci siamo incontrati per caso.
4. Mi riporterete il mio dizionario.
5. Sei stato malato fino a ieri.
6. Andremo in Italia insieme.

INTERROGATIVE ADVERBS AND ADVERBIAL EXPRESSIONS

The following interrogative words are the most commonly used to introduce a question.

A che ora?   *At what time?*
Come?   *How?*
Come mai?   *How come?*
Dove?   *Where?*
Perché?   *Why?*
Quando?   *When?*
Quanto?   *How much?*

Note that in Italian the subject and verb are inverted in interrogative sentences.

A che ora partono i tuoi amici?
At what time are your friends leaving?
Come sta Luigi?
How is Louis?
Dove sono i bambini?
Where are the children?
Dov'è il bambino?
Where is the child?
Perché fumi tanto?
Why do you smoke so much?
Quando usciamo?
When do we go out?
Quanto fa due più tre?
How much is two plus three?

Note that the subject and verb are not inverted with **come mai.**

Come mai Mario non è qui?
How come Mario is not here?

4. Complete the following with the appropriate question words.

1. Paolo mangia *poco.*
2. Voi arrivate *tardi.*
3. I signori sono stati *al centro.*
4. Ci siamo alzate *alle otto.*
5. Roberto sta *molto male.*
6. Le scarpe sono costate *ventimila lire.*
7. Dieci meno otto fa *due.*
8. Maria corre *perché ha fretta.*
9. Sono partiti *presto.*
10. Arriva a scuola *correndo.*

1. _____ mangia Paolo?
2. _____ arrivate voi?
3. _____ sono stati i signori?
4. _____ ci siamo alzate?
5. _____ sta Roberto?
6. _____ sono costate le scarpe?
7. _____ fa dieci meno otto?
8. _____ corre Maria?
9. _____ sono partiti?
10. _____ arriva a scuola?

INTERROGATIVE PRONOUNS *che, chi*

The interrogative pronouns **che** (*what*) and **chi** (*who, whom*) can be used as subjects, direct objects, or objects of a preposition. Observe the following examples.

Che succede? *What's happening?*
Che vuoi? *What do you want?*
Di che parlano? *What are they talking about?*
Chi è lui? *Who is he?*
Chi cerchi? *Whom are you looking for?*
Di chi parlano? *Whom are they talking about?*

Note that **che** can also be expressed by **che cosa** and **cosa**.

Che fai?
Che cosa fai?   *What are you doing?*
Cosa fai?

5. Complete the following with **chi** or **che**, based on the response given.

    1. _____ vedi? *Antonio*
    2. _____ vedi? *I francobolli*
    3. Di _____ parlano? *Di politica*
    4. Di _____ parlano? *Di Angelina*

6. Complete the following with the appropriate question words.

    1. Giovanni scrive molto. _____ scrive molto?
    2. Scrive un romanzo. _____ scrive?
    3. Diamo i fiori agli amici. _____ diamo agli amici?
    4. Diamo i fiori agli amici. _____ diamo i fiori?
    5. Hai ricevuto un regalo da me. _____ _____ hai ricevuto un regalo?
    6. Hai ricevuto un regalo da me. _____ hai ricevuto da me?
    7. Parlate di tutto. _____ _____ parlate?
    8. Voteranno per Anna. _____ _____ voteranno?
    9. Parlano della situazione politica. _____ _____ parlano?
    10. S'incontra con Giorgio. _____ _____ s'incontra?

INTERROGATIVE PRONOUNS *quale, quali*

Quale (quali) is the interrogative pronoun that corresponds to the English *which* (*which ones*).

Quale dei libri preferisci?
Which one of the books do you prefer?
Di questi due libri, quale preferisci leggere?
Of these two books, which one do you prefer to read?

Note that **quale** drops the final **-e** before **è** or **era**, and that an apostrophe is not used.

Qual era il libro che leggevi?

7. Complete the following with either **quale** or **quali**.

    1. Delle due case, _____ preferisce Lei?

2. _____ dei quattro figli sono nati in Italia?
3. _____ delle due figlie è nata in Italia?
4. _____ è la piú intelligente delle due?
5. _____ sono le tue poesie favorite?

INTERROGATIVE ADJECTIVES *quale(-i)*, *quanto(-a, -i, -e)*

The interrogative adjective **quale** (*which*) must agree in number and gender with the noun it modifies. **Quale** has only two forms, **quale** and **quali**.

Quale ragazzo parla?	**Quale ragazza parla?**
Quali ragazzi parlano?	**Quali ragazze parlano?**

Note the difference in meaning between **che** and **quale**. In the question **Quali dischi preferisci comprare?**, the meaning is—Of the records you are looking at, which records do you prefer to buy? In the question **Che dischi preferisci comprare?**, the message is—What type of records do you prefer to buy, classical or popular?

The interrogative adjective **quanto** (*how many*, *how much*) must also agree in number and gender with the noun it modifies. Note that **quanto** has four forms.

Quanto denaro ha Lei?
Quanti libri ha letto Lei?
Quanta farina c'è?
Quante studentesse ci sono?

8. Complete each sentence with the correct form of **quale**.

1. _____ case sono bianche, queste o quelle?
2. _____ libri legge Lei?
3. _____ film hanno visto ieri sera?
4. In _____ ristorante vogliono mangiare stasera?

9. Complete each sentence with the correct form of **quanto**.

1. _____ anni ha Lei?
2. _____ melanzane devo preparare?
3. _____ lettere ha scritto Lei?
4. _____ sale devo mettere nella salsa?

REVIEW

10. Rewrite the following sentences, changing them from statements to questions.

1. Marco compra molti libri.
2. Tuo fratello è il padrone di quella casa.
3. I ragazzi arrivano sempre in ritardo.
4. Teresa va al cinema stasera.
5. Voi andate a scuola in macchina.
6. Il biglietto costa cinque dollari.

11. Complete each of the following sentences with the appropriate interrogative word or phrase.

1. Ti sei alzato presto.
2. Mio padre sta bene.
3. Cinque piú due fa sette.
4. I bambini giocano gridando.
5. Mangiamo perché abbiamo fame.

1. _____ ti sei alzato?
2. _____ sta bene?
3. _____ fa cinque piú due?
4. _____ giocano i bambini?
5. _____ mangiamo?

Chapter 6

Pronouns

SUBJECT PRONOUNS

The subject pronouns in Italian are as follows.

Singular		Plural	
io	*I*	**noi**	*we*
tu	*you* (familiar)	**voi**	*you* (familiar)
		loro	*they* (feminine or masculine)
egli, lui, esso	*he*	**essi**	*they* (masculine)
lei, ella, essa	*she*	**esse**	*they* (feminine)
Lei	*you* (formal)	**Loro**	*you* (formal)

Note that in Italian there are four ways to say *you*. The familiar pronouns **tu** (singular) and **voi** (plural) are used to address relatives, friends, fellow students, children, and people whom one knows very well. The formal pronouns **Lei** (singular) and **Loro** (plural) are used to address strangers, superiors, people one does not know very well, those to whom one wishes to show particular respect, and those older than oneself. It is important to note the distinction between the capitalized **Lei** and **Loro**, which mean *you*, and **lei** (*she*) and **loro** (*they*). The pronoun **Loro** is considered *very* formal, and is sometimes replaced with the **voi** form.

In modern spoken Italian, **lui, lei**, and **loro** are used much more frequently for *he, she,* and *they* than the other third-person forms. In more formal written Italian, **egli** and **ella** are sometimes used to express *he* and *she*.

In English, subject pronouns are always used. In Italian, since the verb ending indicates the subject, it is very common to omit the subject pronoun.

> **Oggi andiamo al cinema.**
> *Today we are going to the movies.*
> **Voglio andare alla spiaggia.**
> *I want to go to the beach.*

Subject pronouns are used in Italian, however, in the following instances.

For emphasis

> **Lo facciamo noi.**
> *We'll do it.*
> **I libri li compro io.**
> *I'll buy the books.*

For contrast

> **Io lavoro, ma tu canti.**
> *I'm working, but you're singing.*
> **Noi studiamo e voi vi divertite**
> *We study and you amuse yourselves.*

After almeno, anche, magari, neanche, nemmeno, **neppure**

> **Almeno (magari) lo facesse lui!**
> *If he would only do it!*
> **Anche noi parliamo francese.**
> *We too speak French.*
> **Nemmeno io vado al cinema.**
> *I won't go to the movies either.*

Note: **almeno** and **magari** require the subjunctive (see Chapter 3).

When they stand alone

> **Chi ha gridato?**   **Lui!**
> *Who yelled?*   *He did!*
> **Chi vuole farlo?**   **Noi!**
> *Who wants to do it?* *We do!*

1. Rewrite the following sentences, substituting the appropriate subject pronouns for the italicized nouns.

1. *Mario* compra due libri.
2. *I bambini* vogliono molte caramelle.
3. *Teresa* scrive l'esercizio.
4. *Carlo e Giuseppe* lavorano qui vicino.
5. *Le studentesse* studiano molto.
6. *Maria e Luisa* vanno in Italia.

2. Give the correct subject pronoun for each of the following nouns.

1. Maria
2. Le ragazze
3. Luigi
4. Elena e Filippo
5. Tu e io
6. Tu e lui

3. Translate the following sentences into Italian.

1. We sing, but she studies.
2. Not even they want to eat.
3. Who wants to play? I do!
4. They too go to Italy.

DIRECT OBJECT PRONOUNS: *lo (l'), la (l'), li, le*

The third-person direct object pronouns in Italian are **lo, la, li, le**. **Lo** and **li** are masculine pronouns. **La** and **le** are feminine pronouns. Note that **lo** and **la** are contracted before verbs beginning with a vowel or silent **h**. **Li** and **le** are never contracted. These pronouns can refer to either persons or things and they precede the conjugated form of the verb.

> **Laura legge il giornale.**
> **Laura lo legge.**
>
> **Io porto i libri.**
> **Io li porto.**
>
> **Loro vedono il ragazzo.**
> **Loro lo vedono.**
>
> **Angelo vede i nonni.**
> **Angelo li vede.**

Giorgio scrive la lettera
Giorgio la scrive.

Teresa chiude le finestre.
Teresa le chiude.

Noi visitiamo Maria.
Noi la visitiamo.

4. Complete the following sentences with the appropriate direct object pronouns.

1. Teresa vede Giorgio. Teresa _____ vede.
2. Stefano guarda i regali. Stefano _____ guarda. .
3. Io chiamo Gina. Io _____ chiamo.
4. Noi compriamo le bibite. Noi _____ compriamo.
5. Marco ha visto la signora Torre. Marco _____ ha vista.
6. Noi abbiamo visitato lo zio. Noi _____ abbiamo visitato.
7. Voi leggete i libri. Voi _____ leggete.
8. Il postino porta le lettere. Il postino _____ porta.
9. Antonio chiude la porta. Antonio _____ chiude.
10. Tu prendi il caffé. Tu _____ prendi.
11. Loro preparano i panini. Loro _____ preparano.
12. Io apro le buste. Io _____ apro.

5. Rewrite the following sentences, substituting each italicized object noun with the appropriate pronoun.

1. Mario recita *le poesie*.
2. Noi visitiamo *la nonna*.
3. Teresa sfoglia *i libri*.
4. Il cameriere serve *il caffé*.
5. Arturo porta *le sedie*.
6. Tu chiami *Olga*.
7. Stefano saluta *gli amici*.
8. Tu mandi *il pacco*.
9. Voi aspettate *le zie*.
10. Loro leggono *la lettura*.
11. Io compro *i regali*.
12. Noi invitiamo *lo zio*.

Formal You: *La, Li, Le*

The Italian formal direct object pronoun is **La**. Note that it is always capitalized and is considered both masculine and feminine singular. **La** is contracted to **L'** before verbs beginning with a vowel or silent **h**.

Li and **Le** are the plural masculine and feminine formal pronouns. They too are always capitalized but are never contracted.

Signor Martini, conosco Lei?   Signor Martini, La conosco?
Signora Martini, conosco Lei?   Signora Martini, La conosco?
Signori, conosco Loro?   Signori, Li conosco?
Signora Torre e signorina Pirri,   Signora Torre e signorina Pirri,
   conosco Loro?   Le conosco?
Signor Martini, ho conosciuto Lei?   Signor Martini, L'ho conosciuto?
Signora Torre, ho conosciuto Lei?   Signora Torre, L'ho conosciuta?

6. Complete the following sentences with the appropriate direct object pronouns.

1. Signor Giampino, conosco *Lei*? Signor Giampino, _____ conosco?
2. Signorine, conosco *Loro*? Signorine, _____ conosco?

3. Signori, conosco *Loro*? Signori, _____ conosco?
4. Dottore, ho conosciuto *Lei*? Dottore, _____ ho conosciuto?
5. Signora, aspetto *Lei*? Signora, _____ aspetto?
6. Ingegnere, aspetto *Lei*? Ingegnere, _____ aspetto?

7. Rewrite the following sentences substituting each italicized object with the appropriate pronoun.

1. Signori, aiuto *Loro*.
2. Signore, chiamiamo *Loro*.
3. Signora, chiamiamo *Lei*.
4. Signorina, aspettiamo *Lei*.
5. Dottore, aiutiamo *Lei*.
6. Signor Pirri e signora Torre, aspettiamo *Loro*.
7. Dottoressa Marini, chiamo *Lei* domani?
8. Professor Carli, chiamo *Lei* stasera?

Special Use of the Pronoun *lo*

The object pronoun **lo** can replace an entire idea. Observe the following examples:

Credi che Giovanni farà bene agli esami?
Sí, lo credo.
No, non lo credo.

Dubitate che loro arrivino domani?
Sí, lo dubitiamo.
No, non lo dubitiamo.

Sei sicuro che andrai in Italia l'anno prossimo?
Sí, lo sono.
No, non lo sono.

Io sono stanco e lo è anche Teresa.
Noi siamo contenti ma Pietro non lo è.

8. Answer the following questions according to the indicated cues. Use the pronoun **lo**.

1. Sei sicuro che domani nevicherà? *sí*
2. Credi che io possa finire stasera? *no*
3. Dubitate che loro vengano a cenare con noi? *sí*
4. Signora, Lei dubita che Olga sia studiosa? *no*
5. Ragazzi, credete che pioverà domani? *sí*

9. Complete the following sentences with the appropriate object pronouns.

1. Mario è stanco e _____ è anche Stefano.
2. Io sono contento e _____ siete anche voi.
3. Luigi è pessimista e _____ siamo anche noi.
4. Voi siete ottimisti ma io non _____ sono.
5. Quegli studenti sono pigri ma tu non _____ sei.
6. Paola è triste ma Francesca non _____ è.

DIRECT AND INDIRECT OBJECT PRONOUNS: *mi, ti, ci, vi*

The pronouns **mi**, **ti**, **ci**, **vi** function as either direct objects or indirect objects. **Mi**, **ti**, and **vi** can be contracted (**m'**, **t'**, **v'**) before verbs beginning with a vowel or silent **h**. **Ci** contracts (**c'**) only when it precedes a verb beginning with **i**. These contractions, however, are much more common in spoken Italian than in written Italian.

> **Maria mi chiama.** *Mary calls me.*
> **Pietro mi parla.** *Peter talks to me.*
> **Loro t'invitano.** *They invite you.*
> **Io ti rispondo.** *I answer you.*
> **Lei ci vede.** *She sees us.*
> **Lei ci dice tutto.** *She tells us everything.*
> **Carlo vi saluta.** *Charles greets you.*
> **Carlo vi telefona.** *Charles telephones you.*

10. Answer the following questions according to the cues.

1. Ti chiamano i ragazzi? *sí*
2. Vi vede Carlo? *no*
3. Ci sentono Mario e Teresa? *sí*
4. Ti parlano quei signori? *no*
5. Vi telefona Olga? *sí*
6. Ti vede Arturo? *no*
7. Ci salutano gli amici? *sí*
8. Ti dicono tutto? *no*
9. Vi risponde Stefano? *sí*
10. Ci parlano quelle signorine? *no*

11. Rewrite the following sentences placing the object pronoun in the plural.

1. Carlo mi parla.
2. Maria ti vede.
3. Lui m'insegna la lezione.
4. Io ti saluto.
5. Loro mi guardano.
6. Lei ti risponde.

Personal Direct Object Pronouns in Emphatic Position

Direct personal object pronouns are placed after the verb for emphasis. Observe the following.

Weak Position (before the verb)	*Emphatic Position (after the verb)*
Carlo mi guarda.	**Carlo guarda me.**
Io ti chiamo.	**Io chiamo te.**
Tu lo inviti.	**Tu inviti lui.**
Noi la chiamiamo.	**Noi chiamiamo lei.**
Io La cerco.	**Io cerco Lei.**
Loro ci vogliono.	**Loro vogliono noi.**
Lui vi saluta.	**Lui saluta voi.**
Tu li accompagni.	**Tu accompagni loro.**
Io le invito.	**Io invito loro.**
Noi Li chiamiamo.	**Noi chiamiamo Loro.**
Io Le saluto.	**Io saluto Loro.**

12. Rewrite the following sentences in their emphatic form.

1. Luisa mi saluta.
2. I miei amici ci cercano.
3. Noi ti vogliamo vedere.
4. Lui vi chiama.
5. Io La saluto.
6. Tu la saluti.
7. Loro lo cercano.
8. Noi le invitiamo.
9. Voi li chiamate.
10. Io Le saluto.

INDIRECT OBJECT PRONOUNS: *gli, le, loro*

The third-person indirect object pronouns are **gli** (*to him*) and **le** (*to her*) in the singular, and **loro** (*to them*) in the plural. Note that in the third person, there is a definite difference between the direct and indirect object pronouns. Note that **gli** and **le** immediately precede the conjugated form of the verb, whereas **loro** immediately follows the conjugated form of the verb. Also, with **loro** there is no gender differentiation. **Gli**, **le**, and **loro** can refer to either persons or things. **Gli** may become **gl'** before verb forms beginning with **i-**, whereas **le** and **loro** never contract.

Observe the following sentences.

Io scrivo <u>a Carlo</u>.	Io <u>gli</u> scrivo.
Io insegno la lezione <u>a Carlo</u>.	Io <u>gl'</u>insegno la lezione.
Tu parli <u>a Teresa</u>.	Tu <u>le</u> parli.
Lui parla <u>ai ragazzi</u>.	Lui parla <u>loro</u>.
Rispondo <u>a Maria e a Pietro</u>.	Rispondo <u>loro</u>.

13. Complete the following sentences with the appropriate indirect object pronouns as suggested by the italicized cues.

   1. Maria _____ scrive. *a Paolo*
   2. Noi _____ parliamo. *a Olga*
   3. Tu scrivi _____. *agli amici*
   4. _____ posso rispondere? *alla signorina*
   5. Signori, possiamo parlare _____? *agli studenti*
   6. Scriviamo _____. *a Stefano e a Maria*
   7. _____ rispondo. *alla mia amica*
   8. _____ parliamo. *a Giuseppe*

14. Rewrite the following sentences replacing each italicized indirect object noun with the appropriate pronoun.

   1. Mando un regalo *a mia madre.*
   2. Scriviamo molte lettere *al ragazzo.*
   3. Do l'indirizzo *agli amici.*
   4. Telefono *alla zia.*
   5. Inviamo un telegramma *ai genitori.*
   6. Rispondo *a Umberto.*
   7. Scrivo *a Luisa.*
   8. Diamo il benvenuto *alle signorine.*

15. Complete each sentence with the appropriate direct or indirect object pronoun.

   1. Luigi scrive ai suoi fratelli. Luigi scrive _____.
   2. Maria telefona a sua zia. Maria _____ telefona.
   3. Noi salutiamo gli amici. Noi _____ salutiamo.
   4. Loro guardano il grattacielo. Loro _____ guardano.
   5. Noi inviamo i regali. Noi _____ inviamo.
   6. Mario invita Giorgio. Mario _____ invita.
   7. Io telefono a Teresa. Io _____ telefono.
   8. Do il libro a Mario. _____ do il libro.
   9. Diamo il pacco ai signori. Diamo _____ il pacco.
   10. Noi riceviamo le lettere. Noi _____ riceviamo.

FORMAL INDIRECT OBJECT PRONOUNS: *Le, Loro*

The Italian formal indirect object pronouns are: **Le** (*you*), formal singular, and **Loro** (*to you*), formal plural. Note that with **Le** and **Loro** there is no gender differentiation. Also, they never contract, and they refer only to persons.

Observe the following sentences. Note that **Le** precedes the verb and **Loro** always follows the verb.

Signora, parlo a Lei?	**Signora, Le parlo?**
Madame, do I speak to you?	*Madame, do I speak to you?*
Signor Rossi, parlo a Lei?	**Signor Rossi, Le parlo?**
Mr. Rossi, do I speak to you?	*Mr. Rossi, do I speak to you?*
Signorine, parlo a Loro?	**Signorine, parlo Loro?**
Young ladies, do I speak to you?	*Young ladies, do I speak to you?*
Signori, parlo a Loro?	**Signori, parlo Loro?**
Gentlemen, do I speak to you?	*Gentlemen, do I speak to you?*

16. Complete each sentence with the appropriate indirect object pronoun.

1. Signor Pirri, parlo *a Lei*? Signor Pirri, _____ parlo?
2. Signori, mando i pacchi *a Loro*? Signori, mando _____ i pacchi?
3. Signorine, telefono *a Loro*? Signorine, telefono _____?
4. Signora, mando l'orologio *a Lei*? Signora, _____ mando l'orologio?
5. Dottore, scrivo *a Lei*? Dottore, _____ scrivo?
6. Professoresse, rispondiamo *a Loro*? Professoresse, rispondiamo _____?
7. Dottoressa, parlo *a Lei*? Dottoressa, _____ parlo?
8. Don Pasquale, telefono *a Lei*? Don Pasquale, _____ telefono?

17. Answer the following with complete sentences using the formal indirect object pronouns **Le** and **Loro**.

1. Signor Torre, ci scrive?
2. Signora, mi parla?
3. Dottore, ci dà la ricetta?
4. Signorina, ci manda la lettera?
5. Professoressa, mi dà un bel voto?
6. Don Carlo, ci manda l'assegno?
7. Signore, mi scrive presto?
8. Ingegnere, mi restituisce i libri?

Ci as an Adverb of Place

The pronoun **ci** can be used to replace prepositional phrases beginning with the words **a, in,** or **su**. When **ci** is substituted for such phrases, it functions as an adverb of place. **Ci** can also be substituted for such adverbs of place as **dentro, fuori,** and **qui**, and it can be substituted for the proper name of a place, in which case it means *there*. Observe the following.

Replacing a, in, su, or a named place

Gino va a Bologna.	**Gino ci va.**
Gino goes to Bologna.	*Gino goes there.*
Vivo in America.	**Ci vivo.**
I live in America.	*I live there.*
Salgo sul treno.	**Ci salgo.**
I get on the train.	*I get on it.*

Replacing **dentro** (*inside*), **fuori** (*outside*), **lí** (*there*), **qui** (*here*)

Luisa va dentro.	**Luisa ci va.**
Louise goes inside.	*Louise goes there.*
Vai fuori?	**Ci vai?**
Are you going outside?	*Are you going there?*
Vado lí.	**Ci vado.**
I go there.	*I go there.*
Sto qui.	**Ci sto.**
I stay here.	*I stay here.*

18. Rewrite the following, replacing the italicized words with a pronoun.

1. Noi andiamo *alla spiaggia*.
2. Pietro va *fuori*.
3. Luisa sale *sul tetto*.
4. Io resto *qui*.
5. Loro vanno *a Palermo*.
6. Maria vive *in Italia*.

19. Answer the following questions with complete sentences, replacing the italicized words with a pronoun.

1. Ragazzi, andate *in campagna*?
2. Luisa, vai *al teatro*?
3. Pietro, resti *a casa*?
4. Signora, va *lí*?
5. Professoressa, va *in biblioteca*?
6. Mario, ritorni *qui*?

Special Meaning with *ci*

When **ci** is used with certain verbs, the verb can acquire a somewhat different meaning. Study the following.

crederci   *to believe in something*
Credevano nell'amicizia, e ancora ci credono.
They believed in friendship, and they still believe in it.

entrarci   *to have something to do with*
Una volta m'interessavo molto; adesso non c'entro piú.
Once I was very involved; now I have nothing to do with it.

metterci   *to take* (*time*)
Anni fa ero a scuola in dieci minuti; adesso ci metto mezz'ora.
Years ago I'd reach school in ten minutes; now it takes me half an hour.

pensarci   *to think about it* (*of it*)
Pensi ancora alla gioventú? Non ci pensare piú!
You're still thinking about youth? Don't think about it any more!

rifletterci   *to think something over*
A volte agivo automaticamente; adesso ci rifletto.
At times I acted automatically; now I think it over.

sentirci   *to be able to hear*
Adesso sto meglio; ci sento.
Now I feel better; I'm able to hear.

vederci   *to be able to see*
Accendete le luci; non ci vedo.
Turn on the lights; I'm not able to see.

> **volerci** *to take (time, space, etc.)*
> **Ci vogliono mille metri per fare un chilometro.**
> *It takes one thousand meters to make one kilometer.*

20. Rewrite the following sentences replacing the italicized words with a pronoun.

1. Credo *in ciò che tu dici.*
2. Non vede *niente.*
3. Vogliamo riflettere *su queste cose.*
4. Non sentono *niente.*
5. Non credo *in queste superstizioni.*

21. Translate the following sentences into Italian.

1. Do you (*tu*) believe in it?
2. It takes too much time.
3. They are not able to see.
4. I assure you that I have nothing to do with it.
5. What are you thinking about?
6. It's necessary to think it over.
7. It takes us ten minutes to get home.
8. Are you (*tu*) able to see?

THE PRONOUN *ne*

The pronoun **ne** replaces a prepositional phrase introduced by **da** and **di**. It means *some, any, about, of it, of them, from it, from them, from there.* It is used:

In place of a prepositional phrase

Vengono da Siena.	**Ne vengono.**
They come from Siena.	*They come from there.*

To replace the partitive

Ho del tempo.	**Ne ho.**
I have some time.	*I have some.*

With expressions followed by **di**

Parla di Giorgio.	**Ne parla.**
He talks about George.	*He speaks about him.*
Ho bisogno di tre francobolli.	**Ne ho bisogno di tre.**
I need three stamps.	*I need three of them.*

With expressions of quantity

Ha molti amici.	**Ne ha molti.**
He has many friends.	*He has many of them.*
Ho quattro sorelle.	**Ne ho quattro.**
I have four sisters.	*I have four of them.*
Ho alcuni libri.	**Ne ho alcuni.**
I have some books.	*I have some.*
Voglio una tazza di caffé	**Ne voglio una tazza.**
I want a cup of coffee.	*I want a cup of it.*

*To replace **di** plus an infinitive*

Ho il desiderio di viaggiare.   **Ne ho il desiderio.**
I feel like traveling.   *I feel like it.*

22. Rewrite the following sentences, replacing the italicized words with an appropriate pronoun.

1. Parliamo *di Luigi*.
2. Vengono *dal museo*.
3. Comprano tre *biglietti*.
4. Abbiamo voglia *di dormire*.
5. Ha molte *camicie*.
6. È contento *del suo posto*.
7. Mangia *della carne*.
8. Compra una dozzina *di pere*.
9. Non ho voglia *di cenare*.
10. Hai due *fratellini*.
11. Abbiamo bisogno *di una macchina*.

23. Rewrite the following sentences, replacing the italicized words with **ci**, **ne**, **gli**, **le**, **loro** as needed.

1. Ritorniamo *dallo stadio*.
2. Do *del denaro* a Gino.
3. Offriamo il biglietto *all'amico*.
4. Telefono *a Olga*.
5. Invia il pacco *ai ragazzi*.
6. Tu vai *in Francia*.
7. Restono *qui*.
8. Ricevono pochi *fiori*.
9. Parliamo *alla signorina Bianchi*.

Double Object Pronouns

me lo, te lo, ce lo, ve lo

In many cases both a direct and indirect object pronoun will appear in the same sentence. When such occurs, the indirect object pronoun almost always precedes the direct object pronoun. Note that **mi**, **ti**, **ci**, and **vi** change to **me**, **te**, **ce**, and **ve** when followed by a direct object pronoun. Study the following chart and the examples below.

DOUBLE OBJECT PRONOUNS

Indirect \ Direct	lo	la	l'	li	le	ne
mi	me lo	me la	me l'	me li	me le	me ne
ti	te lo	te la	te l'	te li	te le	te ne
ci	ce lo	ce la	ce l'	ce li	ce le	ce ne
vi	ve lo	ve la	ve l'	ve li	ve le	ve ne

Lui me lo da.
Lui te la dice.
Loro ce ne portano.
Io ve ne do.
Io ve l'insegno.
Tu me ne compri.
Lui ce le regala.

24. Rewrite the following sentences, replacing the direct and indirect objects with the appropriate pronouns.

1. Maria manda la cartolina a noi.
2. Giovanni dà le lettere a voi.
3. Lui dice i segreti a te.
4. Loro insegnano le lezioni a me.
5. Tu porti il pacco a noi.
6. Antonio presta la penna a voi.
7. Io do il dizionario a te.

25. Complete the following sentences substituting the italicized direct object nouns with their appropriate direct object pronouns. Make all other necessary changes.

1. Lui mi dà *l'indirizzo.* Lui _____ _____ dà.
2. Tu ci porti *il caffè.* Tu _____ _____ porti.
3. Roberto ci scrive *molte lettere.* Roberto _____ _____ scrive.
4. Vostra nonna vi manda *i regali.* Vostra nonna _____ _____ manda.
5. Io ti presto *la macchina da scrivere.* Io _____ _____ presto.
6. Loro mi restituiscono *le penne.* Loro _____ _____ restituiscono.
7. Luisa ci mostra *i suoi dipinti.* Luisa _____ _____ mostra.
8. Voi mi ridate *la patente.* Voi _____ _____ ridate.

glielo, gliela, glieli, gliele

The indirect object pronouns **gli** (*to him*), **le** (*to her*), and **Le** (*to you*—formal), when followed by the direct object pronouns **lo, la, li, le,** form one word: **glielo (gliela, glieli, gliele).** Very often, the capital letter **G-** is used to indicate the formal **Le** (**Glielo, -a, -i, -e**). Observe the following chart and examples:

Indirect \ Direct	lo	la	l'	li	le	ne
gli	glielo	gliela	gliel'	glieli	gliele	gliene
le	glielo	gliela	gliel'	glieli	gliele	gliene
Le	Glielo	Gliela	Gliel'	Glieli	Glieli	Gliene

Do il libro a Pietro.	Glielo do.
Do la penna a Maria.	Gliela do.
Do i quaderni a Lei.	Glieli do.
Do le lettere al postino.	Gliele do.

26. Complete the following sentences, replacing the italicized direct and indirect object nouns with their appropriate pronouns.

1. Prestiamo *la macchina a Paolo.* _____ prestiamo.
2. Mando *i regali alla bambina.* _____ mando.
3. Spedisci *le lettere a tuo padre.* _____ spedisci.
4. Riporto *il libro a Lei.* _____ riporto.
5. Inviano *i pacchi a lui.* _____ inviano.
6. Paghiamo *il salario all'impiegato.* _____ paghiamo.
7. Restituisco *il quaderno a lei.* _____ restituisco.
8. Presto *le fotografie a Luigi.* _____ presto.

loro, Loro with lo, la, le, li

The object pronouns **loro** (*to them*), and **Loro** (*to you*—formal plural) follow the verbs at all times. Observe the following examples:

Do il libro agli studenti.   Lo do loro.
Do i libri a Loro.   Li do Loro.
Do le penne a loro.   Le do loro.
Do la penna a Loro.   La do Loro.

27. Rewrite the following sentences, replacing the italicized direct and indirect object nouns with their appropriate pronouns.

1. Noi mandiamo *i regali ai bambini.*
2. Io regalo *questi libri a Loro.*
3. Tu dai *i biglietti a loro.*
4. Il preside dà *il diploma alle studentesse.*
5. Tuo zio porta *i documenti ai signori.*
6. Diamo *la palla ai ragazzi.*
7. Io compro *la merenda alle bambine.*
8. Restituiamo *le medaglie a Loro.*

REVIEW

28. Rewrite the following sentences, replacing the direct and indirect object nouns with the appropriate double object pronouns.

1. Luigi dà *il pallone a me.*
2. Maria manda *la lettera ai suoi genitori.*
3. Il maestro insegna *le lezioni allo studente.*
4. Presto *la chiave a Mario.*
5. Luisa presta *i quaderni a noi.*
6. Antonio regala *la penna a voi.*
7. Do *questo dizionario a Loro.*
8. Inviano *i pacchi a te.*
9. Compriamo *i giocattoli ai bambini.*
10. Mando *gli auguri a tua madre.*
11. Prestano *la radio a Lei.*
12. Il mio amico manda *molte cartoline a me.*
13. Io do *del denaro a te.*
14. Loro comprano *le buste a loro.*
15. Voi date *le informazioni a noi.*

Position of Object Pronouns

With conjugated verbs

All object pronouns with the exception of **loro** and **Loro** always precede the conjugated form of the verb. If a sentence is negative, the negative word precedes the object pronouns. With compound tenses, the object pronouns precede the auxiliary verb.

Affirmative	*Negative*
Io glielo do.	Io non glielo do.
Noi l'ascoltiamo.	Noi non l'ascoltiamo.
Le mandiamo loro.	Non le mandiamo loro.
Ve ne ho regalato.	Non ve ne ho regalato.
Me li ha riportati.	Non me li ha riportati.

29. Rewrite the following sentences, replacing the direct and indirect object nouns with the appropriate pronouns.

1. Roberto porterà le carte.
2. Rosa ci mandò la radio.
3. Ho dato il dizionario a Olga.
4. Rispondiamo ai cugini.
5. Loro mi spiegarono il diagramma.
6. Stefano ci dà i biglietti.
7. Darò il calendario a Lei.
8. Hai portato la camicia a me.
9. Noi ascoltiamo te.
10. Ne hai portati due a Gina?

With infinitives

The object pronouns may either precede the verb that accompanies the infinitive or they may be attached to the infinitive. Note that when the pronoun is attached to the infinitive, the final -**e** of the infinitive is dropped. Observe the following.

Lui me lo vuole dare.
Lui vuole darmelo.
Io te lo voglio chiedere.
Io voglio chiedertelo.
Noi ve ne vogliamo dare.
Noi vogliamo darvene.
Ve la preferiamo inviare.
Preferiamo inviarvela.
Glielo posso dare.
Posso darglielo.

30. Rewrite the following another way.

1. Possono darmelo.
2. Voglio comprarteli.
3. Preferiscono insegnarceli.
4. Desideriamo regalarvele.
5. Volevo dargliela.
6. Volevano vendermelo.

31. Rewrite the following, adding the pronouns to the infinitive.

1. Luisa mi può aiutare.
2. Roberto ti deve parlare.
3. Io ve la voglio vendere.
4. Loro ce li possono regalare.
5. Tu gliele puoi mostrare.
6. Noi te ne desideriamo dare.

32. Rewrite the following according to the model.

Lui vuole dare i fiori a Teresa. ⟶ Lui glieli vuole dare.
⟶ Lui vuole darglieli.

1. Voglio regalare i libri a Giovanni.
2. Vogliamo mostrare la macchina a voi.
3. Posso portare il biglietto a te.
4. Preferisco inviare le cartoline a Rosa.
5. Maria vuole regalare qualcosa a me.
6. Voleva cantare una canzone a noi.

With progressive tenses

With progressive tenses, the pronouns can either precede the auxiliary verb **stare** or be attached to the present gerund.

> **Sto leggendo la lettera.**
> **La sto leggendo.**
> **Sto leggendola.**
>
> **Stavamo comprando i libri.**
> **Li stavamo comprando.**
> **Stavamo comprandoli.**

33. Rewrite the following, placing the pronouns before the auxiliary.

1. Roberto stava parlandoci.
2. Lui sta portandole.
3. Voi stavate leggendolo.

4. Tu stai preparandola.
5. Noi stavamo scrivendoti.
6. Loro stanno telefonandogli.

34. Rewrite the following, attaching the pronouns to the gerund.

1. Mi sta invitando.
2. Vi stavano scrivendo.
3. Ce la stanno mandando.

4. Glielo stavano leggendo.
5. Te le stanno offrendo.

35. Rewrite the following sentences according to the model.

> **Maria canta la canzone. ⟶ Maria sta cantandola.**
> **⟶ Maria la sta cantando.**

1. Antonio compra i dischi.
2. Io scrivo la lettera.
3. Loro preparano il pacco.
4. Noi portiamo le penne.
5. Tu leggi la lettura.

6. Voi riportate i libri.
7. Luisa prende il treno.
8. Io lavo le camicie.
9. Pietro saluta l'amico.
10. Il sarto cuce i vestiti.

With informal commands

The object pronouns are always attached to the affirmative familiar commands and always precede the negative familiar commands. If the command form is monosyllabic, pronouns double their first letter if they begin with **m** or **l**. Observe the following examples:

Affirmative	*Negative*
Fallo!	**Non lo fare!**
Fammelo!	**Non me lo fare!**
Dillo!	**Non lo dire!**
Dimmelo!	**Non me lo dire!**
Dagliela!	**Non gliela dare!**
Dammela!	**Non me la dare!**
Daccela!	**Non ce la dare!**
Fatelo!	**Non lo fate!**
Datelo!	**Non lo date!**

36. Rewrite the following commands in the negative.

1. Dammelo!

2. Fatele!

3. Portatela!
4. Prestaceli!
5. Mostraglielo!
6. Compragliele!

7. Mandatemela!
8. Diccelo!
9. Dimmela!
10. Ditegliele!

37. Rewrite the following commands in the affirmative.

1. Non me la mandare!
2. Non gliele scrivete!
3. Non me lo prestare!
4. Non ce li dite!
5. Non me la comprate!

6. Non ce lo fare!
7. Non me le portare!
8. Non ce le insegnare!
9. Non me lo vendete!
10. Non gliela mostrate!

With formal commands

The object pronouns always precede the formal commands both in the affirmative and in the negative. Observe the following:

Affirmative	*Negative*
Me lo dica!	**Non me lo dica!**
Lo faccia!	**Non lo faccia!**
La facciano!	**Non la facciano!**
Gliele diano!	**Non gliele diano!**
Me li mandi!	**Non me li mandi!**

38. Rewrite the following commands in the negative.

1. Me lo dia!
2. Ce le diano!
3. Me la portino!
4. Ce li scriva!

5. Glielo presti!
6. Gliele mostrino!
7. Lo faccia!
8. Le facciano!

39. Rewrite the following commands in the affirmative.

1. Non me li prestino!
2. Non gliela mostri!
3. Non me le diano!
4. Non ce lo dica!

5. Non gliele insegnino!
6. Non me la scriva!
7. Non glielo mandino!
8. Non ce li legga!

First person plural: Let's

Object pronouns are attached to the first person plural command form in the affirmative. They precede the verb in the negative. Observe the following:

Affirmative		*Negative*
Compriamoli!	*Let's buy them.*	**Non li compriamo!**
Alziamoci!	*Let's get up.*	**Non ci alziamo!**
Facciamolo!	*Let's do it.*	**Non lo facciamo!**
Sediamoci!	*Let's sit down.*	**Non ci sediamo!**
Mandiamole!	*Let's send them.*	**Non le mandiamo!**
Scriviamola!	*Let's write it.*	**Non la scriviamo!**

40. Rewrite the following in the affirmative.

1. Non la compriamo!
2. Non ci alziamo!
3. Non lo facciamo!

4. Non le diciamo!
5. Non ci sediamo!
6. Non li mandiamo!

41. Follow the model.

Addormentarci? ⟶ Sí, addormentiamoci!
⟶ No, non ci addormentiamo!

1. Federci?
2. Vestirci?
3. Metterci il cappello?

4. Prepararci?
5. Lavarci le mani?
6. Alzarci?

Special Verbs with Indirect Objects

The following verbs take the indirect object pronoun and, when used in the third person singular or plural, they have a special meaning; also, note that many of them have the subject appear at the end of the sentence.

bastare   *to be enough, to suffice*
Mi basta un po' di pace.   *A little peace is enough for me.*
Ci bastano queste sedie.   *These chairs are enough for us.*

parere *to seem* **sembrare**   *to appear*
Ci pare strano vivere qui.   *It seems strange to us living here.*
Mi sembrano buoni.   *To me they seem to be good.*

occorrere   *to be necessary, to be lacking*
Mi occorre una motocicletta.   *I need a motorcycle.*
Ci occorrono certi libri.   *We need certain books.*

piacere   *to like, to be pleasing*
Mi piace sciare.   *I like to ski.*
Gli piacciono le città europee.   *He likes European cities.*
Ci piace la città di Nuova York.   *We like the city of New York.*
Ti piacciono i panini?   *Do you like the sandwiches?*
Le piace la musica moderna.   *She likes modern music.*
Vi piacciono gli scrittori   *Do you like Italian writers?*
    italiani?

dolere   *to hurt* **fare male**   *to hurt*
Mi fa male la testa.   *My head hurts*
Ci fanno male le gambe.   *Our legs hurt.*
Ti duole il dente?   *Your tooth hurts?*
Gli dolgono i denti.   *His teeth hurt.*

42. Complete the following with the appropriate indirect object pronoun and verb ending.

1. A me _____ piac_____ quell'orchestra.
2. A me _____ piacci_____ quei negozi.
3. A te _____ occorr_____ un mese di riposo.
4. A te _____ occorr_____ degli spiccioli.
5. A lui _____ f_____ male la mano.
6. A lui _____ f_____ male le gambe.

7. A lei _____ par_____ ottimo dormire sempre.
8. A noi _____ sembr_____ interessanti questi vasi.
9. A noi _____ sembr_____ buono quel vino.
10. A voi _____ duol_____ la testa.
11. A voi _____ dolg_____ le braccia.
12. A Lei _____ bast_____ stare sola?

43. Answer the following questions.

1. Vi piace ballare?
2. Ti occorre la macchina?
3. Occorrono Loro quei libri?
4. A Maria le fa male il ginocchio?
5. A noi ci bastano questi soldi?

6. Gli duole la spalla a Sandro?
7. Ci sembrano tristi quei ragazzi?
8. Ti pare nuovo questo vestito?
9. Vi fanno male i denti?
10. Signora, Le occorre qualcosa?

44. Rewrite the following according to the model.

   A me / il pesce ⟶ Mi piace il pesce.

1. A noi / la musica
2. A Paolo / le lingue
3. A loro / il progetto
4. A te / i programmi

5. A Elena / l'arte moderna
6. A Loro / i concerti
7. A noi / l'opera
8. A me / viaggiare

REFLEXIVE PRONOUNS

   Reflexive pronouns are used when the action in the sentence is both executed and received by the subject. (For a complete review of reflexive verbs see Chapter 3.)
   The reflexive pronouns are.

(io)	**mi**	(noi)	**ci**
(tu)	**ti**	(voi)	**vi**
(egli)	**si**	(loro)	**si**

   Io mi pettino.
   Noi ci alziamo.
   Loro si siedono.
   Tu ti vesti.

45. Complete the following with the appropriate reflexive pronoun.

1. Io _____ chiamo Arturo.
2. _____ laviamo le mani.
3. A che ora _____ alzi?
4. Perché non _____ sedete?
5. Marco _____ mette la cravatta blu.

6. Loro _____ fanno la doccia.
7. Tu _____ addormenti.
8. Teresa _____ corica tardi.
9. Io non _____ sento bene.
10. Il bambino _____ toglie la camicia.

DISJUNCTIVE PRONOUNS

   The disjunctive pronouns (pronouns which follow a preposition) are the same as the subject pronouns with the exception of **io (me)**, **tu (te)**, and **egli (lui)**.

Subject Pronouns	Disjunctive Pronouns
io	**me**
tu	**te**
egli (lui, esso)	**lui (esso)**
lei (ella, essa)	**lei (essa)**
Lei	**Lei**
noi	**noi**
voi	**voi**
loro (essi)	**loro (essi)**
loro (esse)	**loro (esse)**
Loro	**Loro**

46. Complete the following by changing the italicized words to the appropriate disjunctive pronouns.

1. Lo facciamo per _____. *Gino*
2. Andiamo a scuola con _____. *Teresa e Carlo*
3. Voi cominciate dopo di _____. *Maria*
4. Loro abitano sotto di _____. *io*
5. Sai che Giovanni vive presso di _____. *tu*
6. Tutti vanno al cinema tranne di _____. *voi*
7. Ci sediamo dietro di _____. *egli*
8. Tutti studiano tranne di _____. *noi*
9. Siamo venuti per _____. *ella*
10. Siamo qui per _____. *Loro*

Disjunctive Pronouns after Comparatives

The disjunctive pronouns **me**, **te**, **lui**, **lei**, **noi**, **voi**, and **loro** are preceded by the preposition **di** after comparatives. Study the following.

Teresa studia piú di noi.
Theresa studies more than we do.
Carlo canta meglio di me.
Charles sings better than I do.
Io scrivo peggio di loro.
I write worse than they do.
Tu leggi meno di lei.
You read less than she does.

47. Supply the correct disjunctive pronouns according to the cues provided.

1. Quei giovani ballano piu di _____. *io*
2. Io scrivo piú lettere di _____. *Carlo*
3. Noi beviamo meno latte di _____. *Carlo e Maria*
4. Loro cantano meglio di _____. *tu e io*
5. Io guido peggio di _____. *tu e lui*
6. Tu hai meno libri di _____. *Luisa*
7. Mia sorella legge piú di _____. *mio fratello*
8. Noi abbiamo meno esperienza di _____. *quei signori*

INDEFINITE ADJECTIVES AND PRONOUNS

The following indefinite adjectives are invariable: **ogni**, **qualche**, and **qualunque** **(qualsiasi)**. These adjectives do not have plural forms, and each is used for both masculine and feminine singular nouns. Study the following.

> **Mi lavo i denti ogni giorno.**
> *I brush my teeth every day.*
> **Ogni tanto scrivo qualche lettera.**
> *Once in a while I write some letters.*
> **Ci piace qualunque (qualsiasi) cibo.**
> *We like all kinds (any kind) of food.*

Note that **qualche**, though singular in Italian, is translated as a plural in English: **qualche lettera** means *some letters*, and **qualche libro** means *some books*.

Indefinite Adjectives and Pronouns in the Singular

The following indefinite adjectives are singular: **alcuno**, **alcuna**, **ciascuno**, **ciascuna**, **(ciascheduno, -a)**, **nessuno**, **nessuna**. Note that **alcuno** and **alcuna** are used only in a negative sentence. **Ciascuno** drops the -o **(ciascun)** before a noun; **nessuno** also drops the -o **(nessun)**. Study the following.

Adjectives	*Pronouns*
Non ho alcun parente.	**No ho alcuno.**
I don't have any relatives.	*I don't have anyone.*
Non visitiamo alcuna zia.	**Non visitiamo alcuna.**
We do not visit any aunts.	*We don't visit anyone.*
Diamo un regalo a ciascun (ciaschedun) bambino.	**Diamo un regalo a ciascuno (ciascheduno).**
We give a gift to each little boy.	*We give a gift to each one.*
Diamo un regalo a ciascuna (ciascheduna) bambina.	**Diamo un regalo a ciascuna (ciascheduna).**
We give a gift to each little girl.	*We give a gift to each one.*
Non vedo nessun amico.	**Non vedo nessuno.**
I don't see any friends.	*I don't see anyone.*
Non vedo nessuna amica.	**Non vedo nessuna.**
I don't see any friends (f.).	*I don't see anyone (f.).*

Indefinite Adjectives and Pronouns in the Plural

The following indefinite adjectives are plural: **alcuni**, **alcune**, **certuni**, **certune (taluni, talune)**. Study the following.

Adjectives	*Pronouns*
Alcuni esami sono difficili.	**Alcuni sono difficili.**
Some exams are difficult.	*Some are difficult.*
Alcune vacanze sono bellisime.	**Alcune sono bellisime.**
Some vacations are very beautiful.	*Some (vacations) are very beautiful.*
Certuni uomini somo ambiziosi.	**Certuni sono ambiziosi.**
Some men are ambitious.	*Some (men) are ambitious.*
Talune penne non scrivono bene.	**Talune non scrivono bene.**
Some pens don't write well.	*Some (pens) don't write well.*

Note that **alcuni(-e)**, **certuni(-e)**, and **taluni(-e)** are often interchangeable.

48. Complete the following sentences according to the italicized English word.

1. Non abbiamo _____ successo. *any*
2. Luigi si sbarba _____ giorno. *every*
3. Ogni tanto leggo _____ rivista. *some*
4. A me piace _____ tipo di pesce. *any*
5. Loro non hanno _____ amico. *any*
6. _____ studente deve studiare. *each*
7. _____ giornali sono noiosi. *some*
8. _____ fotografie sono lucide. *some*

POSSESSIVE PRONOUNS

In Chapter 2 there is a section on possessive adjectives; review it carefully. Possessive pronouns are used to replace a noun modified by a possessive adjective. A possessive pronoun must agree with the noun it replaces in gender and number, and is accompanied by the appropriate definite article or its contracted forms **al**, **ai**, **allo**, etc. (see contractions on p. 17). Observe the difference between the possessive adjectives and the possessive pronouns.

Adjectives	*Pronouns*
mio, mia, miei, mie	il mio, la mia, i miei, le mie
tuo, tua, tuoi, tue	il tuo, la tua, i tuoi, le tue
suo, sua, suoi, sue	il suo, la sua, i suoi, le sue
Suo, Sua, Suoi, Sue	il Suo, la Sua, i Suoi, le Sue
nostro, nostra, nostri, nostre	il nostro, la nostra, i nostri, le nostre
vostro, vostra, vostri, vostre	il vostro, la vostra, i vostri, le vostre
loro, loro, loro, loro	il loro, la loro, i loro, le loro
Loro, Loro, Loro, Loro	il Loro, la Loro, i Loro, le Loro

Ho la mia bicicletta, non la tua.
Abbiamo i nostri libri, non i vostri.
Scrive alle sue amiche, non alle tue.
Loro vanno dai loro nonni, non dai nostri.

Note that after the verb **essere**, the definite article is usually omitted:

Questa casa è mia.

49. Rewrite the following, replacing the italicized phrase with the appropriate possessive pronoun.

1. Questa è *la mia macchina.*
2. *La tua motocicletta* è piú veloce.
3. Abbiamo comprato *i nostri biglietti.*
4. Hanno ricevuto *il loro regalo.*
5. Questi sono *i miei libri.*
6. *Le nostre amiche* vivono presso di te.
7. Sto preparando *la mia valigia.*
8. Dammi *il tuo passaporto!*
9. *I miei zii* vivono in Italia.
10. Hai portato *i tuoi libri* e *i suoi libri.*
11. *Il nostro amico* aspetta qui vicino.

12. *La vostra piscina* è molto grande.
13. Ci piacciono *il Suo ufficio* e *i Suoi libri.*
14. *Le mie cugine* arrivano domani.
15. Non voglio né *la tua bicicletta* né *la sua motocicletta.*

DEMONSTRATIVE PRONOUNS

Questo and *quello*

The demonstrative pronouns are basically the same as the demonstrative adjectives (see Chapter 2). They can refer to either people or things. **Questo** and **quello** must agree in gender and in number with the noun they substitute.

	Questo		Quello	
Masculine singular	**questo**	*this one*	**quello**	*that one*
Masculine plural	**questi**	*these*	**quelli**	*those*
Feminine singular	**questa**	*this one*	**quella**	*that one*
Feminine plural	**queste**	*these*	**quelle**	*those*

For emphasis, all forms of **questo** and **quello** may be followed by **qui** (*here*) and **lí** (*there*): **questo qui** (*this one here*); **quello lí** (*that one there*), etc.

Mi piace questo.	*I like this (one).*
Preferisco quello.	*I prefer that (one).*
Queste qui sono le migliori.	*These are the best (ones).*
Quelli lí sono i peggiori.	*Those are the worst (ones).*

50. Complete the following with the appropriate demonstrative pronouns.

1. Questi cappotti sono buoni, ma preferisco _____.   *those*
2. Quella ragazza è italiana, _____ è americana.   *this one*
3. Questo romanzo è noioso, _____ è interessante.   *that one*
4. Quelle sedie sono comode, _____ sono troppo piccole.   *these*
5. Quelli sono molto costosi, _____ vanno a buon mercato.   *these*

RELATIVE PRONOUNS

Che

A relative pronoun is used to introduce a clause that modifies a noun. **Che** can be used to replace either a person or a thing and can function as either the subject or the object of a clause. **Che** does not have gender differentiation.

La ragazza che vedi è sorella di Pietro.
The girl (whom) you see is Peter's sister.
Il giovane che scrive è molto intelligente.
The young man who is writing is very intelligent.
Ti piacciono i libri che sto comprando?
Do you like the books (that) I am buying?
Ecco i libri che costano poco!
Here are the books that cost little!

51.   Complete the following with the relative pronoun.

1. Le cravatte _____ vendono in quel negozio sono belle.
2. Il problema _____ stiamo discutendo è serio.
3. Le ragazze _____ arrivano adesso sono italiane.
4. Il romanzo _____ hai comprato è lungo.
5. I giovani _____ parlano sono studenti.
6. Le ragazze _____ sono invitate da Olga sono brave.
7. La materia _____ studia Mario è molto difficile.
8. I signori _____ vogliono parlarti sono lì.

Cui (whom, which)

Cui is used instead of **che** when it is preceded by a preposition. Note that **cui** can refer to a person or a thing. Note also that the preposition **a** is often omitted with **cui**. All other prepositions must be expressed.

> **a cui**   *to whom, to which*
> **con cui**   *with whom, with which*
> **di cui**   *of whom, of which*
> **da cui**   *from whom, from which*
> **in cui**   *in whom, in which*
> **per cui**   *for whom, for which*
> **su cui**   *on whom, on which*

> **La signora a cui** (or simply: **cui**) **parlavi è dottoressa.**
> **Gli amici di cui parliamo sono in Italia.**
> **L'albergo in cui starai è molto buono.**

52.   Complete the following sentences by translating the English pronouns into Italian.

1. Il sofà _____ ci sediamo è molto comodo.   *on which*
2. I giovani _____ ti ho parlato sono gentili.   *of whom*
3. La ditta _____ lavori è molto grande.   *for which*
4. Gli amici _____ scrivo sono in vacanza.   *to whom*
5. I turisti _____ viaggiamo sono francesi.   *with whom*
6. Quello è l'edificio _____ uscirà mio fratello.   *from which*
7. Questo è l'ufficio _____ lavoro.   *in which*

Il quale, la quale, i quali, le quali

The pronoun **il quale** must agree in number and gender with the noun it replaces. **Il quale** has four forms.

> **il quale**   **la quale**
> **i quali**   **le quali**

Il quale is sometimes used to replace **che** or **cui** either to lend emphasis or to avoid ambiguity. **Che** and **cui**, however, are much more commonly used.

> **La professoressa che dà le conferenze il venerdì parla molto bene.**
> *The professor, who gives the lectures on Fridays, speaks very well.*
> **La professoressa la quale dà le conferenze il venerdì parla molto bene.**
> *The professor, the one who gives the lectures on Fridays, speaks very well.*
> **Il libro di cui ti parlavo era molto interessante.**
> *The book I was talking to you about was very interesting.*

Il libro del quale ti parlavo era molto interessante.
The book, the one I was speaking to you about, was very interesting.

Chi (colui che, colei che, coloro che)

Chi can also be used as a relative pronoun meaning *one who*. Note that it is always followed by a singular verb.

Chi studia, impara.
One who studies learns.
Chi ha visto l'Italia, non la dimenticherà mai.
One who has seen Italy will never forget it.

Alternate forms of **chi** are **colui che** (*he who*), **colei che** (*she who*) and **coloro che** (*those who*). **Coloro che** takes a plural verb.

Colui che studia, impara.
He who studies learns.
Colei che studia, impara.
She who studies learns.
Coloro che studiano, imparano.
Those who study learn.

Colui che, colei che and **coloro che** can also be used to express *the one (ones) who.*

Colui che entra è mio fratello.
The one who is entering is my brother.
Colei che entra è mia sorella.
The one who is entering is my sister.
Coloro che entrano sono i miei fratelli.
The ones who are entering are my brothers.

53. Rewrite the following sentences according to the model.

Arriva mia sorella. ⟶ Colei che arriva è mia sorella.

1. Arrivano i miei amici.
2. Parla mio zio.
3. Qualcuno arriva e qualcuno parte.
4. Ascoltano i miei studenti.
5. Si siede Antonio e si alza Marco.
6. Canta la mia amica.

Quello che, quel che, ciò che (what, that which)

The neuter relative pronouns, **quello che, quel che, ciò che**, are used to replace a general or abstract idea rather than a specific antecedent. They are similar to the English *what* and *that which*. All three of them are interchangeable.

Ciò che dici non è vero.   *What you say is not true.*
Quel che ti consiglio è di studiare.   *What I suggest to you is to study.*
Non capisco quello che dice.   *I don't understand what he/she says.*

54. Rewrite the following by introducing each statement with **quello che, quel che,** or **ciò che**.

1. Dice la verità.
2. Vogliamo piú tempo.
3. Leggi un ottimo romanzo.
4. Desidera comprare un'automobile.
5. Mi fa paura l'ignoranza.
6. Vogliono fare un lungo viaggio.
7. Suggerite un'ottima idea.
8. Vorrei avere un po'di pace.

Special Use of *cui*

When **cui** is preceded by a definite article, its English equivalent is *whose*. The definite article must agree with the noun following **cui**.

> **Ecco la signora il cui fratello è psicologo.**
> *Here is the lady whose brother is a psychologist.*
> **Ecco il signore la cui sorella è psicologa.**
> *Here is the man whose sister is a psychologist.*

55. Complete the following sentences.

1. Ecco le studentesse _____ amiche sono italiane.   *whose*
2. Ti presento il giovane _____ padre è governatore.   *whose*
3. Voglio conoscere la signorina _____ madre è dottoressa.   *whose*
4. Ecco i ragazzi _____ zii sono industriali.   *whose*

Ecco WITH PRONOUNS

Direct and indirect object pronouns can be attached to **ecco**. The pronoun **ne** can also be attached to **ecco**. Observe the following; note that **ecco** is used only in the affirmative.

> *With a direct object pronoun*
> **Eccomi!**   *Here I am!*
> **EccoLa!**   *Here (There) you are!* (Formal)
> **Eccola!**   *Here (There) she is! Here (There) it is!*
> **Eccoci!**   *Here we are!*
> **Eccoli!**   *Here (There) they are!*
>
> *With an indirect object pronoun*
> **Eccoti il libro!**   *Here's the book (for you).*
> **Eccovi la bicicletta!**   *Here's the bicyle (for you).*

Note that the formal indirect object pronoun **Loro** is not attached:

> **Ecco Loro i biglietti!**   *Here are the tickets (for you).*

Ecco + indirect object pronoun + direct object pronoun

> **Eccotelo!**   *Here it is for you!*
> **Eccoglieli!**   *Here they are for him!*
> **Eccocela!**   *Here it is for us!*
> **Eccovele!**   *Here they are for you!*
> but:
> **Eccolo Loro!**   *Here it is for you!* (Formal)
> **Eccole Loro!**   *Here they are for you!* (Formal)

Ecco + ne

> **Eccone!**   *Here is some (of it, of them)!*
> **Eccotene!**   *Here is some for you!*
> **Eccogliene!**   *Here is some for him (for her, for you)!* (Formal)
> but:
> **Eccone Loro!**   *Here is some for you!* (Formal)

56. Rewrite the following sentences replacing the italicized words with the appropriate pronouns.

1. Ecco *i libri a voi!*
2. Ecco *Giovanni!*
3. Ecco *le penne a Loro!*
4. Ecco *un poco a te!*
5. Ecco *me!*

6. Ecco *le signorine!*
7. Ecco *i signori!*
8. Ecco *la rivista a Lei!*
9. Ecco *noi!*
10. Ecco *un poco!*

REVIEW

57. Rewrite each sentence, replacing the italicized word with the appropriate pronoun.

1. *I ragazzi* studiano ogni giorno.
2. Tu leggi *le riviste.*
3. Diamo il regalo *a Luisa.*
4. Loro scrivono *a noi.*
5. Saliamo *sul treno.*
6. Comprate *del pane.*
7. Ha due *fratelli.*
8. *A te* piacciono gli sport.

58. Complete the following sentences by translating the words in parentheses.

1. I libri (*that*) _____ stai leggendo sono importanti.
2. Quello è il giovane (*of whom*) _____ ti ho parlato.
3. (*He who*) _____ studia, impara.
4. (*That which*) _____ dici, è vero.
5. Sono arrivato, (*here I am*) _____ .
6. Non vedo (*anything*) _____ .

59. Choose the correct pronoun to complete each sentence.

1. Non _____ credo in questa superstizione.   a. *ne*   b. *lo*   c. *ci*
2. _____ ho due.   a. *Gli*   b. *Ne*   c. *Le*
3. La pago _____, non Lei.   a. *lui*   b. *ella*   c. *io*
4. Teresa chiama me, non _____.   a. *te*   b. *ti*   c. *tu*
5. _____ scrivo ogni settimana.   a. *Lo*   b. *Gli*   c. *Lei*
6. Ecco un regalo per _____, signorina.   a. *Lei*   b. *La*   c. *Le*
7. _____ mettiamo due ore per arrivare all'ufficio.   a. *Noi*   b. *Ne*   c. *Ci*
8. A me _____ fanno male i denti.   a. *mi*   b. *me*   c. *ci*
9. Perché non _____ sedete qui?   a. *voi*   b. *vi*   c. *ti*
10. Loro sanno piú di _____.   a. *io*   b. *mi*   c. *me*

Chapter 7

Prepositions

Prepositions are used in Italian to indicate a variety of concepts such as possession, distance, origin, intention, purpose, etc. The prepositions **a**, **in**, **da**, and **di**, however, have some rather specific uses in Italian. They acquire different meanings in different contexts· and therefore pose the most problems.

a

The preposition **a** usually means *to* or *at* in English. However, when it is used before the name of a town, city, or small island, it can mean *in* in English.

Note the differences in the following sentences.

> **Vado a Milano ogni anno.**
> *I go to Milan every year.*
> **Sono a Milano per una settimana.**
> *I am in Milan for a week.*
> **Andiamo a New York.**
> *We are going to New York.*
> **Abitiamo a New York.**
> *We live in New York.*
> **Giovanni studiava a Bologna ogni estate.**
> *John used to study in Bologna every summer.*
> **È nata a Firenze ma abita a Roma.**
> *She was born in Florence but she lives in Rome.*

The preposition **a** expresses distance in Italian and conveys the idea of being a certain distance (away) from a specific place. Note the following.

> **La casa è a due chilometri da qui.**
> *The house is two kilometers (away) from here.*
> **I miei nonni abitano a due miglia da noi.**
> *My grandparents live two miles (away) from us.*

in

The Italian preposition **in** means *in* in English.

> **Roma è in Italia.**
> *Rome is in Italy.*
> **Abitiamo negli Stati Uniti.**
> *We live in the United States.*

The preposition **in** is used before the names of regions, countries, continents, or large islands to express the English preposition *to*.

> **L'anno prossimo andremo in Europa.**
> *Next year we are going to Europe.*
> **Mi piace andare in Sicilia per le feste.**
> *I like to go to Sicily for the holidays.*
> **Andiamo nel Canadà a visitare i nostri cugini.**[1]
> *We are going to Canada to visit our cousins.*

---

[1] Note that with masculine countries, the preposition **in** is commonly articulated—**nel**. You will, however, in everyday speech sometimes hear **in Canadà, in Messico.**

Quando andrete negli Stati Uniti?
When are you going to the United States?

In is used to express means of transportation in Italian and is equivalent to the preposition *by* in English.

Study the following common expressions.

> **in macchina (automobile)**   *by car*
> **in treno**   *by train*
> **in aereo**   *by plane*
> **in autobus**   *by bus*
> **in bicicletta**   *by bicycle*

Note that the preposition **a**, not **in**, is used in the following expressions: **a piedi** = *on* (*by*) *foot* and **a cavallo** = *on horseback*.

> **Oggigiorno tutti viaggiano in aereo.**
> *Nowadays everyone travels by plane.*
> **Vado a scuola in bicicletta.**
> *I go to school by bicycle.*

The preposition **in** is used *without* the definite article in Italian to express *in* or *into* in English with expressions referring to places, rooms of a house, shops, etc. Note the following.

> **in città**   *in (into) the city*
> **in montagna**   *in the mountains*
> **in campagna**   *in (into) the country*
> **in salotto**   *in the living room*
> **in cucina**   *in the kitchen*
> **in giardino**   *in the garden*
> **in chiesa**   *in church*

> **I miei genitori sono in campagna.**
> *My parents are in the country.*
> **Domani mattina andremo in città.**
> *Tomorrow morning we are going to (into) the city.*

1. Complete the following sentences with the appropriate form of the preposition **a** or **in** as necessary.

   1. L'anno scorso sono andato _____ Francia.
   2. Andiamo _____ casa di Maria _____ macchina.
   3. Sono due settimane che siamo _____ Capri.
   4. La chiesa è _____ due passi dalla piazza.
   5. Gli zii di Carlo si trovano _____ Chicago.
   6. Enzo è _____ Italia questa settimana ma abita _____ Stati Uniti.
   7. Mia zia vive _____ Sicilia.
   8. Vai _____ scuola _____ bicicletta o _____ piedi?
   9. Rosella è andata _____ città stamani.
   10. Voi andate _____ letto a mezzanotte.

2. Form sentences from the following using the appropriate form of the preposition **a** or **in** as necessary. Follow the model.

   Roberto / essere / Torino
   Roberto è a Torino

    1. turisti / essere / Sicilia   6. mio / padre / abitare / Milano
    2. io / andare / scuola / piedi   7. Giovanna / andare / città / bicicletta
    3. ragazza / abita / Firenze   8. invitati / essere / salotto
    4. studentesse / studiare / biblioteca   9. zia / di / Laura / essere / chiesa
    5. andare / voi / Spagna / ogni / anno?   10. giovani / volere / andare / Messico

da

The Italian preposition **da** means *from* in English.

> **Il treno viene da Verona.**
> *The train is coming from Verona.*
> **Da dove venite?**
> *Where do you come from?*

Da is used before a personal noun or pronoun to mean *at (to, in) the house of* in English. Its meaning has been extended to places of business, shops, offices, etc. Note the following.

> **Andremo da Maria stasera?**
> *Shall we go to Mary's house tonight?*
> **Mia figlia è dal dottore.**
> *My daughter is at the doctor's (office).*
> **Ogni mese devo andare dal barbiere.**
> *Every month I have to go to the barber shop (barber's).*

Da is used with the disjunctive pronouns (**me, te, sé, noi, voi, sé**) to mean *by myself, by yourself, by himself/herself, by ourselves, by yourselves, by themselves*. Note that the subject of the sentence and the disjunctive pronoun always refer to the same person.

> **L'ho fatto tutto da me.**
> *I did it all by myself.*
> **Franca ha finito la lezione da sé.**
> *Frances finished the lesson by herself.*

Da is used *before an infinitive or a noun* in Italian to describe the purpose, scope, intention, suitability, or use of the preceding dependent noun. It conveys the preposition *for*, but *for* is rarely used in this way in English. A descriptive adjective is used instead.

> **Ho bisogno della carta da scrivere.**
> *I need some writing paper (paper for writing).*
> **Hai una macchina da cucire?**
> *Do you have a sewing machine (machine for sewing)?*
> **Mangiamo sempre nella sala da pranzo.**
> *We always eat in the dining room (room for dining).*
> **Ho comprato quel costume da bagno.**
> *I bought that bathing suit (suit for bathing).*

Da is used *before an infinitive* to convey the idea that something remains *to be done*. It implies that the action of the infinitive has not yet been realized or carried out. It may also denote a need or obligation that something *must be done*.

> **Avete due libri da leggere per domani.**
> *You have two books to read for tomorrow. (to be read)*
> **Ci sono tre stanze da affittare.**
> *There are 3 rooms for rent. (to be rented)*
> **La signora Russo ha una casa da vendere.**
> *Mrs. Russo has a house for sale. (to be sold)*

Da is also used *before an infinitive* and after the indefinite antecedents **molto, poco, niente, nulla, troppo, qualcosa (qualche cosa)**. This construction with **da** also conveys a passive meaning that something still remains *to be done*.

> **Abbiamo molto da fare.**
> *We have a lot to do. (to be done)*
> **Non c'è niente da mangiare.**
> *There is nothing to eat. (to be eaten)*

Da is used before a noun to describe a person's behavior, manner, style, or comportment. Note the following.

> **Mi ha sempre parlato d'amico.**
> *He has always spoken to me like a friend.*
> **Domani io farò da guida.**
> *Tomorrow I will act as the guide.*
> **Vive da principe.**
> *He lives like a prince.*

Da is used after a noun or adjective to describe the physical characteristics or qualities of a person. English makes use of the preposition *with* or the equivalent descriptive adjective.

> **Chi è il giovanotto dai capelli biondi?**
> *Who is the young man with the blond hair?*
> *Who is the blond-haired young man?*
> **Chi è quella ragazza dagli occhi verdi?**
> *Who is that girl with the green eyes?*

Da + a noun or pronoun means *by* in English when *by* conveys the agent or the doer of the action of a verb that is in the passive voice. Note the following.

> **Da chi fu scritto quel libro?**
> *By whom was the book written?*
> **Il libro fu scritto da Natalia Ginzburg.**
> *The book was written by Natalia Ginzburg.*
> **La città fu distrutta da un terremoto.**
> *The city was destroyed by an earthquake.*

Da is used after a noun to describe the value, worth, price, or cost of something in Italian.

> **Voglio un francobollo da cento lire.**
> *I want a 100-lira stamp.*
> **È una macchina da poco prezzo.**
> *It's a cheap car.*

Da means *as* in English when *as* is equivalent to the adverb *when*. This construction with **da** replaces the adverbial clause with *when* in English. Note the following.

> **Da ragazzo ero molto grasso.**
> *As a boy (When I was a boy), I was very fat.*
> **Da bambino avevo molti giocattoli.**
> *As a child (When I was a child), I had many toys.*

Da means *since* or *for* in time expressions when the verb of the sentence is in the present or imperfect tense. (See pages 70–79 for use of the preposition **da** in time expressions.)

di

The Italian preposition **di** corresponds to the English preposition *of*. It is used before a noun or pronoun to express possession or ownership or to qualify (describe) another noun.

> **È la macchina di Gianni.**
> *It is John's car.*
> **Vorrei un bicchiere di vino.**
> *I would like a glass of wine.*
> **È d'oro l'orologio?**
> *Is the watch gold?*
> (*Is the watch made of gold?*)
> **È una giacca di lana.**
> *It's a woolen jacket.*

Di is used to indicate a person's place of origin in Italian. It is equivalent to the English preposition *from*.

> **Di dove sei?**
> *Where are you from?*
> (*Where do you come from?*)
> **Sono del Canadà**
> *I am from Canada.*

> **Angela è di Bari.**   *but*   **Angela è arrivata da Bari stamani.**
> *Angela is from Bari.*   *Angela arrived from Bari this morning.*

Di is used in Italian in comparative and in relative superlative constructions. (See pages 33–34 for the use of **di** in the comparative and the relative superlative.)

Di is used *before an adjective after the indefinite pronouns* **qualcosa, niente, nulla.** (Note that only the masculine form of the adjective is used.)

> **Abbiamo visto qualcosa di bello.**
> *We saw something beautiful.*
> **Non c'è niente di nuovo.**
> *There is nothing new.*

Di is used in some common time expressions in Italian and means *in* or *at* in English. Study the following expressions.

> **di sera**   *in the evening*
> **di notte**   *at night*
> **di mattino**   *in the morning*
> **di buon'ora**   *early*
> **di giorno**   *in the daytime*
> **d'inverno**[2]   *in the winter*
> **d'estate**[2]   *in the summer*
> **d'autunno**[2]   *in the fall*
> **di primavera**[2]   *in the spring*

> **Non mi piace lavorare di notte.**
> *I don't like to work at night*
> **Di mattino sempre leggo il giornale.**
> *I always read the newspaper in the morning.*
> **In estate andiamo sempre al mare.**
> *In the summer we always go to the sea.*

---

[2] Note that with the words **inverno, estate, autunno,** and **primavera,** the Italian preposition **in** can be used interchangeably with **di**: e.g., **in inverno, in estate, in autunno, in primavera.**

The preposition **di** is used in partitive constructions in Italian and means *some* or *any* in English. (See pages 17–19 for the use of **di** + the definite articles to express the partitive.)

3. Complete the following with the appropriate forms of the prepositions **da** or **di** as necessary.

    1. _____ inverno sempre fa freddo.
    2. Rosella è _____ Francia.
    3. _____ bambino non mangiavo mai niente.
    4. Compriamo la frutta _____ fruttivendolo.
    5. Possiamo comprare _____ francobolli _____ tabaccaio?
    6. _____ chi fu scritto questo tema?
    7. _____ quanto tempo abita Lei negli Stati Uniti?
    8. Mi dia un bicchiere _____ acqua, per favore.
    9. Tu sei più alta _____ me.
    10. Queste sono lezioni _____ geografia.
    11. La bicicletta rossa è _____ Elena.
    12. Io studio _____ sera.
    13. Non ricevo lettere _____ due mesi.
    14. Stasera andiamo _____ Stefano.
    15. I bambini dormono nella camera _____ letto.
    16. Dov'è la macchina _____ scrivere?
    17. È una commedia _____ ridere.
    18. Chi è quell'uomo _____ capelli grigi?
    19. Mi dia cinque francobolli _____ trecento lire.
    20. Lo sai fare tutto _____ te?

4. Rewrite the following sentences according to the model.

    Dicono molto ⟶ Hanno molto da dire.

    1. Mangiamo molto.   4. Bevi qualcosa?
    2. Vendono poco.   5. Non discutete nulla.
    3. Non faccio niente.   6. Leggete troppo.

REVIEW

5. Complete the following sentences using the appropriate forms of the prepositions **a**, **in**, **da**, or **di** as necessary.

    1. Mia sorella abita _____ Palermo.
    2. Vado al negozio _____ autobus.
    3. Firenze è _____ Toscana.
    4. Ritorneranno _____ mezzanotte.
    5. L'ufficio è _____ cinque miglia _____ casa nostra.
    6. Abito _____ Milano ma sono _____ Roma. (*romano*)
    7. Il professore sempre arriva _____ classe _____ buon'ora.
    8. Rosella è _____ Francia. (*francese*)
    9. La ragazza è andata _____ campagna _____ una macchina _____ corsa.
    10. Questi libri sono _____ Pietro.
    11. Quella statua è _____ marmo.
    12. Voi lavorate _____ giorno; io studio _____ notte.
    13. I miei zii sono _____ Sicilia; sono siciliani.

14. Maria viene _____ Bologna.
15. Ho lasciato lo spazzolino _____ denti nella valigia.
16. Il ferro _____ stiro non funziona piú.
17. Studio l'italiano _____ due anni.
18. Sono arrivato _____ Torino stamattina alle cinque.
19. Non c'è un minuto _____ perdere.
20. Abbiamo molto _____ fare oggi.
21. Non avete visto niente _____ bello nel negozio?
22. Il ragazzo si allontanò _____ casa.
23. La signora Milano fa _____ madre a questi due bambini.
24. È un dolore _____ morire.
25. Si comportò _____ eroe.

6. Translate the following sentences into Italian.

1. Franco is from the United States.
2. We went to the city by ourselves.
3. We have a lot to do today.
4. I need a new toothbrush.
5. She has a house for sale.
6. Is there anything to eat?
7. As a child, I liked to go to the mountains.
8. There isn't a moment to lose.
9. As a young man, I was very handsome.
10. In the fall, we used to go to the country by train.

Chapter 8

Special Uses of Certain Verbs

EXPRESSIONS WITH *avere*

The verb **avere** means *to have* in English. However, with many common expressions referring to physical or mental states, **avere** takes on the meaning *to be*. And with still other idioms it assumes various other meanings.

Observe the following.

avere . . . anni	*to be . . . years old*
avere bisogno	*to need*
avere caldo	*to be hot* (said of a person)
avere da	*to have to*
averne fino agli occhi	*to be fed up (with)*
avere fretta	*to be in a hurry*
avere freddo[1]	*to be cold*
avere fame (appetito)	*to be hungry*
avere l'aria	*to seem, to look as if*
avere luogo	*to take place*
avere mal di gola	*to have a sore throat*
avere mal di pancia	*to have a stomach ache*
avere mal di testa	*to have a headache*
avere molto da fare	*to be very busy (to have a lot to do)*
avere paura (di)	*to be afraid (of)*
avere sete	*to be thirsty*
avere sonno	*to be sleepy*
avere ragione	*to be right*
avere torto	*to be wrong*
avere vergogna (di)	*to be ashamed (of)*
avere voglia (di)	*to feel like (doing something)*

1. Complete the following with the appropriate present indicative forms of **avere**.

   1. I bambini _____ fame.
   2. Noi _____ voglia di nuotare.
   3. Lisetta _____ mal di denti.
   4. Antonia _____ sempre ragione.
   5. Voi _____ sete.
   6. Tu _____ paura di stare solo.
   7. Loro ne _____ fino agli occhi.
   8. Io _____ vergogna di alzare la mano.

2. Rewrite the following using idiomatic expressions with **avere**. Follow the model.

   Vorrei una limonata. ⟶ Ho sete.

   1. Vorrei un panino.
   2. Vorresti dormire?

---

[1] The infinitive **avere** is frequently abbreviated to **aver** before a consonant; e.g., **aver caldo, aver fame, aver freddo**.

3. Luisa vorrebbe una coperta.
4. Noi vorremmo un'aranciata.
5. I bambini vorrebbero uscire.
6. Voi vorreste un pezzo di torta.

7. Io non posso parlare; mi vergogno.
8. La testa gli gira.
9. Mi fanno male i denti.
10. Ti fa male la gola?

SPECIAL USES OF *dovere, potere, sapere* AND *volere*

The verbs **dovere** (*to have to, must*), **potere** (*to be able to, can*), **sapere** (*to know*), and **volere** (*to want*) assume different meanings in different tenses. Observe the following special uses of these verbs.

Dovere in the present tense   to owe

> **Gli devo la mia gratitudine.**
> *I owe him my gratitude.*
> **Ti devo venti dollari.**
> *I owe you twenty dollars.*

Dovere plus an infinitive   to have to, must

> **Devo partire alle otto in punto.**
> *I must leave at eight o'clock sharp.*
> **Dovremo tornare stasera.**
> *We shall have to come back tonight.*
> **Loro hanno dovuto aspettare.**
> *They had to wait.*

Dovere in the present and imperfect tenses   to be supposed to

> **Devo essere lí alle due.**
> *I'm supposed to be there at two.*
> **Dovevo presentarmi da solo.**
> *I was supposed to show up by myself.*

Dovere plus *essere* in the present, present perfect, and imperfect tenses   must be, must have been, was probably

> **Dov'è Maria?**
> *Where is Mary?*
> **Dev'essere a casa.**
> *She must be home (is probably home).*
> **Dove sono stati i ragazzi?**
> *Where have the boys been?*
> **Hanno dovuto essere a scuola.**
> *They must have been (were probably) in school.*
> **Non gliel'ho chiesto, ma il viaggio doveva essere piacevole.**
> *I didn't ask him (her), but the trip had to be (was probably) pleasant.*

Dovere in the conditional tenses   should, ought to, should have, ought to have

> **Dovrei finire i compiti di scuola a tempo.**
> *I should (ought to) finish my homework on time.*
> **Avrei dovuto telefonarle immediatamente.**
> *I should have (ought to have) telephoned her immediately.*

Potere in the present tense   to be able to, to can

> **Posso uscire?**
> *May I go out?*
> **Posso suonare il trombone.**
> *I can (am able to) play the trombone.*

Potere in the present perfect   to be able to, to succeed

> **Ho potuto spedire il pacco.**
> *I was able to mail the package.*
> *(I succeeded in mailing the package.)*
> **Non son potuti venire piú presto.**
> *They could not come earlier (but they tried).*

Potere in the conditional tenses   could, would be able, could have, could have been able

> **Potrei arrivare alle tre.**
> *I could arrive at three o'clock. (I would be able).*
> **Avrei potuto farlo facilmente.**
> *I could have done it easily. (I would have been able to do it easily).*

Sapere in the present tense   to know, to be able to, to know how

> **So la lezione.**
> *I know the lesson.*
> **So cantare.**
> *I know how to sing. (I am able to sing.)*

Sapere in the present perfect   to know, to find out

> **L'ho saputo ieri.**
> *I knew it yesterday. (I found it out yesterday).*

Sapere in the conditional tenses   to be able to, can, to find out

> **Non saprei trovarlo.**
> *I wouldn't be able to find it.*

Volere in the present   to want

> **Voglio quell'automobile.**
> *I want that car.*

Volere in the present perfect   to decide, to refuse

> **Ho voluto farlo.**
> *I wanted to do it. (I decided to do it.)*
> **Marco non ha voluto finirlo.**
> *Mark didn't want to do it. (Mark refused to do it.)*

Volere in the conditional   would like

> **Vorrei un bicchiere di latte.**
> *I would like a glass of milk.*
> **Vorrei visitare i nonni.**
> *I would like to visit my grandparents.*

3. Translate the following sentences into Italian using **dovere**, **potere**, **sapere**, or **volere**.

1. They refused to do it.
2. We found out a few hours ago.
3. She decided to come early.
4. He knows how to play the guitar.
5. I wouldn't be able to repeat it.
6. They succeeded in convincing me.
7. They could have read it.
8. You (*voi*) should have studied more.
9. He ought to telephone.
10. She was supposed to leave with us.
11. We owe her ten dollars.
12. They had to finish the exams.
13. I could have helped them.
14. You (*Lei*) must return the books to the library.
15. They are probably ill.

EXPRESSIONS WITH *fare*

Expressions that describe the weather use the verb **fare**. Observe the following.

Che tempo fa?   *How is the weather?*
Fa caldo.   *It's hot.*
Fa freddo.   *It's cold.*
Fa bel tempo.   *The weather is good.*
Fa cattivo tempo.   *The weather is bad.*

With many other common Italian expressions, fare takes on a variety of meanings. Observe the following.

fare attenzione (a)   *to pay attention (to)*
farsi il bagno   *to take a bath, to swim*
farsi la barba   *to shave*
fare la prima colazione   *to have breakfast*
fare colazione²   *to have lunch*
fare cena   *to have supper*
fare una domanda   *to ask a question*
fare male (a)   *to hurt (someone)*
farsi male   *to hurt oneself*
fare una partita (a)   *to play a game (of)*
fare una passeggiata   *to take a walk*
fare paura (a)   *to frighten*
fare presto   *to hurry up*
fare un regalo   *to give a gift*
fare tardi   *to be late*
fare torto   *to do wrong*
fare le valige   *to pack (a suitcase)*
fare un viaggio   *to take a trip*
fare una visita   *to visit*

---

² The infinitive **fare** is frequently abbreviated to **far** before a consonant; e.g., **far colazione, far male, far torto.**

4. Complete the following sentences by using the appropriate form of the verb **fare**.

1. _____ buon tempo.   3. _____ freddo d'inverno
2. Non _____ cattivo tempo.   4. _____ caldo d'estate.

Giocare, suonare

The verb **giocare** means *to play*, as in a game or a sport. Note that the verb **giocare** is usually followed by the preposition **a** with sports

> **I bambini giocano sulla spiaggia.**
> *The children play on the beach.*
> **Mario e Carlo giocano a carte.**
> *Mario and Charles play cards.*
> **Olga gioca molto bene a tennis.**
> *Olga plays tennis very well.*

Giocare d'azzardo means *to gamble*.

> **Pietro gioca d'azzardo e perde sempre.**
> *Peter gambles and always loses.*

The verb **suonare** means *to play* a musical instrument.

> **Teresa suona il pianoforte.**
> *Theresa plays the piano.*

5. Complete the following with **giocare** or **suonare**.

1. Voi _____ sempre a pallacanestro.
2. Tu _____ molto bene il sassofono.
3. I bambini _____ con il gattino.
4. Io non so _____ il violino.
5. Marco non _____ mai d'azzardo.
6. Noi vogliamo imparare a _____ a carte.
7. Luisa _____ il violoncello nell'orchestra.
8. I giovani _____ con un'ottima squadra.

Pensare a, pensare di

Pensare a and **pensare di** both mean *to think about*. **Pensare di** is used when one expresses an opinion about someone or something.

> **In questi giorni penso a mia nonna perché è malata.**
> *Nowadays I think about my grandmother because she is ill.*
> **Che cosa pensi di quella macchina sportiva?**
> *What do you think about that sportscar? (What is your opinion about that sportscar?)*
> **Spesso pensiamo ai nostri cugini che vivono in Italia.**
> *We often think about our cousins who live in Italy.*
> **Giorgio, dimmi la verità! Cosa pensi dell'esame?**
> *George, tell me the truth! What do you think about the exam? (What is your opinion?)*

6. Complete the following with the preposition **a** or **di**, as needed.

1. Ora che sei lontano di casa, pensi molto _____ tua madre?
2. Olga, cosa pensi _____ automobile di Stefano?

    3. Marco è triste perché pensa _____ suoi problemi.
    4. Ecco cosa penso _____ te e _____ tuoi amici!
    5. Stefano è innamorato e pensa sempre \ _____ Gina.
    6. Penso _____ mia famiglia, ma specialmente _____ mie sorelline.

Servire, servirsi da, servirsi di

Servire means *to serve*.

> **Il cameriere serve il caffé ai clienti.**
> *The waiter serves coffee to the customers.*

Servirsi da means *to serve (help) oneself*.

> **Grazie lo stesso; ci serviamo da soli.**
> *Thank you anyway; we'll serve (help) ourselves.*

Servirsi di means *to use, to avail oneself of*.

> **Per adesso mi servo di questi libri.**
> *For now I use these books. (I avail myself of these books.)*

Non servire a nulla means *to be of no use*.

> **Queste cose non servono a nulla.**
> *These things are useless.*

7.   Complete the following with the appropriate forms of **servire**, **servirsi da**, or **servirsi di**.

    1. Fra non molto la cameriera _____ il té.
    2. In quel ristorante i clienti _____ da soli.
    3. Se vuoi tradurre, puoi _____ questo dizionario.
    4. Quest'orologio non funziona; non _____.
    5. Paolo non chiama mai la cameriera perché lui _____ sé.

Tornare, restituire, riportare

    Tornare means *to return* in the sense of coming back from somewhere; it is interchangeable with **ritornare**.

> **Torniamo dall'Italia.**
> *We're returning from Italy.*
> **I ragazzi ritornano stasera.**
> *The boys are coming back tonight.*

Restituire means *to return* in the sense of giving something back.

> **Mi restituì il denaro che mi doveva.**
> *He returned the money he owed me.*

Riportare means *to return* in the sense of bringing back or taking back.

> **Mi hanno riportato i libri.**
> *They returned my books.*
> **Hai riportato i libri in biblioteca?**
> *Did you return the books to the library?*

8.   Complete the following with the appropriate forms of **tornare** (or **ritornare**), **restituire**, or **riportare**.

1. Loro _____ dalle vacanze estive ieri.
2. Roberto, quando _____ il dizionario in biblioteca?
3. Ho prestato la macchina a Giorgio e ancora non me l'ha _____ .
4. Sono partiti un mese fa e _____ la prossima settimana.
5. Adesso ti _____ il denaro che mi hai prestato.

REVIEW

9. Complete the following sentences with an idiomatic expression. Use the indicated cues as a guide.

1. I ragazzi _____ . (*vogliono mangiare*)
2. Quel signore _____ . (*non ha mai torto*)
3. _____ , vorrei una limonata.
4. Gino _____ . (*vuole una coperta*)
5. Olga, ti _____ la mia gratitudine. (*mi hai fatto un favore*)
6. Non voglio _____ a carte, devo _____ il piano.
7. Voglio _____ . (*ho qualcosa da chiedere*)
8. Per non essere in ritardo, devi _____ .

10. Translate the following sentences into Italian.

1. Today they cannot go to school because they have a sore throat.
2. I am very hungry; I would like to buy a sandwich.
3. George, I owe you my gratitude.
4. We should have visited our grandparents last week.
5. They were able to mail the package two hours ago.
6. Mario refused to buy the thickets for the game.
7. I was supposed to play cards with him.
8. We would like to take a walk this evening.
9. Mary plays the piano and the guitar.
10. Now that I am far from my town, I think about my friends.

Answers

Chapter 1

1.
1. -o
2. -a
3. -o
4. -o
5. -a
6. -o
7. -a
8. -o
9. -a
10. -o
11. -a
12. -o
13. -o
14. -a

2.
1. La; il
2. Lo; il
3. Il; la
4. La; la
5. Lo
6. Il; la
7. Il; la
8. L'; l'
9. Il; il
10. La; il
11. Il; la
12. L'; l'
13. La; la
14. La; il
15. lo
16. il
17. l'
18. La; l'
19. il
20. la

3.
1. Le signore sono alte.
2. I libri sono piccoli.
3. Le nonne sono vecchie.
4. Le scuole sono nuove.
5. I nonni sono bravi.
6. Le ragazze sono alte.
7. Le professoresse sono americane.
8. I quaderni sono gialli.
9. I maestri sono buoni.
10. Le cravatte sono rosse.

4.
1. I
2. Le
3. Gli
4. I
5. Le
6. Le; gli
7. Gli
8. I
9. Gli (Gl')
10. Le (L')
11. Le
12. I
13. I
14. Le
15. Le

5.
1. La
2. Il
3. Il
4. Il
5. Il
6. Lo
7. La
8. Il
9. La
10. La

6.
1. Il
2. la
3. Il; il
4. La; la
5. il
6. Il; il
7. La
8. Il

7.
1. Le classi sono buone.
2. Le madri sono generose.
3. I dottori sono famosi.
4. I padri sono generosi.
5. Le canzoni sono melodiose.
6. Le navi sono belle.
7. Gli studenti sono alti.
8. I cantanti sono bravi.
9. Le chiavi sono piccole.
10. Le notti sono misteriose.

8.
1. Il clima
2. Il programma
3. La violinista
4. Il sistema
5. Il dramma
6. Il poeta
7. Il giornalista
8. La dentista
9. Il pianista
10. Il farmacista; La farmacista

9.
1. i poemi
2. i drammi
3. le dentiste
4. i farmacisti
5. i pianeti
6. i piloti
7. le giornaliste
8. le pianiste

10.
1. Le radio sono istruttive.
2. Le dinamo sono utili.
3. Le foto sono belle.
4. I bambini alzano le mani.
5. Le auto sono rosse.

11.
1. Le colleghe sono americane.
2. Le mucche sono lattifere.
3. Le pesche sono buone.
4. Le formiche sono piccole.
5. Le streghe sono cattive.
6. Le vacche sono grosse.
7. Le seghe sono vecchie.
8. Le barche sono rosse.

12.
1. I sacchi sono pesanti.
2. I dialoghi sono difficili.
3. I chirurgi sono giovani.
4. I monologhi sono tediosi.
5. I fuochi sono pericolosi.
6. I luoghi sono vicini.
7. I mendichi sono poveri.
8. Gli obblighi sono personali.

13.
1. I monaci sono religiosi.
2. I teologi sono studiosi.
3. I parroci sono devoti.
4. Gli asparagi sono gustosi.
5. I portici sono alti.

14.
1. Gli uffici sono spaziosi.
2. I dizionari sono importanti.
3. Gli studi sono di Mario.

4. Gli stadi sono immensi.
5. Gli esempi sono buoni.
6. I supplizi sono crudeli.
7. Gli empori sono ben forniti.
8. Gli armadi sono pieni.
9. Gli usci sono aperti.
10. Gli esercizi sono difficili.

15.
1. Le lenzuola sono bianche.
2. Le uova sono sode.
3. Lé braccia sono lunghe.
4. Le dita sono piccoline.
5. Le ginocchia sono dure.
6. Le migliaia sono piú delle centinaia.
7. Le ciglia sono nere.

16.
1. Le cosce di pollo sono deliziose.
2. Le rocce sono pericolose.
3. Le docce calde sono buone.
4. Le piogge sono piacevoli.
5. Le fasce sono bianche.
6. Le frange sono delicate.

17.
1. Le tribú sono superstiziose.
2. Le università sono necessarie.
3. I canapé sono comodi.
4. I caffé del Sud America sono aromatici.
5. Le città sono affollate.
6. Le crisi sono severe.

18.
1. I té sono deliziosi.
2. I dí sono lunghi.
3. Le gru sono alte.
4. I re sono vecchi.

19.
1. ali   4. mogli
2. buoi   5. uomini
3. dèi

20.
1. La studentessa lavora molto.
2. La lavoratrice riceve il denaro.
3. La principessa abita nel castello.
4. L'ostessa parla con gli invitati.
5. L'attrice canta bene.
6. La marchesa è ricca.

21.
1. il   5. Il
2. Il   6. il
3. l'   7. Il
4. Il   8. l'

22.
1. I capogiri
2. Gli arcobaleni
3. I pescecani
4. I pomodori (I pomidoro)
5. Le madreperle
6. I cavolfiori

7. I boccaporti

23.
1. cagnolino
2. vecchietta
3. bimbetta
4. gattino
5. raccontino
6. libretto (libriccino)
7. scarpina
8. donnuccia

24.
1. vecchione   4. scarpone
2. libroni   5. gattone
3. portone   6. omone

25.
1. La   4. I
2. L'   5. Il
3. Gli

26.
1. La   5. la
2. L'   6. (none)
3. (none)   7. il
4. (none)   8. (none)

27.
1. l'   5. (none)
2. il   6. (none)
3. l'   7. (none)
4. (none)   8. L'

28.
1. L'   5. la
2. L'; l'   6. (none)
3. (none)   7. (none)
4. (none)   8. La

29.
1. in   5. nell'
2. della   6. del
3. nel   7. della
4. in   8. della

30.
1. (none)   7. i
2. I   8. Il
3. (none)   9. (none)
4. (none)   10. (none)
5. Le   11. I
6. (none)   12. Le

31.
1. (none)   4. la
2. La   5. (none)
3. (none)

32.
1. dalla   9. dai
2. nello   10. dalla
3. delle   11. dell'
4. nell'   12. Nei
5. sugli   13. pel (per il)
6. pei (per i)   14. dello; sul
7. coi (con i)   15. col (con il)
8. dal   16. al; dei

33.
1. Pietro compra un dizionario.
2. Paolo prende un'aranciata.
3. La signora Torelli compra una casa grande.
4. Il signor Marini è uno zio di Stefano.
5. Scriviamo una lettera.
6. Roberto è un amico di Giovanni.
7. Il dottore ha uno studio grande.
8. Vincenzo guida un'ambulanza rossa.
9. Teresa porta un abito bianco.
10. I ragazzi comprano un giocattolo.

34.
1. un'	9. uno
2. una	10. un'
3. un	11. un'
4. una	12. Un
5. una	13. uno
6. un	14. un
7. una	15. un
8. un	

35.
1. un	6. (none)
2. (none)	7. (none)
3. (none)	8. (none)
4. (none)	9. una
5. uno	10. un

36.
1. dell'	6. degli
2. dei	7. del
3. dello	8. delle
4. delle	9. dell'
5. della	10. dei

37.
1. Sì, ci piace il té e prendiamo del té.
2. Sì, ci piace la carne e mangiamo della carne.
3. Sì, mi piacciono i vegetali e voglio dei vegetali.
4. Sì, ci piace lo zucchero e compriamo dello zucchero.
5. Sì, mi piace il latte e bevo del latte.
6. Sì, ci piace la minestra e prendiamo della minestra.
7. Sì, ci piace l'acqua minerale e beviamo dell' acqua minerale.
8. Sì, mi piace il pane e mangio del pane.

38.
1. Lui non compra penne.
2. Io non prendo té.
3. Noi non mangiamo minestra.
4. Non mangio pane.
5. Non beviamo acqua minerale.
6. Non mandiamo pacchi.

39.
1. del	4. dei
2. di	5. di
3. di	6. di

7. del
8. di
9. di
10. della

40.
1. I	11. i
2. L'	12. Le
3. Gli	13. L'
4. Le	14. I
5. la	15. La
6. Le	16. Il
7. Il	17. Il
8. Gli	18. La
9. Lo	19. L'
10. La	20. L'

41.
1. –ista	6. –à
2. –essa	7. –io
3. –hi	8. –io
4. –i	9. –e
5. –he	10. –i

42.
1. il cappellino
2. la sorellina
3. la vecchietta
4. la donnuccia
5. il libretto (il libriccino)
6. il fratellino
7. il raccontino
8. la casetta

43.
1. I parchi sono grandi.
2. Le estati (L'estati) sono belle.
3. I film sono buoni.
4. Le formiche sono piccole.
5. I guardasigilli sono vecchi.
6. Gli apriscatole sono rotti.
7. Le pianiste sono brave.
8. Gli sport sono necessari.
9. Le gru sono uccelli grandi.
10. Le università sono utili.
11. Le docce sono fredde.
12. Le fasce sono bianche.
13. Le scie delle navi sono lunghe.
14. I teologi sono studiosi.
15. Le uova sono sode.

44.
1. La	9. Le
2. (none)	10. (none)
3. (none)	11. (none)
4. I	12. un
5. (none); (none)	13. La; un'
6. I	14. nell'
7. una	15. L'
8. (none); un	16. (none); un'

45.
1. al; della	3. all'; col (con il)
2. dalla; sulla	4. dalla; al

5. sul; dello   6. del; nell'; dell';   7. francesi   9. canadesi
                          coi (con i)   8. spagnola   10. scandinavi

46. 1. del   **4.** 1. tedeschi   6. greca
    2. (none)   2. americane   7. spagnoli
    3. dei   3. portoghesi   8. irlandese
    4. del   4. giapponesi   9. italiane
    5. delle   5. scozzesi   10. canadesi
    6. (none)
    7. di   **5.** 1. Sí, la ragazza è svedese.
    8. di   2. Sí, il signore è canadese.
    9. di   3. Sí, i vini sono francesi.
   10. dei   4. Sí, le signore sono portoghesi.
   11. di   5. Sí, la cantante è inglese.
   12. (none)   6. Sí, il mio amico è messicano.
                                                   7. Sí, i turisti sono irlandesi.
                                                   8. Sí, le chitarre sono spagnole.
                                                   9. Sí, l'automobile è italiana.
                                                  10. Sí, gli ospiti sono americani.

Chapter 2

                                            6. 1. Le tariffe sono turistiche.
1. 1. vecchia; nuova   2. Le bombe sono atomiche.
    2. mature; acerbe   3. Le bambine sono stanche.
    3. avari; generosi   4. Le strade sono larghe.
    4. deliziose   5. Le storie sono lunghe.
    5. calda; fredda
    6. primo
    7. alti; basso   **7.** 1. stanco   3. stanchi
    8. cattive; buone   2. stanca   4. stanche
    9. domestico; selvatico
   10. bianca; gialla   **8.** 1. simpatica   3. simpatico
   11. vuoto; pieno   2. simpatiche   4. simpatici
   12. moderni
   13. accesa   **9.** 1. I ragazzi sono simpatici.
   14. rotonda; quadrata   2. I vini sono bianchi.
   15. sbagliata; corretta   3. Gli autobus sono carichi.
   16. rossi; gialli   4. I monumenti sono antichi.
   17. ampie; strette   5. I vestiti sono sporchi.
   18. ricco; generoso   6. Le vedute sono magnifiche.
   19. melodiose   7. I signori sono stanchi.
   20. nera; rossa   8. I fiumi sono larghi.
                                                   9. Gli uomini sono solinghi.
2. 1. intelligenti   10. Le strade sono larghe.
    2. importante   11. Le storie sono lunghe.
    3. salubre   12. I romanzi sono lunghi.
    4. tristi
    5. nobile   **10.** 1. I disegni sono rosa.
    6. interessanti   2. Le porte sono marrone.
    7. forti; agili   3. I fiori sono lilla.
    8. inutili   4. I quaderni sono arancione.
    9. grandi   5. Le poltrone sono viola.
   10. umile   6. Le pareti sono blu.
   11. difficili   7. I cappelli sono marrone.
   12. verdi   8. Le cravatte sono rosa.
                                                   9. Le maglie sono arancione.
3. 1. italiana   4. messicani   10. I gilé sono viola.
    2. greci   5. svizzeri
    3. inglese   6. svedesi   **11.** 1. bel   2. bella

3. begli
4. bello
5. belle

6. bei
7. bel; bei

6. Pelé è il calciatore piú famoso del mondo.
7. Questi ragazzi sono i piú atletici della scuola.
8. Maria è la piú atletica di tutte.
9. Quelle studentesse sono le piú intelligenti.
10. Il signor Martini è l'ingegnere piú capace della fabbrica.

12.
1. gran
2. grand'
3. grande
4. grande
5. grande

13.
1. Santa
2. Sant'
3. San
4. Santo
5. San
6. Sant'

14.
1. buon
2. nessun
3. nessuna
4. buon'
5. buoni
6. nessun
7. buono
8. buon
9. buona
10. Buon

22.
1. Il signor Rossi è sensibilissimo.
2. Teresa sta benissimo.
3. La stanza è grandissima.
4. La rivista è utilissima.
5. Gli stadi sono grandissimi.
6. È un lavoro difficilissimo.

23.
1. Il teatro è molto affollato.
2. L'esame è molto facile.
3. Roberto sta molto male.
4. L'appartamento è molto moderno.

15.
1. dottor
2. professore
3. professore
4. ingegnere
5. signore
6. ingegner
7. signor
8. Dottore

16.
1. come
2. quanto
3. come
4. come
5. quanto

24.
1. Maria è maggiore di sua sorella.
2. Questo museo è il maggiore della città.
3. Roberto è piú grande del suo amico.
4. Carlo è piccolissimo.
5. Mio nonno è maggiore di mia nonna.
6. Luisa è minore di sua cugina.
7. Olga è la migliore della classe.
8. Stefano è piú piccolo di suo fratello.

17.
1. cosí
2. tanto
3. cosí
4. tanto
5. tanto

18.
1. tante; quanto
2. tanti; quanto
3. tante; quanto
4. tanti; quanto
5. tante; quanti
6. tanti; quanto

25.
1. peggio
2. il piú
3. meglio
4. meglio
5. meno
6. malissimo
7. benissimo

19.
1. tanto
2. cosí
3. come
4. quanto

26.
1. il ricco
2. le giovani
3. i cattivi
4. le americane
5. gli antichi
6. il povero
7. gli intelligenti (gl'intelligenti)
8. l'italiana
9. il minore
10. le importanti

20.
1. piú ... dei
2. meno di
3. piú di
4. meno ... della
5. piú ... di
6. piú ... che
7. meno ... che
8. piú ... che
9. meno ... di
10. piú ... di
11. piú di
12. meno di
13. piú ... che
14. meno ... che
15. piú di

21.
1. Loro sono le studentesse piú brave della classe.
2. Carlo e Pietro sono i ragazzi piú bassi del gruppo.
3. Questa scuola è la piú moderna della città.
4. Il padre di Olga è il dottore piú famoso di Roma.
5. La Sicilia è la piú grande isola del Mediterraneo.

27.
1. I nostri
2. La mia
3. I tuoi
4. Le tue
5. I suoi
6. La vostra
7. Le loro
8. Le mie
9. I nostri
10. I suoi

28.
1. Mia
2. Le nostre
3. Vostra
4. I tuoi
5. Suo
6. I loro
7. La loro
8. Suo

9. Mia   10. I nostri

29. 1. la tua   10. i suoi
2. i suoi   11. Suo
3. Mia   12. Le nostre
4. i nostri   13. i loro
5. I tuoi   14. le loro
6. il Suo   15. il Suo
7. le loro   16. Mia
8. le Loro   17. le sue
9. Nostra

30. 1. I suoi amici telefonano spesso.
2. La loro sorella studia molto.
3. Suo zio è molto ricco.
4. Sua madre è giovane.
5. Le sue amiche sono greche.

31. 1. Quello studente è studioso.
2. Questa cravatta è blu.
3. Quella spiaggia è bellissima.
4. Quel signore è americano.
5. Quest'amico è generoso.
6. Quell'amica è italiana.
7. Questo zio è vecchio.
8. Quell'albero è alto.
9. Questa macchina è veloce.
10. Quel libro è vecchio.
11. Questo giornale è interessante.
12. Quello zaino è pieno.
13. Quest'estate è meravigliosa.
14. Quello psicologo è giovane.

32. 1. Questi   9. Quello
2. Quelle   10. Quella
3. Quell'   11. Quello
4. Quest'   12. Quelle
5. Quell'   13. Questo
6. Queste   14. Quel
7. Quegli   15. Quella
8. Questa

33. 1. Che partita!
2. Che bei fiori!
3. Quanti libri!
4. Quanta gioia!
5. Che idea fantastica!
6. Quanti amici!
7. Che bella giornata!
8. Che belle città!

34. 1. difficilmente   7. caramente
2. graziosamente   8. militarmente
3. fortemente   9. urgentemente
4. terribilmente   10. velocemente
5. internamente   11. lealmente
6. mirabilmente

12. aristocratica-   16. facilmente
mente   17. raramente
13. liberalmente   18. brevemente
14. pazientemente   19. parzialmente
15. magistralmente   20. lentamente

35. 1. cinque   13. settantanove
2. tredici   14. ottantadue
3. diciassette   15. ottantotto
4. ventuno   16. novanta
5. ventotto   17. novantuno
6. trentatré   18. cento
7. quaranta   19. trecento
8. quarantotto   20. mille
9. cinquantuno   21. ottomila-
10. cinquantatré   cinquecento-
11. sessantasette   trentatré
12. settantotto   22. tre milioni

36. 1. cento uomini
2. quattro mila libri
3. un milione di persone
4. sei miliardi di dollari
5. novecento lettere

37. 1. il Novecento   4. l'Ottocento
2. il Duecento   5. il Quattrocento
3. il Cinquecento

38. 1. terzo   5. secondo
2. sesto   6. centesima
3. Decimo   7. venticinquesimo
4. Dodicesimo   8. Primo

39. 1. un ottavo
2. due decimi
3. cinque centesimi
4. tre millesimi
5. nove e mezzo
6. dieci e tre quarti
7. un terzo
8. due quinti
9. un decimo
10. due sesti
11. quattro e un quarto

40. 1. moderni; grandi
2. piccola; veloce
3. caldo; delizioso
4. ricchi; generosi
5. blu
6. timida
7. gran
8. intelligenti; studiosi
9. Quelle; svedesi; turiste
10. miei; accesa
11. Mia; italiana

12. Quei; bianchi; dolci
13. Questa; bella; matura; acerba
14. Quegli; migliori
15. minori; simpatiche
16. tuoi; sporchi; puliti
17. San; importante
18. Quel; nessun
19. intelligente; studiosa
20. difficili; facili

41.
1. Il Po è il fiume piú lungo d'Italia.
2. La Sicilia è l'isola piú grande del Mediterraneo.
3. Olga è piú brava di Luisa.
4. Quelli sono i piú alti.
5. I cugini di Mario sono in Italia.
6. Antonio è cosí intelligente come Stefano.
7. Roma è la capitale d'Italia.
8. Pelé è il calciatore piú famoso del mondo.
9. Maria è tanto brava quanto Silvia.
10. I giocatori sono nello stadio.

42.
1. due mila
2. decima
3. ventitré
4. due terzi
5. sedicesimo; Cinquecento
6. Quattordicesimo (XIV)
7. primo
8. due milioni
9. mille novecento settantotto
10. primi due

Chapter 3

1.
1. -a
2. -a
3. -ano
4. -ano
5. -ano
6. -iamo
7. -i
8. -a
9. -ate
10. -a
11. -ano
12. -o
13. -a
14. -ano
15. -i
16. -iamo
17. -a
18. -ano
19. -ano
20. -o

2.
1. pranziamo
2. porta
3. lavi
4. arrivano
5. invitate
6. lavora
7. telefonano
8. canta
9. nuoto
10. guadagna

3.
1. Il ragazzo guarda la partita.
2. Tu impari le lezioni.
3. Lui arriva presto.
4. Io ceno tardi.
5. La studentessa torna a casa.

4.
1. Noi chiamiamo il nostro amico.
2. Loro comprano il biglietto.
3. Voi nuotate molto bene.
4. I camerieri portano la bevanda.
5. Le signore comprano il giornale.

5.
1. noleggi
2. racconciamo
3. avvinghiate
4. arrischio
5. parcheggia
6. marciano
7. invecchi
8. assaggiamo

6.
1. indaghi
2. divaghiamo
3. attacchi
4. impacchiamo
5. allarghi
6. allunghiamo
7. tronchi
8. sbarchiamo

7.
1. allargano
2. indago
3. impacca
4. sbarcano

8.
1. -e
2. -i
3. -e
4. -ono
5. -ete
6. -ono
7. -iamo
8. -e
9. -e
10. -ono

9.
1. vendono
2. piangono
3. promette
4. corrono
5. riceviamo
6. perdi
7. apprendono
8. descrivo
9. leggete
10. cadono

10.
1. piace
2. giace
3. tacciono
4. taci
5. giacete
6. taccio

11.
1. Il ragazzo piace alle ragazze.
2. Giaci sul sofà.
3. Io taccio tutto questo.
4. Tu piaci a noi.

12.
1. -ono
2. -e
3. -iamo
4. -ono
5. -e
6. -ono
7. -ite
8. -iamo
9. -ono
10. -e

13.
1. Sí, io apro la finestra.
2. Sí, voi sfuggite il pericolo.
3. Sí, loro scoprono la verità.
4. Sí, Mario veste bene.
5. Sí, il cuoco bolle i vegetali.
6. Sí, i malati soffrono molto.
7. Sí, noi riapriamo il negozio.
8. Sí, io servo le bevande.

9. Sí, lei copre la pentola.
10. Sí, Teresa apre la porta.

14.
1. capiscono
2. costruisce
3. finiamo
4. dimagrisci
5. preferisco
6. capisce
7. ubbidite
8. ingrandisce
9. pulisco
10. preferiscono
11. capiamo
12. capisci
13. differite
14. ubbidisce

15.
1. Voi preferite questo disco.
2. Noi riferiamo il suo messaggio.
3. Gli studenti capiscono la lezione.
4. Voi capite tutto.
5. Noi costruiamo una scatola di legno.
6. I bambini ubbidiscono sempre.

16.
1. Sto bene.
2. Sto qui.
3. Do gli esami.
4. Vado al cinema.
5. Sto per partire.
6. Do i regali.
7. Do il benvenuto.
8. Vado in salotto.

17.
1. va
2. sto
3. stanno
4. dà
5. diamo
6. vado

18.
1. bevo
2. bevono
3. beve
4. beviamo
5. bevono
6. bevete
7. bevi
8. beve

19.
1. Introduci gli amici.
2. Produce molto.
3. Traduco in inglese.
4. Conduci i treni.
5. Riduce le frasi.
6. Produco poco.

20.
1. producono
2. traduce
3. conduce
4. introduco
5. riduciamo
6. traduci

21.
1. Disdicono la promessa.
2. Voi contraddite il vostro amico.
3. Le organizzazioni indicono il concorso.
4. Non malediciamo nessuno.
5. Dite tutto.
6. Che dite?

22.
1. interdicono
2. contraddici
3. dice
4. maledicono
5. disdite
6. indice
7. diciamo
8. contraddicono

23.
1. pospongono
2. ponete
3. espone
4. supponiamo
5. componi
6. oppongono
7. propongo
8. compone
9. pongono
10. ripone

24.
1. I soldati oppongono resistenza al nemico.
2. Voi imponete queste regole.
3. Noi proponiamo una soluzione.
4. Voi componete il tema.

25.
1. vale
2. rimango
3. rimani
4. salgo
5. salite
6. valgono
7. rimaniamo; salgono
8. salgono
9. saliamo

26.
1. attrae
2. distraggono
3. attrai
4. traiamo
5. contraggono
6. traggo

27.
1. I giochi distraggono il ragazzo.
2. Gli studenti traggono le conclusioni.
3. Noi contraiamo la febbre.
4. Voi attraete la mia simpatia.

28.
1. accoglie
2. raccolgono
3. cogliamo
4. raccolgo
5. togliete
6. accogli
7. raccoglie

29.
1. contengono
2. vengono
3. ottiene
4. sostenete
5. riconveniamo
6. sovviene
7. intrattengo
8. avvengono
9. ritiene
10. vieni
11. appartengono
12. sveniamo

30.
1. Sí, oggi vengo a scuola.
2. Sí, mia figlia viene domani.
3. Sí, proveniamo da Nuova York.
4. Sí, le mie amiche vengono con noi (voi).

31.
1. Mantieni bene i giardini?
2. Questa rivista contiene poco.
3. Ottiene i biglietti Lei?
4. Intrattengo gli amici.
5. La studentessa appartiene a quella classe.

32.
1. paio
2. pare
3. paiono
4. paiamo
5. pari
6. parete
7. Pare
8. Paiono

33.
1. muoiono
2. muoio
3. morite
4. muori
5. moriamo
6. muore

34.
1. siedo; siedi
2. siedono
3. sedete
4. siede
5. sediamo
6. siedi

35.
1. odono
2. odo
3. udite
4. ode
5. udiamo
6. odi

36.
1. escono
2. riesce
3. escono
4. uscite
5. riescono
6. esci
7. riesco

37.
1. fa
2. facciamo
3. fai
4. fa
5. fate
6. fanno
7. faccio
8. fa

38.
1. sanno
2. sa
3. sappiamo
4. so
5. sa
6. sai
7. Sanno
8. sapete

39.
1. voglio
2. vogliono
3. Vuoi
4. vuole
5. vogliamo
6. volete
7. vogliono
8. voglio

40.
1. può
2. possiamo
3. possono
4. può
5. potete
6. posso
7. puoi
8. può

41.
1. dobbiamo
2. devo
3. devono
4. devi
5. dovete
6. deve
7. devo
8. dobbiamo

42.
1. ha
2. ho
3. hanno
4. hai
5. avete
6. ha
7. abbiamo
8. ha

43.
1. sono
2. è
3. sono
4. siamo
5. siete
6. sono
7. Sono
8. è; è

44.
1. Sí, sono italiano.
2. Sí, mia figlia è a casa.
3. Sí, siamo pronti adesso.
4. Sí, i giocatori sono nello stadio.
5. Sí, sono l'amica di Giovanni.
6. Siamo (Siete) bravi (cattivi).
7. I miei genitori sono al cinema.
8. Sí, tu sei il mio compagno di scuola.

45.
1. viviamo
2. lavora
3. conosci
4. fa
5. studiate
6. ricevo
7. è
8. frequentiamo
9. vedo
10. viaggia

46.
1. Frequento questa scuola da due anni.
2. Studio l'italiano da un anno.
3. Vivo in questa città da cinque anni.
4. Conosco il mio migliore amico da molti anni.
5. Non visito i miei nonni da tre mesi.
6. Non vado al teatro da sei mesi.

47.
1. balliamo
2. lavora
3. preferiscono
4. giochi
5. invecchiano
6. offrite
7. legge
8. vai
9. sono
10. dà
11. producono
12. pongo
13. appartengono
14. dite; contraddico
15. piacciono
16. attrae
17. accogliamo
18. faccio
19. devi
20. cucinano
21. so
22. vogliono
23. vale
24. possiamo
25. bevete
26. paiono
27. siedi; siedo
28. abbiamo
29. siete
30. capisco
31. finisci
32. fanno
33. muoiono
34. salgo
35. Odono
36. Esce
37. vengono
38. vanno
39. fate
40. è

48.
1. andavamo
2. viaggiavo
3. cantava
4. sciavano
5. visitavate
6. giocavi
7. saltavo; camminavo
8. portava

49.
1. Antonio parlava molto.
2. Voi camminavate per le strade.
3. Mia madre comprava molte cose.
4. Noi giocavamo nel parco.

5. Le ragazze cantavano ad alta voce.
6. Io ascoltavo i miei maestri con attenzione.
7. Tu guardavi la televisione tutte le sere.
8. Visitava Lei i Suoi cugini?
9. Viaggiavate molto?
10. Studiavano con diligenza gli studenti?

50.
1. leggeva
2. piangevano
3. correvamo
4. vendevano
5. ripetevano
6. sapevano
7. perdevi
8. avevano

51.
1. Eleggevamo un nuovo presidente.
2. Descrivevate quel paesaggio.
3. Friggevo le uova.
4. Offendevi molte persone.
5. Promettevate troppe cose.
6. I bambini cadevano spesso.
7. Angelo vendeva biciclette.

52.
1. capivano
2. finivo
3. seguivate
4. sentivamo
5. preferivano
6. costruivate
7. apparivi
8. ubbidivano
9. servivano
10. saliva
11. dimagrivo
12. scandiva
13. scomparivi
14. riferivamo

53.
1. Sentivi il campanello?
2. Vestivate i bambini?
3. Preferivamo un gelato.
4. Capivano bene.
5. Olga soffriva molto.
6. Io seguivo i tuoi consigli.
7. Offrivi sempre il tuo aiuto.
8. Aprivamo le finestre.
9. Paolo riapriva la porta.
10. Ubbidivano la madre.

54.
1. Sí, aprivo le porte.
2. Sí, servivamo il caffé.
3. Sí, vestivamo (vestivate) elegantemente.
4. Sí, capivo bene.
5. Sí, reagivo cautamente.
6. Sí, noi finivamo presto.
7. Sí, soffrivamo molto in ospedale.
8. Sí, Luigi seguiva molti corsi.
9. Sí, vestivamo (vestivate) i bambini.
10. Sí, gli alunni scandivano le parole.

55.
1. Stefano diceva la verità.
2. Queste fabbriche producevano pantaloni.
3. Il signor Martini faceva il dottore.
4. Io non dicevo niente.
5. Dove facevate le vacanze?
6. Questo terreno produceva molti vegetali.
7. Tu non dicevi la verità.

56.
1. dicevano
2. faceva
3. produceva
4. dicevo
5. contraddicevi
6. facevano
7. conduceva

57.
1. bevevamo
2. beveva
3. bevevate
4. bevevi
5. bevevo
6. Bevevano
7. beveva
8. bevevano

58.
1. esponeva
2. ponevo
3. proponevi
4. componevano
5. posponevamo
6. ponevate
7. Supponeva
8. imponeva

59.
1. attraeva
2. traeva
3. distraevi
4. ritraevate
5. traevo
6. sottraevamo

60.
1. era
2. eravamo
3. erano
4. eri
5. era
6. eravate
7. erano
8. era

61.
1. Ero studente.
2. Maria e Carlo erano al teatro.
3. Sí, quello studente era pronto.
4. Quel signore era mio zio.
5. Sí, eravamo (eravate) bravi.
6. Sí, ero a casa spesso.
7. Sí, eravamo malati.
8. Mio padre era in Italia.

62.
1. Mio fratello arrivava sempre in ritardo.
2. Tu parlavi ininterrottamente.
3. Le studentesse andavano spesso in biblioteca.
4. Usualmente Olga cenava presto.
5. La domenica andavamo al parco.
6. Di quando in quando vedevo un bel film.
7. Le mie sorelle venivano a casa tutti i giorni.
8. A volte nevicava senza sosta.
9. I bambini piangevano frequentemente.
10. Mio cugino scriveva ogni mese.

63.
1. suonava; cantavi
2. lavavamo; lavavate
3. lavoravo; giocavano
4. dormiva; studiavamo
5. telefonavi; guardava

6. scrivevamo; parlavate
7. leggevo; scrivevi
8. diceva; mentivate
9. gridava; piangeva
10. viaggiavano; stavamo

64.
1. preferiva
2. capivi
3. temevano
4. credevo
5. rifletteva
6. volevate
7. potevo; desideravo
8. odiavi
9. intuiva
10. credevamo

65.
1. La casa era grande.
2. Gli edifici erano rossi.
3. Olga era brava.
4. Gli studenti erano intelligenti.
5. La copertina del libro era verde.
6. I genitori erano pazienti.
7. Noi eravamo alti.
8. Voi eravate cattivi.
9. Le camicie erano bianche.
10. Tu eri basso.

66.
1. Che tempo faceva?
2. Quanti anni avevi?
3. Che ora era?
4. Nevicava?
5. Erano le quattro e un quarto.
6. Avevamo sedici anni.
7. Tirava vento.
8. Pietro aveva diciannove anni.
9. Era mezzanotte.
10. Pioveva.

67.
1. eravate
2. visitavamo
3. Nevicava
4. giocava
5. fumavano
6. lavoravi
7. erano
8. sapevo

68.
1. giocavano
2. andavamo
3. ascoltava
4. correvate
5. ero
6. erano
7. era; aveva
8. producevano
9. dicevi
10. bevevamo
11. componeva
12. attraevano
13. ponevo
14. capivate
15. soffrivano

69.
1. Sí, dormivo sempre fino a tardi.
2. Sí, la domenica andavamo in chiesa.
3. Sí, uscivo frequentemente.
4. Sí, pioveva spesso.
5. Sí, andavamo alla spiaggia tutti i giorni.
6. Sí, Luigi arrivava sempre tardi.
7. Sí, i bambini piangevano spesso.
8. Sí, viaggiavo ogni estate.

9. Preferivamo il mare (la montagna).
10. Sí, la casa di Maria era verde.
11. Andavo a scuola alle otto e mezza.
12. Sí, le strade erano strette.
13. Faceva bel tempo.
14. Mio fratello aveva ventun anni.
15. Sí, ero sempre contento(-a) quando ero piccolo(-a).
16. Sí, avevamo paura dell'oscurità.
17. Non andavo in Italia da sei anni.
18. Nevicava da tre giorni.
19. Sí, i miei nonni erano generosi.
20. Leggevamo molti racconti in classe.

70.
1. -arono
2. -ai
3. -ò
4. -aste
5. -asti
6. -arono
7. -ammo
8. -ò
9. -arono
10. -ai

71.
1. ascoltarono
2. invitò
3. camminammo
4. comprasti
5. pranzaste
6. preparai
7. girarono
8. durò
9. viaggiammo
10. insegnò

72.
1. Noi visitammo i nonni.
2. Aspettai mio cugino.
3. Loro comprarono alcuni libri.
4. Angelo lavò l'automobile.
5. Tu portasti i regali.
6. Voi mangiaste da Carlo.
7. Gli studenti passarono gli esami.
8. Tu viaggiasti solo.
9. Io pagai il biglietto.
10. Andammo al teatro a piedi.

73.
1. gemé (gemette)
2. ripeterono
3. credemmo
4. sedeste
5. ricevesti
6. vendei
7. battemmo
8. abbatterono
9. poté
10. doveste

74.
1. Tu ricevesti una bella notizia.
2. Mario ripeté il corso di geografia.
3. Loro venderono (vendettero) molte cose.
4. Noi sedemmo soli.
5. Io credei tutto.
6. Voi poteste venire presto.
7. Tu abbattesti la parete.
8. Luisa batté sul banco.

75.
1. -ii
2. -iste
3. -isti
4. -í
5. -irono
6. -immo
7. -í
8. -irono
9. -ii
10. -iste

76.
1. ubbidirono
2. capiste
3. preferii
4. dimagrí
5. finisti
6. costruimmo
7. ingrandirono
8. capii

77.
1. Gl'impiegati seguirono le istruzioni.
2. Il cuoco bollí la carne.
3. Loro sentirono il campanello.
4. Il cameriere serví le bevande.
5. Io aprii tutte le finestre.
6. Voi offriste un caffé agli amici.
7. I malati soffrirono molto.

78.
1. chiedesti
2. chiudemmo
3. rimanemmo
4. rideste
5. rispondeste
6. ponesti
7. ponemmo
8. concludeste
9. corresti
10. Sceglieste

79.
1. chiusi
2. decisi
3. promisi
4. pose
5. mise
6. spese
7. composero
8. scelsero
9. risposero
10. piansero

80.
1. Sí, chiesi molte informazioni.
2. Sí, chiusi la porta.
3. Sí, decisi di rimanere qui.
4. Sí, risposi alle sue domande.
5. Sí, presi il denaro.
6. Sí, misi il libro sul tavolo.
7. Sí, volsi le spalle.
8. Sí, scelsi un vestito.

81.
1. Sí, dividemmo il premio in due.
2. Sí, rispondemmo.
3. Sí, decidemmo immediatamente.
4. Sí, chiudemmo le finestre.
5. Sí, prendemmo i passaporti.
6. Sí, mettemmo i fiori nel vaso.
7. Sí, scegliemmo dei bei regali.
8. Sí, corremmo.

82.
1. chiese
2. chiedemmo
3. conclusero
4. chiuse
5. richiusi
6. includeste
7. chiesero
8. escludesti
9. coincisero
10. rise
11. decideste
12. sorridemmo
13. divise
14. ridemmo
15. decise
16. uccise
17. mise
18. commetteste
19. promisi
20. trasmettesti
21. ponemmo
22. opposi
23. componesti
24. presero
25. spendemmo
26. sorpresero
27. scendeste
28. accesero

83.
1. corse
2. trascorremmo
3. accogliemmo
4. scelsero
5. scelsi
6. raccolse
7. scegliemmo
8. volse
9. giunsero
10. fingesti
11. volgemmo
12. piansero

84.
1. lesse
2. eleggemmo
3. rilessi
4. correggesti
5. lessero
6. scrisse
7. descrivesti
8. iscrissi
9. scrivemmo
10. visse
11. vivemmo
12. rivissero

85.
1. produsse
2. introducesti
3. tradussi
4. inducemmo
5. disse
6. maledicemmo
7. prediceste
8. contraddissi
9. dicemmo

86.
1. trassero
2. attrasse
3. attraeste
4. traemmo
5. sottrassi
6. contraesti

87.
1. caddero
2. decadde
3. ricaddi
4. cademmo
5. tenne
6. appartennero
7. mantenesti
8. sosteneste
9. contenni
10. volli
11. volle
12. volemmo

88.
1. bevemmo
2. bevve
3. bevvero
4. bevvi
5. beveste

89.
1. venne
2. intervenimmo
3. svenne
4. rivenisti
5. convennero
6. sovvenimmo
7. divenne

90.
1. conobbi
2. riconoscesti
3. conoscemmo
4. riconobbero
5. ruppi
6. ruppero
7. interrompeste
8. sapemmo
9. sapesti
10. sapeste
11. seppi

91.
1. nacque
2. piacemmo
3. nacqui
4. nasceste
5. dispiacque
6. piacesti

92.
1. videro
2. rivedeste
3. previde
4. provvidero

5. intravidi
6. vedemmo
7. rivide
8. previdero

93.
1. fece
2. facemmo
3. soddisfecero
4. disfaceste
5. sopraffeci

94.
1. ebbe
2. ebbi
3. ebbero
4. avemmo
5. avesti
6. Aveste

95.
1. fu
2. furono
3. fosti
4. fummo
5. fui
6. foste
7. furono
8. fu

96.
1. Loro stettero al bar fino a tardi.
2. Io diedi un regalo a Luigi.
3. Voi steste qui per poche ore.
4. Mario diede il biglietto a Luisa.
5. Noi stemmo a casa con i bambini.
6. Voi deste i libri alle studentesse.
7. Io stetti con mio zio.
8. Tu desti l'indirizzo al cliente.
9. Olga stette con sua cugina.
10. Tu stesti in ufficio.
11. Gli studenti diedero gli esami.

97.
1. camminarono
2. comprò
3. portaste
4. ricevesti
5. sedé
6. vendemmo
7. preferirono
8. capisti
9. finí
10. steste
11. diedi (detti)
12. fummo
13. ebbero
14. bevesti
15. bevvero
16. caddi
17. chiese
18. chiudeste
19. tradussero
20. riconoscesti
21. trascorsi
22. divise
23. dissero
24. fece
25. lessero
26. misi
27. nacque
28. piacquero
29. posero
30. accendeste
31. spesero
32. rimasi

98.
1. Tu rispondesti alle domande di Mario.
2. Loro risposero bene agli esami.
3. Noi rompemmo un piatto e due bicchieri.
4. Gli studenti seppero la lezione.
5. Io scelsi un paio di pantaloni marrone.
6. Voi accoglieste gli ospiti stranieri.
7. Teresa scrisse a tutti i parenti.
8. Loro sostennero un'opinione ottimista.
9. Il circo attrasse una grande folla.
10. Io rividi i miei vecchi amici.
11. I nonni di Carmela vissero in **Italia** tutta la loro vita.

12. Noi volemmo restare a casa.
13. Stefano volle uscire con gli amici.
14. I bambini piansero poco.
15. Voi giungeste a scuola tardi.
16. Mario e Gino vinsero una partita a scacchi.
17. Quel signore intervenne nei nostri affari.
18. Maria non venne a scuola per due settimane.
19. Il malato svenne dal dolore.
20. Finalmente noi rinvenimmo il portafoglio.
21. Accaddero molte cose strane.
22. Io intervenni senza esitare.
23. Tu convenisti con Stefano.

99.
1. arrivarono
2. morí
3. andarono
4. lessi
5. fu
6. decisero
7. passasti
8. finimmo
9. ebbi
10. veniste
11. rifiutò
12. restituiste

100.
1. Non vollero partecipare.
2. Non potemmo trovare l'indirizzo.
3. Potei partire presto.
4. Conobbe mio fratello l'estate scorsa.
5. Lo seppero poco fa.

101.
1. Egli veniva qui spesso.
2. Io lo vedevo spesso.
3. Carlo me lo ripeteva spesso.
4. Ricevevamo una lettera da lui spesso.
5. Egli mi chiamava spesso.

102.
1. Egli ci visitò due giorni fa.
2. Lei mi aiutò due giorni fa.
3. Io andai lí due giorni fa.
4. Loro me lo dissero due giorni fa.
5. Tu mangiasti in quel ristorante due giorni fa.

103.
1. Andavo a Chicago ogni mese.
2. Anche due mesi fa Maria partí per Brooklyn.
3. Mia zia fu malata per due anni.
4. Visitavo i miei cugini frequentemente.
5. Ogni tanto incontravamo dei vecchi amici.
6. Viaggiavate in Francia spesso spesso.
7. Sempre parlavamo di politica.
8. Andammo al teatro domenica scorsa.
9. Mia madre andò al mercato una volta.
10. Luigi vinceva al totocalcio di quando in quando.

104.
1. Sí, visitò l'Europa l'estate scorsa.
2. Sí, andava al cinema ogni domenica.
3. Sí, scalò un monte nel 1965.
4. Sí, visitava i nonni tutti i giorni.
5. Sí, faceva i bagni sempre.
6. Sí, ricevé (ricevette) la patente di guida ieri.
7. Sí, viaggiava con gli amici frequentemente.
8. Sí, fu malato per poco tempo.

105.
1. giocavano; studiavamo
2. suonava; entrarono
3. discutevamo; bussò
4. preparava; arrivarono
5. mi alzai; si alzò
6. era; si ammalò
7. ascoltavano; studiavo
8. arrivammo; faceva
9. ballavano; cantavano
10. guardavate; interruppe

106.
1. giocarono; applaudirono
2. guidò; guardai
3. comprò; aspettammo
4. studiò; lesse
5. chiusi; pulí

107.
1. giocavano; applaudivano
2. guidava; guardavo
3. comprava; aspettavamo
4. studiava; leggeva
5. chiudevo; puliva

108.
1. porteranno
2. frequenteremo
3. arriveranno
4. canterà
5. parteciperò
6. parlerete
7. impareranno

109.
1. partiremo
2. leggeranno
3. ripeterete
4. venderà
5. capiremo
6. correranno
7. sentirà
8. finirai
9. insegnerà
10. lavoreremo
11. comprerai

110.
1. mangeremo
2. cominceranno
3. parcheggerò
4. marceranno
5. noleggerai
6. viaggerete

111.
1. cercheremo
2. pagheranno
3. sbarcherà
4. attaccheranno
5. mancherò
6. allargherete
7. impaccherà
8. divagheremo
9. perderanno
10. fingerò
11. usciranno
12. descriverete

13. offrirà
14. seguiremo
15. metterà

112.
1. darò
2. faremo
3. starà
4. darà
5. darai
6. farà
7. staranno
8. darete
9. faranno
10. staremo
11. starò
12. farò

113.
1. sarai
2. saremo
3. sarà
4. sarete
5. sarò
6. sarai
7. saremo
8. saranno

114.
1. andremo
2. avrete
3. potrò
4. saprà
5. andranno
6. avrai
7. dovremo
8. cadrà
9. vedrò
10. vivremo
11. saprete
12. avrò

115.
1. berranno
2. varrà
3. vorranno
4. terrà
5. vorrò
6. berremo
7. parranno
8. morrà (morirà)
9. rimarremo
10. verranno
11. verrà
12. vorrete
13. parrete
14. berremo

116.
1. Saranno a casa.
2. Avrà sedici anni.
3. Saranno le dieci e mezza.
4. No, non costerà molto.
5. Arriveranno alle sette.
6. Sarà a scuola.
7. Ne avrò un centinaio.
8. Partirà alle due.
9. Sarà Pietro.
10. Sarà italiano.

117.
1. andrò
2. arriveranno
3. visiterai
4. nevicherà
5. farà
6. arriverò
7. vedremo
8. avremo
9. verranno
10. saremo
11. avrò
12. arriverete

118.
1. I ragazzi saranno al cinema.
2. Che ora sarà.
3. Quando studierai?
4. Se andrò in Italia, vedrò molti musei.
5. Quando arriveranno i turisti, andranno all'albergo.
6. Se visiterete vostra zia, lei sarà molto contenta.

119.
1. canterebbero
2. camminerebbe
3. visiterebbero
4. compreresti
5. arriverei
6. ballereste
7. completerebbe
8. prepareremmo
9. frequenterebbero
10. fumerei
11. parlerebbe
12. accompagneresti
13. laveremmo
14. gridereste
15. cenerei

120.
1. correremmo
2. leggeresti
3. aprirei
4. seguirebbe
5. friggerebbero
6. scoprireste
7. venderemmo
8. serviresti
9. ripeterebbe
10. sentirebbero
11. descriverei
12. bolliremmo
13. fingeresti
14. soffrirebbe
15. perdereste

121.
1. cominceremmo
2. avrei
3. berrebbe
4. dovreste
5. udresti (udiresti)
6. varrebbe
7. verrebbero
8. pagherei
9. mangeremmo
10. sarebbe
11. parrebbero
12. dovresti
13. andrei
14. dareste
15. terrebbe
16. staremmo
17. vorrebbero
18. potresti
19. andrei
20. saremmo

122.
1. abbiamo parlato
2. ha preparato
3. ha cantato
4. abbiamo accettato
5. hai pranzato
6. avete comprato
7. ho guardato
8. ha controllato
9. hanno viaggiato
10. ha chiamato

123.
1. ho perduto (perso)
2. hai ripetuto
3. hanno venduto
4. abbiamo ricevuto
5. ha conosciuto

124.
1. Loro hanno capito tutto.
2. Noi abbiamo finito il lavoro.
3. Io ho vestito il bambino.
4. Noi abbiamo servito il pranzo.
5. Maria ha finito il lavoro.

125.
1. leggemmo
2. ruppe
3. trassero
4. fece
5. dissi
6. scrissero
7. correggesti
8. risposi
9. scegliesti
10. vinsero

11. pianse
12. misero
13. promisi
14. risero
15. prese
16. chiudeste
17. offrirono
18. aprimmo
19. soffrí
20. beveste

126.
1. abbiamo accettato
2. hai pranzato
3. ha conosciuto
4. hanno cantato
5. avete detto
6. ha finito
7. ho letto
8. ha rotto
9. hai comprato
10. abbiamo promesso
11. hanno capito
12. avete venduto
13. ha controllato
14. ho avuto
15. ha fatto

127.
1. Luisa ha cantato bene.
2. Abbiamo letto la lettera.
3. Avete scritto molte lettere.
4. Hai chiuso la porta.
5. Ho mangiato con gli amici.
6. Hanno aperto le finestre.
7. Abbiamo finito il compito.
8. Avete aspettato Giovanni.
9. Ho lavorato fino a tardi.
10. Hai rotto il piatto.

128.
1. Maria li ha conosciuti ieri.
2. L'ho comprata in quel negozio.
3. Non le ho salutate.
4. L'ho bevuto in pochi secondi.
5. Li ho dati ieri pomeriggio.
6. L'abbiamo controllata.
7. Le hai lette?
8. Li avete finiti?
9. L'ho aperta poco fa.
10. Le hanno scritte facilmente.

129.
1. sono state
2. è arrivato
3. è durata
4. siete andati
5. sono piaciuti
6. sono usciti
7. è ritornata
8. è bastato
9. sono costati
10. siamo restati

130.
1. Marco è andato al mercato.
2. Luisa è uscita con Pietro.
3. Giuseppe e Antonio sono ritornati alle nove.
4. Olga e Maria sono entrate in un negozio.

5. Mario e Anna sono partiti per l'Italia.
6. Noi siamo stati dai nonni.
7. Esse sono arrivate insieme.
8. Essi sono stati a casa.

131.
1. Mi sono alzato(-a) di buon'ora.
2. I ragazzi non si sono sbarbati.
3. Ci siamo seduti(-e) qui.
4. Gli amici si sono divertiti.
5. Ella si è laureata quest'anno.
6. Mi sono comprato un paio di scarpe.
7. Si sono piaciuti molto.
8. Noi ci siamo aiutati molto.

132.
1. sono	6. hanno
2. hanno	7. sono
3. sono	8. hanno
4. hanno	9. sono
5. sono	10. hanno

133.
1. ha veduto (visto)
2. avete fatto
3. abbiamo comprato
4. hanno detto
5. sono arrivati
6. sono andati
7. ho letto
8. abbiamo finito
9. ho avuto
10. siete venuti

134.
1. Lo vedevo spesso.
2. Parlavamo con lui spesso.
3. Carlo mi chiamava spesso.
4. Loro ricevevano una lettera da lui spesso.
5. Angelina visitava spesso i cugini.

135.
1. Egli mi ha visitato due giorni fa.
2. Lei mi ha aiutato due giorni fa.
3. Sono andato lí due giorni fa.
4. Me l'hanno detto due giorni fa.
5. L'hai fatto due giorni fa.

136.
1. Andavo a Chicago ogni mese.
2. Ieri Maria è partita di mattino.
3. Ho visitato i miei cugini l'anno scorso.
4. Ogni tanto incontravamo dei vecchi amici.
5. Viaggiavi in Francia spesso spesso?
6. Ieri sera abbiamo parlato di politica.
7. Siamo andati al teatro domenica scorsa.
8. Loro sono andati al mercato una volta.

137.
1. Sí, la settimana scorsa sono andato alla spiaggia.
2. Sí, ieri sera ho dormito molto.
3. Sí, stamani ho lavorato troppo.
4. Sí, andavo al cinema ogni domenica.
5. Sí, viaggiavo con gli amici frequentemente.
6. Sí, facevo delle spese ogni mattina.
7. Sí, ho parlato con lui tre giorni fa.
8. Sí, ho veduto (visto) il film venerdí.

138.
1. nuotavano; prendevano
2. parlava; sono arrivato
3. hai conosciuto; era
4. Pioveva; siamo usciti
5. dormivo; è squillato
6. pranzavamo; ho telefonato
7. sono arrivati; faceva
8. ballavano; cantavano
9. mi sono alzato; si è alzato
10. sono uscito; nevicava

139.
1. ho visitato; visitai
2. ho mangiato; mangiai
3. hai avuto; avesti
4. è arrivata; arrivò
5. siamo usciti; uscimmo
6. avete letto; leggeste
7. sono partiti; partirono
8. abbiamo parlato; parlammo
9. hai scritto; scrivesti
10. sono ritornato; ritornai

140.
1. avevamo parlato
2. ero arrivato
3. aveva finito
4. avevate comprato
5. eri stato
6. avevano creduto
7. avevamo deciso
8. ero uscito
9. aveva scritto
10. avevi mangiato

141.
1. avevamo veduto (visto)
2. avevo portato
3. eravamo arrivati
4. avevano comprato
5. avevi ricevuto
6. avevano studiato

142.
1. fu arrivato
2. ebbero parlato
3. avemmo cenato
4. avemmo finito
5. fu arrivato

143.
1. avremo visitato
2. avrai avuto

3. saranno ritornati
4. avrete dato
5. avremo parlato
6. avranno giocato
7. sarà uscito
8. sarò arrivato

144.
1. saremmo usciti
2. sarei venuto
3. sarebbe arrivato
4. avreste potuto
5. avresti corso
6. sarebbero andate
7. avrei veduto (visto)
8. avremmo mangiato
9. avresti dovuto
10. sarebbe stata

145.
1. apra
2. arrivino
3. scrivano
4. cada
5. telefoni
6. seguiate
7. senta
8. descriviate

146.
1. tocchino
2. paghiate
3. cerchi
4. giochiamo
5. mangino
6. comincino
7. mangi
8. cominciamo
9. sciino
10. avvii

147.
1. che tu venga; che loro vengano; che voi veniate; che noi veniamo
2. che tu dica; che egli dica; che voi diciate; che loro dicano
3. che io faccia; che tu faccia; che lei faccia; che loro facciano
4. che io rimanga; che tu rimanga; che egli rimanga; che loro rimangano
5. che egli capisca; che noi capiamo; che voi capiate; che loro capiscano
6. che tu suoni; che lei suoni; che loro suonino;
7. che io esca; che noi usciamo; che voi usciate; che loro escano
8. che io scelga; che lui scelga; che noi scegliamo; che voi scegliate

148.
1. abbiano
2. siano
3. dia
4. sappiano
5. diate
6. siate

149.
1. parliate; partiate; ceniate; dormiate; crediate; veniate; saliate; studiate
2. torni; esca; venga; scriva; lavori; scenda; parli; dorma
3. canti; parli; dorma; esca; parta; rida; creda; abbia ragione
4. escano; tornino; mangino; salgano; partano; cantino; studino; dormano

150.
1. Voglio che loro vengano alle nove.
2. Voglio che tu scriva una lettera.
3. Voglio che voi parliate ad alta voce.
4. Voglio che Pietro dica la verità.
5. Voglio che noi partiamo presto.
6. Voglio che egli lo sappia.
7. Ordiniamo che tu vada in biblioteca.
8. Ordiniamo che voi diciate la verità.
9. Ordiniamo che loro comprino i libri necessari.
10. Ordiniamo che Luigi rimanga a casa.
11. Ordiniamo che tu sappia la lezione.
12. Ordiniamo che voi traduciate la lettura.
13. Mi dispiace che voi siate tristi.
14. Mi dispiace che Pietro non possa venire.
15. Mi dispiace che tu scriva così male.
16. Mi dispiace che loro abbiano molti problemi.
17. Mi dispiace che nevichi molto.
18. Mi dispiace che voi partecipiate poco.
19. Tu insisti che io parta domani.
20. Tu insisti che i bambini dormano.
21. Tu insisti che Luisa vada a casa.
22. Tu insisti che noi studiamo.
23. Tu insisti che loro aprano le finestre.
24. Tu insisti che io sappia la lezione.

151.
1. restiate
2. parta
3. venga
4. escano
5. sappiamo
6. arriviate
7. sappiano
8. sia
9. vada
10. riportino
11. abbia
12. capiate
13. possa
14. siano
15. canti

152.
1. prepari; riceva; legga; scriva; finisca; cerchi; paghi; sappia
2. incontriate; conosciate; riceviate; troviate; sappiate; facciate; abbiate; cerchiate
3. faccia; porti; descriva; dica; sappia; ottenga; prepari; finisca
4. venga; salga; parta; esca; legga; traduca; scii; sbagli
5. preparino; portino; finiscano; cerchino; paghino; credano; dicano; mandino

153.
1. È importante che io riceva certe lettere.
2. È giusto che paghiate il conto.
3. È probabile che ritornino tardi.
4. Bisogna che riporti i libri.
5. È meglio che usciamo presto.
6. È impossibile che parta subito.

7. Non importa che tu finisca la lettura.
8. È necessario che Paolo studi molto.
9. Speriamo che voi possiate partecipare.
10. Conviene che loro facciano i bravi.
11. È possibile che Carlo sia a casa.
12. È raro che io abbia i compiti pronti.
13. È facile che piova fra non molto.
14. Sorprende che voi siate in ritardo.
15. È essenziale che la macchina funzioni.

154.
1. siano qui; arrivino presto; escano insieme; facciano i compiti
2. facciate i buoni; portiate i libri; finiate la lezione; sappiate l'indirizzo; ceniate qui; leggiate molto; abbiate pazienza; partiate presto

155.
1. Sí, credo che Paola lo sa.
2. Sí, è sicuro che io vengo presto.
3. No, non è certo che loro arrivino tardi.
4. Sí, dubito che tu lo faccia.
5. No, non credo che Carlo legga tutto.
6. No, non siamo sicuri che tu ci accompagni.

156.
1. sono   4. possa
2. abbiate   5. vada
3. sai   6. conosciamo

157.
1. leggiate; studiate; dormiate; facciate i compiti; scriviate una lettera; abbiate un mal di testa; siate malati; non ascoltiate
2. arrivino; finiscano; telefonino; chiamino; bussino; escano; salgano; dormano
3. scriva; venga; bussi; parli; telefoni; canti; arrivi; esca
4. sia stanco; abbia la febbre; non voglia; non possa

158.
1. sia   6. parlino
2. parta   7. sia
3. faccia   8. vengano
4. abbia   9. arrivi
5. possiate   10. creda

159.
1. Che parli con me!
2. Che partano presto!
3. Che finisca la lettura!
4. Che portino i regali!
5. Che legga il romanzo!
6. Che scrivano molto!
7. Che scii cautamente!
8. Che sappiano la domanda!

160.
1. parla italiano; scrive bene; sa dattilografare
2. parli italiano; scriva bene; sappia dattilografare

161.
1. Cerco una segretaria che sappia dattilografare.
2. Ho una camicia che va bene con il vestito.
3. Voglio comprare una cravatta che vada bene con la camicia.
4. Abbiamo bisogno di un dottore che abiti vicino.
5. Hai una macchina che è meravigliosa.
6. Cerco un lavoro che sia interessante.

162.
1. gioca   5. studiano
2. abbia   6. possa
3. porti   7. sappiano
4. ha   8. abbaia

163.
1. conosca
2. esista
3. abbiate
4. conoscano
5. sia

164.
1. chiami
2. capisca
3. vengano
4. abbia
5. piaccia

165.
1. aiuti
2. possa
3. venda
4. dia
5. piaccia

166.
1. È contento di essere con noi.
2. Il dottore ordina al paziente di comprare la medicina.
3. Signor Torre, Le suggeriamo di sciare con cautela.
4. Permetto a mia figlia di andare in Italia.
5. Luigi mi permette di parlare.

167.
1. siano arrivati(-e)
2. abbia detto
3. abbiate svelato
4. sia stato
5. abbia finito
6. abbiano veduto (visto)
7. siate usciti(-e)
8. abbia fatto
9. siamo partiti(-e)
10. abbia sofferto

168.
1. Dubito che voi abbiate capito.
2. Spero che Luigi sia arrivato presto.
3. È impossibile che tu abbia letto tanto.
4. Non crediamo che esse siano venute.
5. Ha paura che io abbia sbagliato strada.

169.
1. studiassero; dicessero la verità; partissero; tornassero; dormissero; credessero; facessero i compiti
2. sciassimo; traducessimo; uscissimo; cantassimo; venissimo; fossimo in ritardo; ripetessimo la domanda; bevessimo troppo
3. tornassi; partissi; studiassi; cenassi; finissi il lavoro; leggessi; scrivessi; dormissi
4. capisse; sapesse; scrivesse; dicesse; facesse.
5. guardaste; spiegaste; vendeste; finiste; diceste; faceste

170.
1. finissi
2. andassero
3. tornaste
4. scrivessi
5. dicesse
6. stessi
7. dessi
8. giocassero
9. fossimo
10. faceste

171.
1. Insisteva che parlassimo italiano.
2. Avevano paura che tu non lo comprassi.
3. Voleva che voi partiste.
4. Preferivi che io lo sapessi.
5. Speravamo che Carlo arrivasse alle sei.
6. Hanno insistito che scrivessimo molte lettere.
7. Hanno proibito che tu uscissi di notte.
8. Suggerivano che voi dormiste molto.

172.
1. Volevano che uscissimo con loro.
2. Proibivano che io fumassi.
3. Sperava che voi finiste il lavoro.
4. Avevo paura che tu avessi ragione.
5. Insistevi che io lo facessi.
6. Preferivamo che loro venissero alle otto.
7. Desideravano che dicessimo la verità.
8. Suggerivo che voi tornaste presto.

173.
1. vincessimo
2. finissero
3. partissi
4. studiasse
5. visitaste
6. prendessi
7. arrivassero
8. tacessimo
9. credessi
10. fosse

174.
1. giocasse
2. avesse
3. venda
4. potesse
5. fosse
6. avesse
7. fosse
8. fosse

175.
1. Magari arrivassimo in tempo!
2. Se solo continuassero a studiare!
3. Fossi fortunato!
4. Telefonassero pure!
5. Se solo venissero i nostri amici!
6. Magari smettesse di piovere!

176.
1. sapesse
2. venisse
3. fosse
4. gridassero
5. fosse
6. facesse
7. piovesse
8. parlassimo

177.
1. studiassero; battessero a macchina; partissero per l'Italia; leggessero molto; fossero bravi; avessero soldi; lavorassero poco
2. potessi sciare; sapessi guidare; andassi a scuola; avessi pazienza; stessi a casa; giocassi a tennis; lavorassi; leggessi

178.
1. fossero arrivati(-e)
2. avessimo finito
3. avessi portato
4. foste partiti(-e)
5. avessi avuto
6. avessero fatto
7. aveste detto
8. fosse uscita

179.
1. hanno
2. fosse stato
3. facesse
4. partiamo
5. fossi
6. avesse veduti (visti)
7. correste
8. vieni
9. avessero scritto
10. fossi

180.
1. siate
2. sbagli
3. finisca
4. piaccia
5. fumiamo
6. facesse
7. vengono
8. partissi
9. stia
10. arrivaste
11. avesse saputo
12. avessero finito
13. potesse
14. esca
15. sentissimo
16. fossi
17. fossero venute
18. beva
19. capissimo
20. dicesse

181.
1. Sí, dorma! No, non dorma!
2. Sí, scriva! No, non scriva!
3. Sí, ritorni! No, non ritorni!

4. Sí, risponda!
   No, non risponda!
5. Sí, arrivi presto!
   No, non arrivi presto!
6. Sí, creda tutto!
   No, non creda tutto!
7. Sí, balli!
   No, non balli!
8. Sí, legga!
   No, non legga!
9. Sí, guardi la televisione!
   No, non guardi la televisione!
10. Sí, veda il film!
    No, non veda il film!
11. Sí, finisca subito!
    No, non finisca subito!
12. Sí, guidi la macchina!
    No, non guidi la macchina!
13. Sí, chiuda la porta!
    No, non chiuda la porta!
14. Sí, venga alle tre!
    No, non venga alle tre!
15. Sí, salga adesso!
    No, non salga adesso!
16. Sí, abbia pazienza!
    No, non abbia pazienza!
17. Sí, rimanga qui!
    No, non rimanga qui!
18. Sí, faccia il buono!
    No, non faccia il buono!
19. Sí, beva il latte!
    No, non beva il latte!
20. Sí, vada a casa!
    No, non vada a casa!
21. Sí, traduca la lettera!
    No, non traduca la lettera!
22. Sí, esca fuori!
    No, non esca fuori!
23. Sí, tragga una conclusione!
    No, non tragga una conclusione!
24. Sí, suoni il piano!
    No, non suoni il piano.
25. Sí, scelga la rivista!
    No, non scelga la rivista!

182.
1. Sí, parlino!
   No, non parlino!
2. Sí, scrivano le lettere!
   No, non scrivano le lettere!
3. Sí, leggano la rivista!
   No, non leggano la rivista!
4. Sí, chiudano la finestra!
   No, non chiudano la finestra!
5. Sí, comprino i libri!
   No, non comprino i libri!
6. Sí, guardino lo spettacolo!
   No, non guardino lo spettacolo!

7. Sí, dividano i regali!
   No, non dividano i regali!
8. Sí, partano alle otto!
   No, non partano alle otto!
9. Sí, mandino il pacco!
   No, non mandino il pacco!
10. Sí, facciano il té.
    No, non facciano il té!
11. Sí, escano alle due!
    No, non escano alle due!
12. Sí, traducano il poema!
    No, non traducano il poema!
13. Sí, salgano le scale!
    No, non salgano le scale!
14. Sí, vadano dai nonni!
    No, non vadano dai nonni!
15. Sí, vengano in macchina!
    No, non vengano in macchina!
16. Sí, diano il benvenuto!
    No, non diano il benvenuto!
17. Sí, rimangano a scuola!
    No, non rimangano a scuola!
18. Sí, dicano la verità.
    No, non dicano la verità!
19. Sí, traggano una conclusione!
    No, non traggano una conclusione!
20. Sí, scelgano la cravatta!
    No, non scelgano la cravatta!

183.

1. Sí, canta!	6. Sí, scrivi!
2. Sí, torna!	7. Sí, temi!
3. Sí, scia!	8. Sí, dormi!
4. Sí, cerca!	9. Sí senti!
5. Sí, mangia!	10. Sí, sali!

184.

1. Sí, cantate!	6. Sí, temete!
2. Sí, mangiate!	7. Sí, scrivete!
3. Sí, tornate!	8. Sí, dormite!
4. Sí, sciate!	9. Sí, sentite!
5. Sí, pensate!	10. Sí, salite!

185.
1. Da' i saluti!
2. Sta' attento!
3. Di' la verità!
4. Sappi la risposta!
5. Sii in tempo!
6. Fa' i compiti!
7. Abbi pronta la lezione!

186.
1. Fate bene il lavoro!
2. Dite tutto!
3. Sappiate i dettagli!
4. Date il benvenuto!
5. State a casa!
6. Abbiate pazienza!
7. Andate a studiare!

187.
1. Sí, parla ad alta voce!
No, non parlare ad alta voce!
2. Sí, fa' (fai) il caffè!
No, non fare il caffè!
3. Sí, rispondi al telefono!
No, non rispondere al telefono!
4. Sí, dormi fino a tardi!
No, non dormire fino a tardi!
5. Sí, sii in ritardo!
No, non essere in ritardo!
6. Sí, vieni da solo!
No, non venire da solo!
7. Sí, abbi vergogna!
No, non avere vergogna!
8. Sí, di' la verità!
No, non dire la verità!
9. Sí, sta' (stai) a casa!
No, non stare a casa!
10. Sí, scrivi una lettera!
No, non scrivere una lettera!

188.
1. Sí, tornate tardi!
No, non tornate tardi!
2. Sí, cenate insieme!
No, non cenate insieme!
3. Sí, date i libri a Mario!
No, non date i libri a Mario!
4. Sí, state a casa!
No, non state a casa!
5. Sí, credete tutto!
No, non credete tutto!
6. Sí, síate cattivi!
No, non siate cattivi!
7. Sí, abbiate pazienza!
No, non abbiate pazienza!
8. Sí, vedete il film!
No, non vedete il film!
9. Sí, dormite molto!
No, non dormite molto!
10. Sí, dite tutto!
No, non dite tutto!
11. Sí, venite insieme!
No, non venite insieme!
12. Sí, uscite alle nove!
No, non uscite alle nove!
13. Sí, sciate spesso!
No, non sciate spesso!
14. Sí, lasciate il posto!
No, non lasciate il posto!
15. Sí, scrivete agli amici!
No, non scrivete agli amici!
16. Sí, finite gli esami!
No, non finite gli esami!

189.
1. Canti bene!
2. Venga qui!
3. Sia buono!

4. Scriva la lettera!
5. Lavorino di piú!
6. Credano tutto!
7. Mangi di meno!
8. Cerchino i bambini!
9. Restituisca i libri!
10. Rimangano qui!
11. Scii bene!
12. Parlino poco!
13. Dorma in albergo!
14. Stiano a casa!
15. Abbia pazienza!
16. Cominci la lettura!
17. Vengano da noi!
18. Faccia il caffè!
19. Dicano la verità!
20. Tagli il filo!

190.
1. Non venga qui!
2. Non venire qui!
3. Non venite qui!
4. Non vengano qui!
5. Non parlare molto!
6. Non parli molto!
7. Non parlate molto!
8. Non parlino molto!
9. Non essere buono!
10. Non abbia pazienza!
11. Non credere tutto!
12. Non dite la verità!
13. Non dormano poco!
14. Non stare fermo!
15. Non escano fuori!
16. Non finisca la lettura!
17. Non sciare molto!
18. Non scrivere l'indirizzo!
19. Non fare il té!
20. Non faccia il caffè

191.
1. Grida!
2. Tagliate il foglio!
3. Sii stupido!
4. Vengano tardi!
5. Dica tutto!
6. Abbi pazienza!
7. Telefonate a Carlo!
8. Faccia lo spiritoso!
9. Stiano fermi!
10. Da' (dai) la rivista!

192.
1. Ceniamo in quel ristorante!
2. Non balliamo molto!
3. Telefoniamo a Stefano!
4. Diciamo la verità!
5. Non usciamo tardi!
6. Prepariamo la valigia!
7. Non siamo tristi!

8. Abbiamo pazienza!
9. Facciamo i compiti!
10. Non andiamo al cinema!

193.
1. parlando; scrivendo; gridando; salendo; scendendo
2. mangiando; ascoltando; discutendo; sentendo; venendo
3. contando; piangendo; servendo il té; leggendo; cantando

194.
1. Tu stai suonando e Pietro sta cantando.
2. Io sto dormendo e voi state studiando.
3. Loro stanno parlando e noi stiamo guardando la televisione.
4. Loro stanno arrivando e noi stiamo partendo.
5. Voi state uscendo e loro stanno entrando.
6. Noi stiamo leggendo e tu stai ascoltando la radio.
7. Io sto scrivendo e Pietro sta lavorando.

195.
1. Io stavo giocando a carte.
2. Voi stavate tornando dal centro.
3. Tu stavi leggendo alcune riviste.
4. Loro stavano salendo rapidamente.
5. Olga stava studiando lingue moderne.
6. Io stavo girando l'Europa.
7. Voi stavate mangiando in fretta.
8. Noi stavamo vedendo un film.

196.
1. si alzano
2. vi mettete
3. si addormentano
4. mi chiamo
5. ci vestiamo
6. si laurea
7. ti siedi
8. si lamenta
9. si sbarba
10. s'innamora

197.
1. mi		8. ci
2. ci		9. si
3. vi		10. ti
4. si		11. si
5. si		12. vi
6. ti		13. mi
7. si		14. si

198.
1. Io mi sono seduto vicino alla porta.
2. Luigi si è sbarbato con difficoltà.
3. I ragazzi si sono alzati alle sette.
4. Voi vi siete arrabbiati facilmente.
5. Ragazze, a che ora vi siete svegliate?
6. Signori, a che ora si sono alzati Loro?

7. Maria, tu ti sei laureata in maggio?
8. Paolo e io ci siamo messi la cravatta.
9. Gina si è sentita bene.
10. Teresa e Paola si sono ricordate tutto.
11. Le studentesse si sono preparate per gli esami.
12. Io mi sono lavata le mani.

199.
1. ci salutiamo
2. si sposano
3. si rispettano
4. si scrivono
5. si aiutano
6. vi salutate
7. ci vediamo
8. si visitano
9. si vogliono
10. s'incontrano

200.
1. (none)		10. si
2. si		11. (none)
3. (none)		12. Mi
4. vi		13. (none)
5. (none)		14. si
6. ti		15. (none)
7. (none)		16. (none)
8. ci		17. Si
9. (none)		18. Mi

201.
1. Gli ho parlato prima di uscire.
   studiare.
   finire.
   mangiare.
   giocare.
   ballare.
   cantare.
   lavorare.

2. Sono entrati senza dire niente.
   parlare.
   salutare.
   sorridere.
   dare il buongiorno.

202.
1. È ritornato dopo aver visto (veduto) il film.
2. Siete venuti senza aver telefonato.
3. Sono partiti senza aver detto niente a nessuno.
4. È ritornata dopo aver visitato l'Italia.
5. Dopo essere arrivato, egli è venuto a vedermi.

203.
1. No, lavorare troppo non è buono.
2. No, mangiare molto non è buono.
3. No, parlare sempre non è buono.
4. No, viaggiare ogni giorno non è buono.

5. No, studiare continuamente non è buono.
6. No, ballare senza sosta non è buono.
7. No, giocare senza riposare non è buono.
8. No, dormire assai non è buono.
9. No, correre troppo non è buono.
10. No, spendere troppo denaro non è buono.

204.
1. Vietato entrare!
2. Vietato tirare!
3. Vietato spingere!
4. Vietato fumare!
5. Vietato girare a destra!
6. Vietato uscire!

205.
1. Vietato fumare!
2. Vietato girare a sinistra!
3. Tenere la destra!
4. Tirare!
5. Spingere!
6. Tenersi a distanza!
7. Tenere la sinistra!
8. Vietato parlare!
9. Vietato girare a destra!
10. Sosta vietata!

206.
1. Sí, ho lasciato giocare i ragazzi.
2. Sí, ho visto studiare le studentesse.
3. Sí, ho sentito cantare il tenore.
4. Sí, ho lasciato parlare il ragazzo.
5. Sí, ho visto ballare gli studenti.
6. Sí, ho sentito leggere la ragazza.
7. Sí, ho lasciato lavorare il giovane.
8. Sí, ho visto scrivere Luigi.
9. Sí, ho sentito gridare suo padre.
10. Sí, ho lasciato discutere i signori.

207.
1. Ho fatto cantare il ragazzo.
2. Ho fatto cantare la canzone al ragazzo.
3. L'ho fatta cantare al ragazzo.
4. Gli ho fatto cantare la canzone.
5. Gliel'ho fatta cantare.
6. Ho fatto cantare la canzone ai ragazzi.
7. L'ho fatta cantare ai ragazzi.
8. Ho fatto cantare loro la canzone.
9. L'ho fatta cantare loro.

208.
1. Luisa lo fa fare.
2. Noi la facciamo entrare.
3. Il maestro le fa recitare.
4. Tu lo fai mandare.
5. Io me la son fatta costruire.
6. Io gliel'ho fatta tradurre

209.
1. (none)
2. di
3. a
4. (none)

5. di
6. (none)
7. a
8. a
9. di
10. di
11. (none)
12. di
13. (none)
14. (none)
15. a
16. a
17. (none)
18. di
19. di
20. a

210.
1. Un terremoto ha distrutto quel paese.
2. Olga ha composto queste poesie.
3. Noi abbiamo costruito quella casa.
4. Gli studenti hanno fatto gli scaffali.
5. Mia zia ha inviato la lettera.
6. Giovanni ha portato il pacco.
7. Sciascia ha scritto quel romanzo.
8. I professori hanno raccomandato Gina e Maria.
9. Il cuoco ha preparato il pranzo.
10. I giornali hanno divulgato la notizia.

211.
1. si vede
2. si aprono
3. Si parla
4. si dice
5. si vendono
6. si trova
7. si parla
8. Si spende

Chapter 4

1.
1. Non vogliamo andare al teatro.
2. Io non conosco quei ragazzi.
3. Luisa non vuole venire adesso.
4. Non andavate alla spiaggia ogni estate.
5. Non si sveglieranno alle quattro.
6. Gli amici non portano i regali.
7. Tu non mangi troppo.
8. Non lo hanno dimenticato.
9. Non ho visto Roberto ieri sera.
10. I miei amici non mi visitano.

2.
1. Non c'è niente sulla tavola.
2. Nessuno ti ha telefonato.
   (Non ti ha telefonato nessuno.)
3. Non vedo nessuno nella stanza.
4. Mai andiamo alla spiaggia.
   (Non andiamo mai alla spiaggia.)
5. Lei non ha né inchiostro né carta.
6. Luigi mai dice la stessa cosa.
   (Luigi non dice mai la stessa cosa.)
7. Non c'è nessuno in cucina.
8. Non vuole niente?
9. Carlo non parla mai con nessuno di niente.
10. Mai leggo nessun giornale italiano.
    (Non leggo mai nessun giornale italiano.)

3. 1. Non siamo mai andati a sciare.
        (Mai siamo andati a sciare.)
        (Non siamo andati mai a sciare.)
     2. Non ha chiamato affatto.
        (Non ha affatto chiamato.)
     3. Non sono ancora arrivati.
        (Ancora non sono arrivati.)
        (Non sono arrivati ancora.)
     4. Tu non sei neanche entrato.
        (Neanche sei entrato.)
        (Non sei entrato neanche.)
     5. Non hanno visto nessuno spettacolo.
     6. Il cane non è mai tornato.
        (Il cane non è tornato mai.)
     7. Non abbiamo visto nessuno.
     8. Non si sono ancora svegliati.
        (Ancora non si sono svegliati.)
        (Non si sono svegliati ancora.)
     9. Mai ho visto quel film.
        (Non ho mai visto quel film.)
        (Non ho visto mai quel film.)
    10. Non abbiamo affatto cantato.
        (Non abbiamo cantato affatto.)
    11. Non ha scritto che poesie.

4. 1. Non mi ha visitato nessuno ieri sera.
     2. Non ho detto niente.
     3. I miei amici non sono ancora arrivati.
     4. Non ho letto che due libri.
     5. Ieri sera non ho fatto niente.
     6. Non ho comprato né dischi né riviste.
     7. Non l'ho visto piú.
     8. Non sono mai andato(-a) in Italia.
     9. Quando è arrivato non ha detto **neanche** buon giorno.
    10. Non ha mica cantato.

5. 1. Neanch'egli è ricco.
     2. Nemmeno le sue cugine hanno molto denaro.
     3. Maria non lo sa e neppure io lo so.
     4. Nemmeno Giovanni viene.
     5. Neanche lui lo ha fatto.

6. 1. Marco non vuole andare a sciare.
     2. Non siamo mai andati in montagna.
     3. Non ho né libri né penne.
     4. Loro non ci dicono niente.
     5. Neanche voi andate in Italia.
     6. Nessuno mi ha telefonato.
     7. Tu non leggi nessuna rivista moderna.
     8. Voi non giocate mai.

7. 1. Non abbiamo mai giocato a tennis.
        (Mai abbiamo giocato a tennis.)
        (Non abbiamo giocato mai a tennis.)

     2. Non hanno lavorato affatto.
        (Non hanno affatto lavorato.)
     3. Non hai visitato nessuno.
     4. Non avete ancora finito.
        (Non avete finito ancora.)
     5. Non ho fatto nessuna telefonata.
     6. Non ha neanche salutato.
        (Non ha salutato neanche.)

Chapter 5

1. 1. È arrivato alle cinque Luigi?
        (Luigi è arrivato alle cinque?)
     2. Ci sediamo qui noi?
        (Noi ci sediamo qui?)
     3. Hai paura tu?
        (Tu hai paura?)
     4. Portano il vino Loro?
        (Loro portano il vino?)
     5. Siete andati al teatro voi?
        (Voi siete andati al teatro?)
     6. Ha giocato a carte Lei?
        (Lei ha giocato a carte?)
     7. Ballano molto i giovani?
        (I giovani ballano molto?)
     8. Ha tradotto quel libro ella?
        (Ella ha tradotto quel libro?)

2. 1. I ragazzi vanno a casa.
     2. Le studentesse sono tornate.
     3. Tu hai perduto (perso) la partita.
     4. Voi vi siete alzati presto.
     5. Loro escono alle sei.
     6. Noi abbiamo ballato molto.

3. 1. Nostro fratello tornerà domani, vero?
     2. Quel vestito non costa molto, no?
     3. Ci siamo incontrati per caso, vero?
     4. Mi riporterete il mio dizionario, non è vero?
     5. Sei stato malato fino a ieri, no?
     6. Andremo in Italia insieme, non è vero?

4. 1. Quanto   6. Quanto
     2. Quando   7. Quanto
     3. Dove   8. Perché
     4. Quando;   9. Quando
        A che ora   10. Come
     5. Come

5. 1. Chi   3. che
     2. Che   4. chi

6. 1. Chi
     2. Che (Cosa) (Che cosa)
     3. Che (Cosa) (Che cosa)

4. A chi
5. Da chi
6. Che (Cosa) (Che cosa)
7. Di che
8. Per chi
9. Di che
10. Con chi

7.
1. quale
2. Quali
3. Quale
4. Qual
5. Quali

8.
1. Quali
2. Quali
3. Quale
4. quale

9.
1. Quanti
2. Quante
3. Quante
4. Quanto

10.
1. Compra Marco molti libri?
   (Compra molti libri Marco?)
   (Marco compra molti libri?)
   (Marco compra molti libri, non è vero?)
2. È tuo fratello il padrone di quella casa?
   (Tuo fratello è il padrone di quella casa?)
   (Tuo fratello è il padrone di quella casa, vero?)
3. Arrivano sempre in ritardo i ragazzi?
   (Arrivano i ragazzi sempre in ritardo?)
   (I ragazzi arrivano sempre in ritardo?)
   (I ragazzi arrivano sempre in ritardo, non è vero?)
4. Va Teresa al cinema stasera?
   (Va al cinema stasera Teresa?)
   (Teresa va al cinema stasera?)
   (Teresa va al cinema stasera, no?)
5. Andate voi a scuola in macchina?
   (Voi andate a scuola in macchina?)
   (Voi andate a scuola in macchina, non è vero?)
6. Costa cinque dollari il biglietto?
   (Il biglietto costa cinque dollari?)
   (Il biglietto costa cinque dollari, vero?)

11.
1. Quando
2. Chi
3. Quanto
4. Come
5. Perché

Chapter 6

1.
1. Lui
2. Loro
3. Lei
4. Loro (Essi)
5. Loro (Esse)
6. Loro (Esse)

2.
1. lei
2. loro (esse)
3. lui (egli)
4. loro (essi)
5. noi
6. voi

3.
1. Noi cantiamo, ma lei studia.
2. Neanche loro vogliono mangiare.
3. Chi vuole giocare? Io!
4. Anche loro vanno in Italia.

4.
1. lo
2. li
3. la
4. le
5. l'
6. l'
7. li
8. le
9. la
10. lo
11. li
12. le

5.
1. Mario *le* recita.
2. Noi *la* visitiamo.
3. Teresa *li* sfoglia.
4. Il cameriere *lo* serve.
5. Arturo *le* porta.
6. Tu *la* chiami.
7. Stefano *li* saluta.
8. Tu *lo* mandi.
9. Voi *le* aspettate.
10. Loro *la* leggono.
11. Io *li* compro.
12. Noi *l'*invitiamo.

6.
1. La
2. Le
3. Li
4. L'
5. L'
6. L'

7.
1. Signori, Li aiuto.
2. Signore, Le chiamiamo.
3. Signora, La chiamiamo.
4. Signorina, L'aspettiamo.
5. Dottore, L'aiutiamo.
6. Signor Pirri e signora Torre, Li aspettiamo.
7. Dottoressa Marini, La chiamo domani?
8. Professor Carli, La chiamo stasera?

8.
1. Sì, lo sono.
2. No, non lo credo.
3. Sì, lo dubitiamo.
4. No, non lo dubito.
5. Sì, lo crediamo.

9.
1. lo
2. lo
3. lo
4. lo
5. lo
6. lo

10.
1. Sì, i ragazzi mi chiamano.
2. No, Carlo non ci vede.
3. Sì, Mario e Teresa ci (vi) sentono.

4. No, quei signori non mi parlano.
5. Sí, Olga ci telefona.
6. No, Arturo non mi vede.
7. Sí, gli amici ci (vi) salutano.
8. No, non mi dicono tutto.
9. Sí, Stefano ci risponde.
10. No, quelle signorine non ci (vi) parlano.

11.
1. Carlo *ci* parla.
2. Maria *vi* vede.
3. Lui *c'*insegna la lezione.
4. Io *vi* saluto.
5. Loro *ci* guardano.
6. Lei *vi* risponde.

12.
1. Luisa saluta me.
2. I miei amici cercano noi.
3. Noi vogliamo vedere te.
4. Lui chiama voi.
5. Io saluto Lei.
6. Tu saluti lei.
7. Loro cercano lui.
8. Noi invitiamo loro.
9. Voi chiamate loro.
10. Io saluto Loro.

13.
1. gli
2. le
3. loro
4. Le
5. Loro
6. loro
7. Le
8. Gli

14.
1. *Le* mando un regalo.
2. *Gli* scriviamo molte lettere.
3. Do *loro* l'indirizzo.
4. *Le* telefono.
5. Inviamo *loro* un telegramma.
6. *Gli* rispondo.
7. *Le* scrivo.
8. Diamo *loro* il benvenuto.

15.
1. loro
2. le
3. li
4. lo
5. li
6. l'
7. le
8. Gli
9. loro
10. le

16.
1. Le
2. Loro
3. Loro
4. Le
5. Le
6. Loro
7. Le
8. Le

17.
1. Sí, scrivo *Loro.*
2. Sí, *Le* parlo.
3. Sí, do *Loro* la ricetta.
4. Sí, mando *Loro* la lettera.
5. Sí, *Le* do un bel voto.
6. Sí, mando *Loro* l'assegno.

7. Sí, *Le* scrivo presto.
8. Sí, *Le* restituisco i libri.

18.
1. Noi *ci* andiamo.
2. Pietro *ci* va.
3. Luisa *ci* sale.
4. Io *ci* resto.
5. Loro *ci* vanno.
6. Maria *ci* vive.

19.
1. Sí, *ci* andiamo.
2. Sí, *ci* vado.
3. Sí, *ci* resto.
4. Sí, *ci* vado.
5. Sí, *ci* vado.
6. Sí, *ci* ritorno.

20.
1. *Ci* credo.
2. Non *ci* vede.
3. *Ci* vogliamo riflettere.
   (Vogliamo rifletter*ci.*)
4. Non *ci* sentono.
5. Non *ci* credo.

21.
1. Ci credi?
2. Ci vuole troppo tempo.
3. Non ci possono vedere.
4. Ti assicuro che non ho niente a che farci.
5. Che ci pensi?
6. È necessario rifletterci.
7. Ci mettiamo dieci minuti per arrivare a casa.
8. Ci puoi vedere?

22.
1. *Ne* parliamo.
2. *Ne* vengono.
3. *Ne* compriamo tre.
4. *Ne* abbiamo voglia.
5. *Ne* ha molte.
6. *Ne* è contento.
7. *Ne* mangia.
8. *Ne* compra una dozzina.
9. Non *ne* ho voglia.
10. *Ne* hai due.
11. *Ne* abbiamo bisogno.

23.
1. *Ne* ritorniamo.
2. *Ne* do a Gino.
3. *Gli* offriamo il biglietto.
4. *Le* telefono.
5. Invia *loro* il pacco.
6. Tu *ci* vai.
7. *Ci* restono.
8. *Ne* ricevono pochi.
9. *Le* parliamo.

24.
1. Maria ce la manda.
2. Giovanni ve le dà.
3. Lui te li dice.
4. Loro me le insegnano.
5. Tu ce lo porti.
6. Antonio ve la presta.
7. Io te lo do.

25.
1. me lo
2. ce lo
3. ce le
4. ve li
5. te la
6. me le
7. ce li
8. me la

26.
1. Gliela
2. Glieli
3. Gliele
4. Glielo
5. Glieli
6. Glielo
7. Glielo
8. Gliele

27.
1. Noi li mandiamo loro.
2. Io li regalo Loro.
3. Tu li dai loro.
4. Il preside lo dà loro.
5. Tuo zio li porta loro.
6. La diamo loro.
7. Io la compro loro
8. Le restituiamo Loro.

28.
1. Luigi me lo dà.
2. Maria la manda loro.
3. Il maestro gliele insegna.
4. Gliela presto.
5. Luisa ce li presta.
6. Antonio ve la regala.
7. Lo do Loro.
8. Te li inviano.
9. Li compriamo loro.
10. Glieli mando.
11. Gliela prestano.
12. Il mio amico me le manda.
13. Io te ne do.
14. Loro le comprano loro.
15. Voi ce le date.

29.
1. Roberto le porterà.
2. Rosa ce la mandò.
3. Gliel'ho dato.
4. Rispondiamo loro.
5. Loro me lo spiegarono.
6. Stefano ce li dà.
7. Glielo darò.
8. Me l'hai portata.
9. Noi ti ascoltiamo (t'ascoltiamo).
10. Gliene hai portati due?

30.
1. Me lo possono dare.
2. Te li voglio comprare.
3. Ce li preferiscono insegnare.
4. Ve le desideriamo regalare.
5. Gliela volevo dare.
6. Me lo volevano vendere.

31.
1. Luisa può aiutarmi.
2. Roberto deve parlarti.
3. Io voglio venndervela.
4. Loro possono regalarceli.
5. Tu puoi mostrargliele.
6. Noi desideriamo dartene.

32.
1. Glieli voglio regalare.
   Voglio regalarglieli.
2. Ve la vogliamo mostrare.
   Vogliamo mostrarvela.
3. Te lo posso portare.
   Posso portartelo.
4. Gliele preferisco inviare.
   Preferisco inviargliele.
5. Maria me la vuole regalare.
   Maria vuole regalarmela.
6. Ce la voleva cantare.
   Voleva cantarcela.

33.
1. Roberto ci stava parlando.
2. Lui le sta portando.
3. Voi lo stavate leggendo.
4. Tu la stai preparando.
5. Noi ti stavamo scrivendo.
6. Loro gli stanno telefonando.

34.
1. Sta invitandomi.
2. Stavano scrivendovi.
3. Stanno mandandocela.
4. Stavano leggendoglielo.
5. Stanno offrendotele.

35.
1. Antonio sta comprandoli.
   Antonio li sta comprando.
2. Io sto scrivendola.
   Io la sto scrivendo.
3. Loro stanno preparandolo.
   Loro lo stanno preparando.
4. Noi stiamo portandole.
   Noi le stiamo portando.
5. Tu stai leggendola.
   Tu la stai leggendo.
6. Voi state riportandoli.
   Voi li state riportando.
7. Luisa sta prendendolo.
   Luisa lo sta prendendo.
8. Io sto lavandole.
   Io le sto lavando.
9. Pietro sta salutandolo.
   Pietro lo sta salutando.

10. Il sarto sta cucendoli.
    Il sarto li sta cucendo.

36.
1. Non me lo dare!
2. Non le fate!
3. Non la portate!
4. Non ce li prestare!
5. Non glielo mostrare!
6. Non gliele comprare!
7. Non me la mandate!
8. Non ce lo dire!
9. Non me la dire!
10. Non gliele dite!

37.
1. Mandamela!
2. Scrivetegliele!
3. Prestamelo!
4. Diteceli!
5. Compratemela!
6. Faccelo!
7. Portamele!
8. Insegnacele!
9. Vendetemelo!
10. Mostrategliela!

38.
1. Non me lo dia!
2. Non ce le diano!
3. Non me la portino!
4. Non ce li scriva!
5. Non glielo presti!
6. Non gliele mostrino!
7. Non lo faccia!
8. Non le facciano!

39.
1. Me li prestino!
2. Gliela mostri!
3. Me le diano!
4. Ce lo dica!
5. Gliele insegnino!
6. Me la scriva!
7. Glielo mandino!
8. Ce li legga!

40.
1. Compriamola!   4. Diciamole!
2. Alziamoci!   5. Sediamoci!
3. Facciamolo!   6. Mandiamoli!

41.
1. Sí, sediamoci!
   No, non ci sediamo!
2. Sí, vestiamoci!
   No, non ci vestiamo!
3. Sí, mettiamoci il cappello!
   No, non ci mettiamo il cappello!
4. Sí, prepariamoci!
   No, non ci prepariamo!
5. Sí, laviamoci le mani!
   No, non ci laviamo le mani!

6. Sí, alziamoci!
   No, non ci alziamo!

42.
1. mi; -e   7. le; -e
2. mi; -ono   8. ci; -ano
3. ti; -e   9. ci; -a
4. ti; -ono   10. vi; -e
5. gli; -a   11. vi; -ono
6. gli; -anno   12. Le; -a

43.
1. Sí, ci piace ballare.
2. Sí, mi occorre la macchina.
3. Sí, ci occorrono quei libri.
4. Sí, a Maria le fa male il ginocchio.
5. Sí, ci bastano questi soldi.
6. Sí, a Sandro gli duole la spalla.
7. Sí, quei ragazzi ci sembrano tristi.
8. Sí, questo vestito mi pare nuovo.
9. Sí, ci fanno male i denti.
10. Sí, mi occorre qualcosa.

44.
1. Ci piace la musica.
2. Gli piacciono le lingue.
3. Piace loro il progetto.
4. Ti piacciono i programmi.
5. Le piace l'arte moderna.
6. Piacciono Loro i concerti.
7. Ci piace l'opera.
8. Mi piace viaggiare.

45.
1. mi   6. si
2. ci   7. ti
3. ti   8. si
4. vi   9. mi
5. si   10. si

46.
1. lui   6. voi
2. loro   7. lui
3. lei   8. noi
4. me   9. lei
5. te   10. Loro

47.
1. me   5. voi
2. lui   6. lei
3. loro   7. lui
4. noi   8. loro

48.
1. nessun   5. nessun
2. ogni   6. Ogni
3. qualche   7. Alcuni
4. qualsiasi   8. Alcune

49.
1. Questa è la mia.
2. La tua è piú veloce.
3. Abbiamo comprato i nostri.
4. Hanno ricevuto il loro.
5. Questi sono i miei.
6. Le nostre vivono presso di te.

7. Sto preparando la mia.
8. Dammi il tuo!
9. I miei vivono in Italia.
10. Hai portato i tuoi e i suoi.
11. Il nostro aspetta qui vicino.
12. La vostra è molto grande.
13. Ci piacciono il Suo e i Suoi.
14. Le mie arrivano domani.
15. Non voglio né la tua né la sua.

50.
1. quelli   4. queste
2. questa   5. questi
3. quello

51.
1. che   5. che
2. che   6. che
3. che   7. che
4. che   8. che

52.
1. su cui   5. con cui
2. di cui   6. da cui
3. per cui   7. in cui
4. a cui (cui)

53.
1. Coloro che arrivano sono i miei amici.
2. Colui che parla è mio zio.
3. Chi arriva e chi parte.
4. Coloro che ascoltano sono i miei studenti.
5. Colui che si siede è Antonio e colui che si alza è Marco.
6. Colei che canta è la mia amica.

54.
1. Ciò che (Quel che) dice è la verità.
2. Ciò che vogliamo è piú tempo.
3. Ciò che leggi è un ottimo romanzo.
4. Ciò che desidera comprare è un'automobile.
5. Ciò che mi fa paura è l'ignoranza.
6. Ciò che vogliono fare è un lungo viaggio.
7. Ciò che suggerite è un'ottima idea.
8. Ciò che vorrei avere è un po' di pace.

55.
1. le cui   3. la cui
2. il cui   4. i cui

56.
1. Eccoveli!   6. Eccole!
2. Eccolo!   7. Eccoli!
3. Eccole Loro! 8. EccoGliela!
4. Eccotene!   9. Eccoci!
5. Eccomi!   10. Eccone!

57.
1. Loro studiano ogni giorno.
2. Tu le leggi.
3. Le diamo il regalo.
4. Loro ci scrivono.

5. Ci saliamo.
6. Ne comprate.
7. Ne ha due.
8. Ti piacciono gli sport.

58.
1. che
2. di cui
3. Chi (Colui che)
4. Ciò che (Quel che)
5. eccomi
6. niente

59.
1. ci   6. Lei
2. Ne   7. Ci
3. io   8. mi
4. te   9. vi
5. Gli   10. me

Chapter 7

1.
1. in   6. in; negli
2. a; in   7. in
3. a   8. a; in; a
4. a   9. in
5. a   10. a

2.
1. I turisti sono in Sicilia.
2. Io vado a scuola a piedi.
3. La ragazza abita a Firenze.
4. Le studentesse studiano in biblioteca.
5. Andate voi in Spagna ogni anno?
6. Mio padre abita a Milano.
7. Giovanna va in città in bicicletta.
8. Gl'invitati sono in salotto.
9. La zia di Laura è in chiesa.
10. I giovani vogliono andare nel Messico.

3.
1. D'   11. di
2. della   12. di
3. Da   13. da
4. dal   14. da
5. dei; dal   15. da
6. Da   16. da
7. Da   17. da
8. d'   18. dai
9. di   19. da
10. di   20. da

4.
1. Abbiamo molto da mangiare.
2. Hanno poco da vendere.
3. Non ho niente da fare.
4. Hai qualcosa da bere?
5. Non avete nulla da discutere?
6. Avete troppo da leggere.

5.

1.	a	14.	da
2.	in	15.	da
3.	in	16.	da
4.	a	17.	da
5.	a; da	18.	da
6.	a; di	19.	da
7.	in; di	20.	da
8.	della	21.	di
9.	in; in; da	22.	da
10.	di	23.	da
11.	di	24.	da
12.	di; di	25.	da
13.	della		

6.
1. Franco è degli Stati Uniti.
2. Siamo andati in città da noi.
3. Abbiamo molto da fare oggi.
4. Mi occorre un nuovo spazzolino da denti.
5. Lei ha una casa da vendere.
6. C'è qualcosa da mangiare?
7. Da bambino (bambina) mi piaceva andare in montagna.
8. Non c'è un momento da perdere.
9. Da giovane, ero molto bello.
10. In autunno, andavamo in campagna in treno.

Chapter 8

1.

1.	hanno	5.	avete
2.	abbiamo	6.	hai
3.	ha	7.	hanno
4.	ha	8.	ho

2.
1. Ho fame.
2. Hai sonno?
3. Luisa ha freddo.
4. Abbiamo sete.
5. I bambini hanno voglia di uscire.
6. Avete fame.
7. Ho vergogna di parlare.
8. Ha mal di testa.
9. Ho mal di denti.
10. Hai mal di gola?

3.
1. Non hanno voluto farlo.
2. L'abbiamo saputo alcune ore fa.
3. È voluta venire presto.
4. Sa suonare la chitarra.
5. Non saprei ripeterlo.
6. Hanno potuto convincermi.
7. Avrebbero potuto leggerlo.
8. Avreste dovuto studiare di più.
9. Dovrebbe telefonare.
10. Doveva partire con noi.
11. Le dobbiamo dieci dollari.
12. Hanno dovuto finire gli esami.
13. Avrei potuto aiutarli.
14. Deve riportare i libri in biblioteca.
15. Devono essere malati.

4.

1.	Fa	3.	Fa
2.	fa	4.	Fa

5.

1.	giocate	5.	gioca
2.	suoni	6.	giocare
3.	giocano	7.	suona
4.	suonare	8.	giocano

6.

1.	a	4.	di; dei
2.	dell'	5.	a
3.	ai	6.	alla; alle

7.

1.	servirà	4.	serve
2.	si servono	5.	si serve da
3.	servirti di		

8.
1. sono tornati(-e) (sono ritornati(-e))
2. riporti
3. restituita
4. torneranno (ritorneranno)
5. restituisco

9.
1. hanno fame
2. ha ragione
3. Ho sete
4. ha freddo
5. devo
6. giocare; suonare
7. fare una domanda
8. fare presto

10.
1. Oggi non possono andare a scuola perché hanno mal di gola.
2. Ho molta fame; vorrei comprare un panino.
3. Giorgio, ti devo la mia gratitudine.
4. Avremmo dovuto visitare i nostri nonni la settimana scorsa.
5. Hanno potuto spedire il pacco due ore fa.
6. Mario non ha voluto comprare i biglietti per la partita.
7. Io dovevo giocare a carte con lui.
8. Vorremmo fare una passeggiata stasera.
9. Maria suona il piano e la chitarra.
10. Adesso che sono lontano(-a) dalla mia città, penso ai miei amici (alle mie amiche).

Verb Charts

REGULAR VERBS

Present Infinitive	**parlare** *to speak*	**credere** *to believe*	**dormire** *to sleep*	**finire** *to finish*
Present Gerund	parlando	credendo	dormendo	finendo
Past Gerund	avendo parlato	avendo creduto	avendo dormito	avendo finito
Past Participle	parlato	creduto	dormito	finito
Past Infinitive	avere parlato	avere creduto	avere dormito	avere finito

---

Simple Tenses

INDICATIVE

Present	parlo	credo	dormo	finisco
	parli	credi	dormi	finisci
	parla	crede	dorme	finisce
	parliamo	crediamo	dormiamo	finiamo
	parlate	credete	dormite	finite
	parlano	credono	dormono	finiscono
Imperfect	parlavo	credevo	dormivo	finivo
	parlavi	credevi	dormivi	finivi
	parlava	credeva	dormiva	finiva
	parlavamo	credevamo	dormivamo	finivamo
	parlavate	credevate	dormivate	finivate
	parlavano	credevano	dormivano	finivano
Preterite	parlai	credei (-etti)	dormii	finii
	parlasti	credesti	dormisti	finisti
	parlò	credé (-ette)	dormí	finí
	parlammo	credemmo	dormimmo	finimmo
	parlaste	credeste	dormiste	finiste
	parlarono	crederono (-ettero)	dormirono	finirono
Future	parlerò	crederò	dormirò	finirò
	parlerai	crederai	dormirai	finirai
	parlerà	crederà	dormirà	finirà
	parleremo	crederemo	dormiremo	finiremo
	parlerete	crederete	dormirete	finirete
	parleranno	crederanno	dormiranno	finiranno
Conditional	parlerei	crederei	dormirei	finirei
	parleresti	crederesti	dormiresti	finiresti
	parlerebbe	crederebbe	dormirebbe	finirebbe
	parleremmo	crederemmo	dormiremmo	finiremmo
	parlereste	credereste	dormireste	finireste
	parlerebbero	crederebbero	dormirebbero	finirebbero

SUBJUNCTIVE

Present

parli	creda	dorma	finisca
parli	creda	dorma	finisca
parli	creda	dorma	finisca
parliamo	crediamo	dormiamo	finiamo
parliate	crediate	dormiate	finiate
parlino	credano	dormano	finiscano

Imperfect

parlassi	credessi	dormissi	finissi
parlassi	credessi	dormissi	finissi
parlasse	credesse	dormisse	finisse
parlassimo	credessimo	dormissimo	finissimo
parlaste	credeste	dormiste	finiste
parlassero	credessero	dormissero	finissero

Compound Tenses

INDICATIVE

Present Perfect

ho				
hai				
ha	parlato	creduto	dormito	finito
abbiamo				
avete				
hanno				

Pluperfect

avevo				
avevi				
aveva	parlato	creduto	dormito	finito
avevamo				
avevate				
avevano				

Preterite Perfect

ebbi				
avesti				
ebbe	parlato	creduto	dormito	finito
avemmo				
aveste				
ebbero				

Future Perfect

avrò				
avrai				
avrà	parlato	creduto	dormito	finito
avremo				
avrete				
avranno				

Conditional Perfect	avrei				
	avresti				
	avrebbe				
	avremmo	}	parlato	creduto	dormito	finito
	avreste				
	avrebbero				

SUBJUNCTIVE

Present Perfect	abbia				
	abbia				
	abbia				
	abbiamo	}	parlato	creduto	dormito	finito
	abbiate				
	abbiano				

Pluperfect	avessi				
	avessi				
	avesse				
	avessimo	}	parlato	creduto	dormito	finito
	aveste				
	avessero				

Direct Commands

FAMILIAR

Affirmative (tu)	parla!	credi!	dormi!	finisci!
(voi)	parlate!	credete!	dormite!	finite!
Negative (tu)	non parlare!	non credere!	non dormire!	non finire!

FORMAL

(Lei)	parli!	creda!	dorma!	finisca!
(Loro)	parlino!	credano!	dormano!	finiscano!

AUXILIARY VERBS

Present Infinitive	**avere**	**essere**
	to have	*to be*
Present Gerund	avendo	essendo
Past Gerund	avendo avuto	essendo stato
Past Participle	avuto	stato
Past Infinitive	avere avuto	essere stato

Indicative Tenses

Present	avere	essere	Present Perfect	avere		essere	
	ho	sono		ho		sono	
	hai	sei		hai		sei	stato(-a)
	ha	è		ha		è	
	abbiamo	siamo		abbiamo	avuto	siamo	
	avete	siete		avete		siete	stati(-e)
	hanno	sono		hanno		sono	

Imperfect	avere	essere	Pluperfect	avere		essere	
	avevo	ero		avevo		ero	
	avevi	eri		avevi		eri	stato(-a)
	aveva	era		aveva		era	
	avevamo	eravamo		avevamo	avuto	eravamo	
	avevate	eravate		avevate		eravate	stati(-e)
	avevano	erano		avevano		erano	

Preterite	avere	essere	Preterite Perfect	avere		essere	
	ebbi	fui		ebbi		fui	
	avesti	fosti		avesti		fosti	stato(-a)
	ebbe	fu		ebbe		fu	
	avemmo	fummo		avemmo	avuto	fummo	
	aveste	foste		aveste		foste	stati(-e)
	ebbero	furono		ebbero		furono	

Future	avere	essere	Future Perfect	avere		essere	
	avrò	sarò		avrò		sarò	
	avrai	sarai		avrai		sarai	stato(-a)
	avrà	sarà		avrà		sarà	
	avremo	saremo		avremo	avuto	saremo	
	avrete	sarete		avrete		sarete	stati(-e)
	avranno	saranno		avranno		saranno	

Conditional	avere	essere	Conditional Perfect	avere		essere	
	avrei	sarei		avrei		sarei	
	avresti	saresti		avresti		saresti	stato(-a)
	avrebbe	sarebbe		avrebbe		sarebbe	
	avremmo	saremmo		avremmo	avuto	saremmo	
	avreste	sareste		avreste		sareste	stati(-e)
	avrebbero	sarebbero		avrebbero		sarebbero	

Subjunctive Tenses

Present			Present Perfect				
	abbia	sia		abbia		sia	
	abbia	sia		abbia		sia	stato(-a)
	abbia	sia		abbia		sia	
	abbiamo	siamo		abbiamo	avuto	siamo	
	abbiate	siate		abbiate		siate	stati(-e)
	abbiano	siano		abbiano		siano	

Imperfect	avessi	fossi	**Pluperfect**	avessi	fossi	
	avessi	fossi		avessi	fossi	stato(-a)
	avesse	fosse		avesse	fosse	
	avessimo	fossimo		avessimo	fossimo	
	aveste	foste		aveste	foste	stati(-e)
	avessero	fossero		avessero	fossero	

avuto (bracketing the Pluperfect avessi–avessero column)

Direct Commands

FAMILIAR

Affirmative	**avere**	**essere**
(tu)	abbi!	sii!
(voi)	abbiate!	siate!

Negative		
(tu)	non avere!	non essere!

FORMAL

(Lei)	abbia!	sia!
(Loro)	abbiano!	siano!

IRREGULAR VERBS

Note: Only irregular forms are given for the following verbs. An asterisk (*) indicates that the verb is conjugated with **essere** in compound tenses.

andare* *to go*

Present	vado, vai, va, andiamo, andate, vanno
Present Subjunctive	vada, vada, vada, andiamo, andiate, vadano
Future	andrò, andrai, andrà, andremo, andrete, andranno
Conditional	andrei, andresti, andrebbe, andremmo, andreste, andrebbero
Imperative (tu)	va' (vai)
(Lei)	vada
(Loro)	vadano

bere *to drink*

Gerund	bevendo
Past Participle	bevuto
Present	bevo, bevi, beve, beviamo, bevete, bevono
Present Subjunctive	beva, beva, beva, beviamo, beviate, bevano
Imperfect	bevevo, bevevi, beveva, bevevamo, bevevate, bevevano
Imperfect Subjunctive	bevessi, bevessi, bevesse, bevessimo, beveste, bevessero
Preterite	bevvi, bevesti, bevve, bevemmo, beveste, bevvero
Future	berrò, berrai, berrà, berremo, berrete, berranno
Conditional	berrei, berresti, berrebbe, berremmo, berreste, berrebbero

cadere* *to fall*

Preterite	caddi, cadesti, cadde, cademmo, cadeste, caddero
Future	cadrò, cadrai, cadrà, cadremo, cadrete, cadranno
Conditional	cadrei, cadresti, cadrebbe, cadremmo, cadreste, cadrebbero

chiedere *to ask*
Past Participle chiesto
Preterite chiesi, chiedesti, chiese, chiedemmo, chiedeste, chiesero

chiudere *to close*
Past Participle chiuso
Preterite chiusi, chiudesti, chiuse, chiudemmo, chiudeste, chiusero

conoscere *to know*
Past Participle conosciuto
Preterite conobbi, conoscesti, conobbe, conoscemmo, conosceste, conobbero

correre *to run*
Past Participle corso
Preterite corsi, corresti, corse, corremmo, correste, corsero

crescere* *to grow*
Past Participle cresciuto
Preterite crebbi, crescesti, crebbe, crescemmo, cresceste, crebbero

cuocere *to cook*
Past Participle cotto
Present cuocio, cuoci, cuoce, cociamo, cocete, cuociono
Present Subjunctive cuocia, cuocia, cuocia, cociamo, cociate, cuociano
Preterite cossi, cocesti, cosse, cocemmo, coceste, cossero

dare *to give*
Present do, dai, dà, diamo, date, danno
Present Subjunctive dia, dia, dia, diamo, diate, diano
Imperfect Subjunctive dessi, dessi, desse, dessimo, deste, dessero
Preterite diedi, desti, diede, demmo, deste, diedero
Future darò, darai, darà, daremo, darete, daranno
Conditional darei, daresti, darebbe, daremmo, dareste, darebbero
Imperative (tu) da' (dai)
    (Lei) dia
    (Loro) diano

decidere *to decide*
Past Participle deciso
Preterite decisi, decidesti, decise, decidemmo, decideste, decisero

dire *to say, to tell*
Gerund dicendo
Past Participle detto
Present dico, dici, dice, diciamo, dite, dicono
Present Subjunctive dica, dica, dica, diciamo, diciate, dicano
Imperfect dicevo, dicevi, diceva, dicevamo, dicevate, dicevano
Imperfect Subjunctive dicessi, dicessi, dicesse, dicessimo, diceste, dicessero
Preterite dissi, dicesti, disse, dicemmo, diceste, dissero
Imperative (tu) di'

dovere *to have to, must*
Present devo, devi, deve, dobbiamo, dovete, devono

Present Subjunctive	deva, deva, deva, dobbiamo, dobbiate, devano
Future	dovrò, dovrai, dovrà, dovremo, dovrete, dovranno
Conditional	dovrei, dovresti, dovrebbe, dovremmo, dovreste, dovrebbero

fare *to do, to make*

Gerund	facendo
Past Participle	fatto
Present	faccio, fai, fa, facciamo, fate, fanno
Present Subjunctive	faccia, faccia, faccia, facciamo, facciate, facciano
Imperfect	facevo, facevi, faceva, facevamo, facevate, facevano
Imperfect Subjunctive	facessi, facessi, facesse, facessimo, faceste, facessero
Preterite	feci, facesti, fece, facemmo, faceste, fecero
Future	farò, farai, farà, faremo, farete, faranno
Conditional	farei, faresti, farebbe, faremmo, fareste, farebbero
Imperative (tu)	fa' (fai)
(Lei)	faccia
(Loro)	facciano

leggere *to read*

Past Participle	letto
Preterite	lessi, leggesti, lesse, leggemmo, leggeste, lessero

mettere *to put*

Past Participle	messo
Preterite	misi, mettesti, mise, mettemmo, metteste, misero

morire* *to die*

Past Participle	morto
Present	muoio, muori, muore, moriamo, morite, muoiono
Present Subjunctive	muoia, muoia, muoia, moriamo, moriate, muoiano

muovere *to move*

Past Participle	mosso
Preterite	mossi, muovesti, mosse, muovemmo, muoveste, mossero

nascere* *to be born*

Past Participle	nato
Preterite	nacqui, nascesti, nacque, nascemmo, nasceste, nacquero

parere* *to seem*

Past Participle	parso
Present	paio, pari, pare, paiamo (pariamo), parete, paiono
Present Subjunctive	paia, paia, paia, paiamo, paiate, paiano
Preterite	parvi, paresti, parve, paremmo, pareste, parvero
Future	parrò, parrai, parrà, parremo, parrete, parranno
Conditional	parrei, parresti, parrebbe, parremmo, parreste, parrebbero

perdere *to lose*

Past Participle	perso *or* perduto
Preterite	persi, perdesti, perse, perdemmo, perdeste, persero

piacere* *to be pleasing*

Past Participle	piaciuto

Present	piaccio, piaci, piace, piacciamo, piacete, piacciono
Present Subjunctive	piaccia, piaccia, piaccia, piacciamo, piacciate, piacciano
Preterite	piacqui, piacesti, piacque, piacemmo, piaceste, piacquero

piangere *to cry*

Past Participle	pianto
Preterite	piansi, piangesti, pianse, piangemmo, piangeste, piansero

porre *to put, to place*

Gerund	ponendo
Past Participle	posto
Present	pongo, poni, pone, poniamo, ponete, pongono
Present Subjunctive	ponga, ponga, ponga, poniamo, poniate, pongano
Imperfect	ponevo, ponevi, poneva, ponevamo, ponevate, ponevano
Imperfect Subjunctive	ponessi, ponessi, ponesse, ponessimo, poneste, ponessero
Preterite	posi, ponesti, pose, ponemmo, poneste, posero
Future	porrò, porrai, porrà, porremo, porrete, porranno
Conditional	porrei, porresti, porrebbe, porremmo, porreste, porrebbero

potere *to be able*

Present	posso, puoi, può, possiamo, potete, possono
Present Subjunctive	possa, possa, possa, possiamo, possiate, possano
Future	potrò, potrai, potrà, potremmo, potrete, potranno
Conditional	potrei, potresti, potrebbe, potremmo, potreste, potrebbero

prendere *to take*

Past Participle	preso
Preterite	presi, prendesti, prese, prendemmo, prendeste, presero

ridere *to laugh*

Past Participle	riso
Preterite	risi, ridesti, rise, ridemmo, rideste, risero

rimanere* *to remain*

Past Participle	rimasto
Present	rimango, rimani, rimane, rimaniamo, rimanete, rimangono
Present Subjunctive	rimanga, rimanga, rimanga, rimaniamo, rimaniate, rimangano
Preterite	rimasi, rimanesti, rimase, rimanemmo, rimaneste, rimasero
Future	rimarrò, rimarrai, rimarrà, rimarremo, rimarrete, rimarranno
Conditional	rimarrei, rimarresti, rimarrebbe, rimarremmo, rimarreste, rimarrebbero

rispondere *to answer*

Past Participle	risposto
Preterite	risposi, rispondesti, rispose, rispondemmo, rispondeste, risposero

rompere *to break*

Past Participle	rotto
Preterite	ruppi, rompesti, ruppe, rompemmo, rompeste, ruppero

salire *to climb, go up*

Present	salgo, sali, sale, saliamo, salite, salgono

| Present Subjunctive | salga, salga, salga, saliamo, saliate, salgano |

sapere *to know*

Present	so, sai, sa, sappiamo, sapete, sanno
Present Subjunctive	sappia, sappia, sappia, sappiamo, sappiate, sappiano
Preterite	seppi, sapesti, seppe, sapemmo, sapeste, seppero
Future	saprò, saprai, saprà, sapremo, saprete, sapranno
Conditional	saprei, sapresti, saprebbe, sapremmo, sapreste, saprebbero
Imperative (tu)	sappi
(Lei)	sappia
(voi)	sappiate
(Loro)	sappiano

scegliere *to choose*

Past Participle	scelto
Present	scelgo, scegli, sceglie, scegliamo, scegliete, scelgono
Present Subjunctive	scelga, scelga, scelga, scegliamo, scegliate, scelgano
Preterite	scelsi, scegliesti, scelse, scegliemmo, sceglieste, scelsero

scendere* *to descend, go down*

| Past Participle | sceso |
| Preterite | scesi, scendesti, scese, scendemmo, scendeste, scesero |

scrivere *to write*

| Past Participle | scritto |
| Preterite | scrissi, scrivesti, scrisse, scrivemmo, scriveste, scrissero |

sedere *to sit*

| Present | siedo, siedi, siede, sediamo, sedete, siedono |
| Present Subjunctive | sieda, sieda, sieda, sediamo, sediate, siedano |

spendere *to spend*

| Past Participle | speso |
| Preterite | spesi, spendesti, spese, spendemmo, spendeste, spesero |

stare* *to stay, to be*

Present	sto, stai, sta, stiamo, state, stanno
Present Subjunctive	stia, stia, stia, stiamo, stiate, stiano
Imprefect Subjunctive	stessi, stessi, stesse, stessimo, steste, stessero
Preterite	stetti, stesti, stette, stemmo, steste, stettero
Future	starò, starai, starà, staremo, starete, staranno
Conditional	starei, staresti, starebbe, staremmo, stareste, starebbero
Imperative (tu)	sta' (stai)
(Lei)	stia
(Loro)	stiano

tenere *to hold, keep*

Present	tengo, tieni, tiene, teniamo, tenete, tengono
Present Subjunctive	tenga, tenga, tenga, teniamo, teniate, tengano
Preterite	tenni, tenesti, tenne, tenemmo, teneste, tennero
Future	terrò, terrai, terrà, terremo, terrete, terranno

| Conditional | terrei, terresti, terrebbe, terremmo, terreste, terrebbero |

togliere *to take away*

Past Participle	tolto
Present	tolgo, togli, toglie, togliamo, togliete, tolgono
Present Subjunctive	tolga, tolga, tolga, togliamo, togliate, tolgano
Preterite	tolsi, togliesti, tolse, togliemmo, toglieste, tolsero

trarre *to pull, extract*

Gerund	traendo
Past Participle	tratto
Present	traggo, trai, trae, traiamo, traete, traggono
Present Subjunctive	tragga, tragga, tragga, traiamo, traiate, traggano
Imperfect	traevo, traevi, traeva, traevamo, traevate, traevano
Imperfect Subjunctive	traessi, traessi, traesse, traessimo, traeste, traessero
Preterite	trassi, traesti, trasse, traemmo, traeste, trassero

udire *to hear*

| Present | odo, odi, ode, udiamo, udite, odono |
| Present Subjunctive | oda, oda, oda, udiamo, udiate, odano |

uscire* *to go out*

| Present | esco, esci, esce, usciamo, uscite, escono |
| Present Subjunctive | esca, esca, esca, usciamo, usciate, escano |

valere* *to be worth*

Past Principle	valso
Present	valgo, vali, vale, valiamo, valete, valgono
Present Subjunctive	valga, valga, valga, valiamo, valiate, valgano
Preterite	valsi, valesti, valse, valemmo, valeste, valsero
Future	varrò, varrai, varrà, varremo, varrete, varranno
Conditional	varrei, varresti, varrebbe, varremmo, varreste, varrebbero

vedere *to see*

Past Particle	veduto *or* visto
Preterite	vidi, vedesti, vide, vedemmo, vedeste, videro
Future	vedrò, vedrai, vedrà, vedremo, vedrete, vedranno
Conditional	vedrei, vedresti, vedrebbe, vedremmo, vedreste, vedrebbero

venire* *to come*

Past Participle	venuto
Present	vengo, vieni, viene, veniamo, venite, vengono
Present Subjunctive	venga, venga, venga, veniamo, veniate, vengano
Preterite	venni, venisti, venne, venimmo, veniste, vennero
Future	verrò, verrai, verrà, verremo, verrete, verranno
Conditional	verrei, verresti, verrebbe, verremmo, verreste, verrebbero

vincere *to win*

| Past Participle | vinto |
| Preterite | vinsi, vincesti, vinse, vincemmo, vinceste, vinsero |

vivere *to live*

| Past Participle | vissuto |

Preterite	vissi, vivesti, visse, vivemmo, viveste, vissero
Future	vivrò, vivrai, vivrà, vivremo, vivrete, vivranno
Conditional	vivrei, vivresti, vivrebbe, vivremmo, vivreste, vivrebbero

volere *to want*

Present	voglio, vuoi, vuole, vogliamo, volete, vogliono
Present Subjunctive	voglia, voglia, voglia, vogliamo, vogliate, vogliano
Preterite	volli, volesti, volle, volemmo, voleste, vollero
Future	vorrò, vorrai, vorrà, vorremo, vorrete, vorranno
Conditional	vorrei, vorresti, vorrebbe, vorremmo, vorreste, vorrebbero
Imperative (voi)	vogliate

VERBS IRREGULAR IN THE PRETERITE AND PAST PARTICIPLE

Note that the following verbs are irregular in the preterite only in the first- and third-person singular, and third-person plural.

Verbs with some irregular endings in the preterite (**-si**) and past participle (**-so**):

Infinitive	Preterite	Past Participle
accendere	accesi	acceso
alludere	allusi	alluso
appendere	appesi	appeso
ardere	arsi	arso
attendere	attesi	atteso
chiudere	chiusi	chiuso
comprendere	compresi	compreso
concludere	conclusi	concluso
confondere	confusi	confuso
correre	corsi	corso
decidere	decisi	deciso
deludere	delusi	deluso
difendere	difesi	difeso
diffondere	diffusi	diffuso
dipendere	dipesi	dipeso
discendere	discesi	disceso
distendere	distesi	disteso
dividere	divisi	diviso
emergere	emersi	emerso
espellere	espulsi	espulso
esplodere	esplosi	esploso
evadere	evasi	evaso
illudere	illusi	illuso
immergere	immersi	immerso
intrudere	intrusi	intruso
invadere	invasi	invaso
mordere	morsi	morso
occludere	occlusi	occluso
occorrere	occorsi	occorso
offendere	offesi	offeso
perdere	persi	perso
persuadere	persuasi	persuaso

prendere	presi	preso
radere	rasi	raso
rendere	resi	reso
ridere	risi	riso
scendere	scesi	sceso
sommergere	sommersi	sommerso
sorridere	sorrisi	sorriso
spargere	sparsi	sparso
spendere	spesi	speso
tendere	tesi	teso
uccidere	uccisi	ucciso
valere	valsi	valso

Verbs with some irregular endings in the preterite (**-si**) and past participle (**-to**):

Infinitive	Preterite	Past Participle
accogliere	accolsi	accolto
accorgersi	mi accorsi	accorto
aggiungere	aggiunsi	aggiunto
aprire	apersi	aperto
assolvere	assolsi	assolto
assumere	assunsi	assunto
chiedere	chiesi	chiesto
cogliere	colsi	colto
convincere	convinsi	convinto
corrispondere	corrisposi	corrisposto
dipingere	dipinsi	dipinto
distinguere	distinsi	distinto
estinguere	estinsi	estinto
fingere	finsi	finto
giungere	giunsi	giunto
nascondere	nascosi	nascosto
piangere	piansi	pianto
porgere	porsi	porto
porre	posi	posto
presumere	presunsi	presunto
raccogliere	raccolsi	raccolto
rimanere	rimasi	rimasto
risolvere	risolsi	risolto
rispondere	risposi	risposto
scegliere	scelsi	scelto
sconvolgere	sconvolsi	sconvolto
scoprire	scopersi	scoperto
spegnere	spensi	spento
spingere	spinsi	spinto
tingere	tinsi	tinto
togliere	tolsi	tolto
torcere	torsi	torto
ungere	unsi	unto
vincere	vinsi	vinto
volgere	volsi	volto

Verbs with some irregular endings in the preterite (**-ssi**) and past participle (**-sso**):

Infinitive	Preterite	Past Participle
commuovere	commossi	commosso
comprimere	compressi	compresso
concedere	concessi	concesso
deprimere	depressi	depresso
discutere	discussi	discusso
esprimere	espressi	espresso
figgere	fissi	fisso (fitto)
imprimere	impressi	impresso
muovere	mossi	mosso
prefiggere	prefissi	prefisso
reprimere	repressi	represso
riscuotere	riscossi	riscosso
scuotere	scossi	scosso
sopprimere	soppressi	soppresso

Verbs with some irregular endings in the preterite (**-ssi**) and past participle (**-tto**):

Infinitive	Preterite	Past Participle
affliggere	afflissi	afflitto
correggere	corressi	corretto
cuocere	cossi	cotto
dire	dissi	detto
dirigere	diressi	diretto
distruggere	distrussi	distrutto
eleggere	elessi	eletto
erigere	eressi	eretto
friggere	frissi	fritto
infliggere	inflissi	inflitto
leggere	lessi	letto
negligere	neglessi	negletto
prediligere	predilessi	prediletto
proteggere	protessi	protetto
scrivere	scrissi	scritto
trarre	trassi	tratto

Verbs with some irregular endings in the preterite (**-ei**) and past participle (**-to**):

Infinitive	Preterite	Past Participle
assistere	assistei	assistito
consistere	consistei	consistito
esigere	esigei	esatto
insistere	insistei	insistito
persistere	persistei	persistito
resistere	resistei	resistito

Verbs with irregular endings in the preterite (**-si**) and past participle (**-sso** or **-tto**):

Infinitive	Preterite	Past Participle
mettere	misi	messo
ammettere	ammisi	ammesso
commettere	commisi	commesso
compromettere	compromisi	compromesso
dimettere	dimisi	dimesso
emettere	emisi	emesso
permettere	permisi	permesso
promettere	promisi	promesso
rimettere	rimisi	rimesso
scommettere	scommisi	scommesso
smettere	smisi	smesso
stringere	strinsi	stretto
costringere	costrinsi	costretto
restringere	restrinsi	ristretto

More verbs with irregular endings in the preterite and the past participle. Note that **pio-vere** is conjugated in the third-person singular only:

Infinitive	Preterite	Past Participle
bere	bevvi	bevuto
conoscere	conobbi	conosciuto
crescere	crebbi	cresciuto
dare	diedi	dato
fare	feci	fatto
nascere	nacqui	nato
parere	parvi	parso
piacere	piacqui	piaciuto
piovere (3rd-person sing.)	piovve	piovuto
rompere	ruppi	rotto
sapere	seppi	saputo
stare	stetti	stato
tenere	tenni	tenuto
vedere	vidi	visto (veduto)
venire	venni	venuto
vivere	vissi	vissuto
volere	volli	voluto

Catalog

If you are interested in a list of SCHAUM'S
OUTLINE SERIES send your name
and address, requesting your free catalog, to:

SCHAUM'S OUTLINE SERIES, Dept. C
McGRAW-HILL BOOK COMPANY
1221 Avenue of Americas
New York, N.Y. 10020